亲切的怀恋

——吉林大学哲学系系友访谈录

主　　编　孙正聿

副 主 编　孙利天　贺　来　朱文君

执行主编　王庆丰

中国社会科学出版社

图书在版编目 (CIP) 数据

亲切的怀恋——吉林大学哲学系系友访谈录 / 孙正聿主编 . —北京：
中国社会科学出版社，2018.6

ISBN 978-7-5203-3049-7

Ⅰ. ①亲…　Ⅱ. ①孙…　Ⅲ. ①哲学社会科学—文集　Ⅳ. ①C53

中国版本图书馆 CIP 数据核字 (2018) 第 189976 号

出 版 人	赵剑英	
责任编辑	朱华彬	
责任校对	张爱华	
责任印制	张雪娇	

出　　　版	中国社会科学出版社
社　　　址	北京鼓楼西大街甲 158 号
邮　　　编	100720
网　　　址	http：//www.csspw.cn
发 行 部	010 - 84083685
门 市 部	010 - 84029450
经　　　销	新华书店及其他书店

印刷装订	北京君升印刷有限公司
版　　　次	2018 年 6 月第 1 版
印　　　次	2018 年 6 月第 1 次印刷

开　　　本	710×1000　1/16
印　　　张	23.25
插　　　页	2
字　　　数	378 千字
定　　　价	98.00 元

序　言

"吉林大学的哲学系是'有哲学'的哲学系"。这是学界对吉林大学哲学学科的总体评价。

这个评价是弥足珍贵的，它深切地体现了学界对吉林大学哲学学科的认同。

这个评价是来之不易的，它凝聚了60年来吉林大学哲学学科几代人艰苦奋斗的心血。

这个评价是内涵丰厚的，它显示了吉林大学哲学学科是有学术传统、有学术理念、有学术成果、有学术影响、有学术未来的哲学系。

"有哲学的哲学系"，是有学术传统的哲学系。我们的学术传统，可以概括为三句话：一是反对教条主义的传统，二是研究基础理论的传统，三是坚持理论创新的传统。从20世纪50年代创建哲学系，哲学学科的奠基人刘丹岩教授就与高清海、邹化政教授一起，批判地审视苏联的哲学教科书，开哲学教科书改革之先河，并形成了反对教条主义的学术传统。在反对教条主义的学术研究中，吉大哲学系又形成了研究哲学基础理论的传统，形成了哲学观研究、辩证法理论研究和唯物史观研究等主要研究方向。在哲学基础理论研究中，吉大哲学系不仅强调面向文本的理论研究，而且强调独立思考的理论创新。

"有哲学的哲学系"，是有学术理念的哲学系。20世纪80年代，高清海教授就提出，哲学是理论形态的人类自我意识，哲学的奥秘在于人；马克思主义哲学的本质就在于，它以实践观点的思维方式去回答全部哲学问题，从而把哲学从解释世界的哲学变革为改变世界的哲学。半个多世纪以来，高先生矢志不渝地致力于哲学的理论创新。他从国家、民族和人类的命运出发来思考哲学，认为一个国家和民族要站起来，关键在于首先要在思想上站立起来，因此他倡言，中华民族的未来发展需要有自己的哲学理论。

"有哲学的哲学系"，是有学术人物的哲学系。学者是人格化的学术或学术的人格化。在当代中国哲学界，高清海教授的哲学观念变革和哲学体系创新，舒炜光教授的自然辩证法研究和科学哲学研究，邹化政教授的西方哲学特别是德国古典哲学研究，车文博教授的心理哲学特别是弗洛伊德思想研究，取得了学界瞩目的重要的研究成果。孙正聿教授和孙利天教授被聘为教育部社会科学委员会委员，并先后获国家级教学名师奖，孙正聿教授和姚大志教授先后担任教育部哲学学科教学指导委员会主任、副主任，贺来教授和王庆丰教授、白刚教授先后被聘为"长江学者"特聘教授和青年"长江学者"特聘教授，在我国哲学学科建设中发挥重要作用。

"有哲学的哲学系"，是有学术影响的哲学系。1981年和1983年，马克思主义哲学和科学技术哲学先后获得博士学位授予权；1987年，马克思主义哲学被确定为首批国家重点学科；1994年，吉林大学哲学学科被确定为国家文科基础学科人才培养和科学研究基地；2003年设立哲学学科博士后科研流动站；2004年吉林大学哲学基础理论研究中心被确定为教育部人文社会科学重点研究基地，并于2016年在教育部评审中被评为"优秀基地"；2007年吉林大学哲学教学团队被评选为国家级教学团队。长期以来所形成的学术传统和丰富的学术资源，为我们的学术研究和"一流学科"建设奠定了坚实基础。

"有哲学的哲学系"，是有学术未来的哲学系。60年来，学术新人在吉大哲学的沃土上成长起来。我们最为自豪的是，一批又一批的本科生、硕士生、博士生正在茁壮成长。他们在吉大学会了做学问，学会了做人，他们是吉林大学哲学的未来和希望。

哲学是时代精神的精华和文明的活的灵魂，追求真理、正义和更美好的事物是哲学的天命。让我们在吉林大学这片学术的沃土上，坚守我们的学术传统，创新我们的学术理念，培育我们的学术人物，拓宽我们的学术影响，造就我们的学术未来，创造吉林大学哲学系的新的辉煌！

孙正聿

2018年6月

目　录

吉林大学哲学系自 1958 年建系以来，培养了一批又一批"爱智求真敢问真"的学者，他们走向全国各地，为开创和繁荣我国的哲学社会科学事业筚路蓝缕、笔耕不辍。今适逢吉林大学七十华诞，本平台特开设《吉大七十·哲林人物》栏目，刊登一系列吉大哲学优秀系友专访。忆往昔峥嵘岁月，叙今朝母校情深，展未来踌躇满志……

乐于每日学习，志在终生探索

——访孙正聿教授

孙正聿教授简介：

孙正聿，1946 年 11 月生，吉林省吉林市人，哲学博士。现任教育部人文社会科学重点研究基地吉林大学哲学基础理论研究中心主任,吉林大学哲学社会科学资深教授。全国政协委员,国家哲学社会科学专家咨询委员会委员,教育部社会科学委员会委员,教育部学风建设委员会副主任,吉林省社会科学界联合会副主席。曾任教育部哲学学科教学指导委员会主任,吉林省哲学学会理事长,吉林大学学术委员会主任。

代表性著作有《哲学通论》《理论思维的前提批判》《马克思主义基础理论研究》(上下卷)、《思想中的时代》《崇高的位置》《孙正聿哲学文集》(九卷本)、《马克思主义辩证法研究》《人的精神家园》《哲学:思想的前提批判》等。在《中国社会科学》《哲学研究》《新华文摘》等刊物发表论文 200 余篇。曾先后获国家级教学成果奖、国家图书奖、中华优秀出版物奖、"五个一工程"优秀作品奖、教育部人文社会科学优秀成果奖等奖励。2000 年被国务院授予全国先进工作者称号,2003 年获国家级教学名师奖,2010 年获全国教书育人楷模提名奖。

访谈时间: 2016 年 6 月 19 日
访谈地点: 孙正聿教授办公室
采 访 人: 刘诤(以下简称"刘")
被采访人: 孙正聿(以下简称"孙")

结缘吉大

刘:孙老师您好,非常荣幸能代表"反思与奠基"网站与《哲学基础理论研究》编辑部对您进行采访。适逢吉林大学 70 周年校庆,您也刚好度过您人生的第 70 个年头。"所谓大学者,非谓有大楼之谓也,有大师之谓也。"您作为吉大马哲学科的带头人,同时更是我校的校宝级人物,我们的读者特别期待听到您为我们讲述您与吉大的故事。在您的求学、为学的道路上,您是怎样与哲学结缘,与吉大结缘的呢?

孙:我从小就喜欢看书,哥哥的课本,特别是语文、历史、地理一类的课本,不知道看了多少遍。上中学的时候,每周两元钱的伙食费,常常是母亲在周日向邻居借来的。在那么艰难的日子里,我居然订阅了两本杂志——《世界知识》和《文学评论》。我总是喜欢阅读各种各样的"课外书"，特别是喜欢各种作品中的深沉的思想以及思想家的传记。俄国诗人普希金说："跟随伟大人物的思想是一门最引人入胜的科学。"或许就是由于这门"最引人入胜的科学"，使我特别向往哲学。大约是在上初二的时候，我读了李卜克内西和拉法格的《回忆马克思恩格斯》。后来又读了梅林的《马克思传》和科尔纽的《马克思恩格斯传》。高中二年级的时候，读了恩格斯的《反杜林论》，艾思奇主编的《辩证唯物主义和历史唯物主义》。1966年高考的时候，我报考了哲学专业，然而"文革"开始了。在1968年年底下乡当"知青"之前的两年里，由于既无学可上，又无工可作，我大量阅读了那时可以看到的书籍，其中主要是《马克思恩格斯全集》和《鲁迅全集》。在鲁迅的作品中，特别是在他的各种杂文集中，我深深地感受到一种思想的穿透力；而在马克思和恩格斯的著作中，我强烈地感受到了一种理论的魅力。当年阅读这些理论著作，主要是激发了我的理论兴趣和拓宽了我的理论视野，但却没有能力进行深沉的理论思考；给我留下深刻印象的，主要是一些格言警句式的名言，但还不是思想本身。在后来当"知青"和当工人的日子里，我一直没有放弃读书和思考。1977年，当进入大学学习的机会终于到来时，我又一次报考了哲学专业，从此在吉林大学哲学系开始了我的真正的哲学"专业"学习。1982年年初，大学本科毕业，我选择留校讲授马克思主义哲学。1986年，我又有机会在职攻读博士学位，并在1990年以《理论思维的前提批判——论辩证法的批判本性》这篇论文通过博士学位论文答辩。

师生情谊

刘："为人为学，其道一也。"在哲学系几十年的发展历程中，这句格言一直作为老师们治学做人、打造哲学学科的核心理念。作为哲学系的学生，都会对吉大哲学的发展历程有所耳闻，在课上也常听老师们提起他们的老师。想起自己的老师，每个人都会有深切的情感涌上心头，相信您也是如此。您在吉林大学度过了近四十年的时间，从一名学生被破格提拔为讲师、副教授、教授。时至今日，您已是享誉学界，桃李满园。作为影响了万千学子的名师，您能否为我们讲述一下您与老师之间的故事？

孙：我的导师高清海先生在庆祝他执教五十周年的盛会上，曾经非常感慨地说，他的一生有两大幸事，一是遇到了好的老师，二是遇到了好的学生。对此我深有同感。我像自己的导师一样，也遇到了好的老师，这首先就是高清海先生。先生的言传身教，使我受益终生。

还是在大三的时候，我怀着惴惴不安的心情，把我的哲学习作《试论黑格尔〈逻辑学〉的开端概念》送给先生。令我吃惊的是，先生竟在这篇学生的习作上写下了密密麻麻的批语。先生认同之处，画上了重重的浪线，写下了诸如"有思想""有见地"的字样；先生不以为然之处，画上了重重的横线，写下了诸如"想一想""是否如此"等字样。先生的鼓励增强了我的学术自信，1986 年考取先生的博士研究生，在先生的指导下，在学术上逐渐成熟起来。科技哲学的舒炜光先生、西方哲学的邹化政先生、心理哲学的车文博先生、中国哲学的陈庆坤先生都对我的学业产生深刻影响。特别是我所在的马克思主义哲学学科，更是一个充满思想活力的群体。刘福森教授、杨魁森教授等的学术思想，给予我很深的影响。张维久教授、艾福成教授对我的多方面的关怀，令我终生难以忘怀。

1989 年 4 月，与导师高清海先生于吉林大学校园

定格的微笑——师生情谊

学术探索

刘：听了您与老师们的故事，让人不禁感叹那是一种现今人们无法企及的状态，也让人联想到吉大哲学系在当时那样艰苦的条件下铸造的"黄金年代"。作为哲学系的第二代学科带头人，您带领着吉大哲学系取得了令人瞩目的成就，哲学基础理论研究中心（以下简称"中心"）刚刚公布了"十二五"成果展，在刚刚结束的教育部人文社会科学重点研究基地测评中，中心在本学术片中总分排名第二，并被评为"优秀基地"。这里面凝聚了您对哲学研究执着的追求，凝聚了中心研究员对学术研究的无限热忱。下面我想就您的哲学研究和学术成果提出几个问题。

您刚刚出版的新书名为"哲学：思想的前提批判"，其中摘录了校友宋继杰的一篇文章，其中他说道：20世纪的西方哲学是一部"元哲学史"，而您对元哲学的自觉与追问是哲学思想发展的必要条件和根基。您的博士论文题为《理论思维的前提批判——论辩证法的批判本性》，可见您从事了三十多年的哲学工作，著作等身，但您对"哲学是什么"一直持续着强有力的追问，这使得您成为吉大哲学灵魂中不可或缺的一环。那么在您看来，这个您花费半生追问的问题，是否有了答案呢？

孙：顽强地追问"哲学"，这不只是我的哲学研究的"主要问题"，而且是我的哲学研究的"主旋律"。尽管人们对"哲学"的理解是"大不相同"的,但追问哲学的总体思路却是"大致相同"。因此我们在对"哲学"的追问中,可以形成的一个肯定性判断是:哲学是人类把握世界的一种独特方式,它具有自己的特殊的活动方式,并在人类文明中发挥自己的特殊的社会功能。由此,对"哲学"的追问,就不是抽象地、空泛地追问"哲学是什么",而是落实为对哲学以何种方式把握世界的追问,也就是对哲学的特殊的活动方式以及它的独特的社会功能的追问。正是在这种追问中,我把哲学的活动方式理解为"思想的前提批判",也就是对"思维和存在的关系问题"的批判性反思。

哲学,它不是抽象的名词、枯燥的条文和现成的结论,而是人类思想的批判性的反思的维度、理想性的创造的维度;它要激发而不是抑制人们的想象力、创造力和批判力,它要冲击而不是强化人类思维中的惰性、保守性和凝固性,它要推进而不是遏制人们的主体意识、反思态度和创造精神。"思维和存在的关系问题"之所以是哲学的"重大的基本问题",就在于它是隐藏于人类全部活动之中的"不自觉的和无条件的前提";"思想的前提批判"之所以是哲学的思维方式、存在方式和工作方式,就在于哲学以这种活动方式表征自己的"时代精神",并作为"文明的活的灵魂"塑造和引导新的"时代精神"。以理论的方式表征人类自我意识中的时代精神,以思想的前提批判构成文明的活的灵魂,这就是我所理解的作为世界观理论的哲学,也就是思想的前提批判的哲学。

刘:您曾说过,任何一个有价值的哲学命题,都不是空穴来风的,而是有其鲜明的针对性。所以您强调"哲学就是哲学史"这一命题,这是您对于实现哲学思想的开放和创新所做出的努力,那么这一命题在哲学研究中所实现的创新意义,我们该如何理解呢?

孙:"哲学就是哲学史"这个命题的真正涵义,并不是把哲学归结为哲学的历史,更不是把哲学研究限定为对哲学历史的研究,而是强调哲学与哲学史是"历史性的思想"和"思想性的历史";"哲学就是哲学史"这个命题的真正意义,并不是要凸显对"哲学史"的研究,更不是要以"历史"冲淡乃至代替"现实"和"未来",而是把"哲学"合理地理解为"历史性的思想",即不是把哲学当成枯燥的条文、现成的结论和"终极的真理",把"哲学史"合理地理解为"思想性的历史",即不是把哲学史当成人物的罗列、文本的堆砌和"厮杀的战场"。哲学思想的开放和创新，从根本上说，就是以"历史性的思想"的理论自觉不断地创新"思想性的历史"。就此而言，只有理解"哲学就是哲学史"这个命题的"历史性的思想"构成"思想性的历史"的真实涵义和真正意义，才能达到以哲学的方式面向现实与未来。这需要从事哲学研究的人深长思之。

刘：以辩证的观点看待哲学与哲学史的关系，才能以哲学的方式面向现实，实现哲学思想的开放和创新。在您的博士论文中，您提出哲学是对"理论思维"的"前提批判"，表达了您对哲学的总体性理解。那么现在看来，理论思维的前提批判的出发点和聚焦点又是什么呢？

孙：我在博士论文中把哲学归结为理论思维的前提批判，这不仅是一种理论探索的结果，而且也是执着地追问生活的产物。

在《哲学通论》中，我明确地表达了自己的追问：哲学不是宗教，为什么它也给予人以信仰？哲学不是艺术，为什么它也给予人以美感？哲学不是伦理，为什么它也引导人以向善？哲学不是科学，为什么它也给予人以真理？难道"哲学"什么都是又什么都不是吗？

在20世纪80年代的思考中，我的思想逐渐地聚焦到"哲学"与"科学"的关系上。这个聚焦点的形成，是同当代中国的哲学改革直接相关的。通行的哲学原理教科书告诉人们：科学研究世界的"各个领域"，哲学则以"整个世界"为对象；科学提供各个领域的"特殊规律"，哲学则提供关于整个世界的"普遍规律"；因此，科学为哲学提供知识基础，哲学则为科学提供"世界观"和"方法论"。对于这种解释，我向自己提出的追问是：如果哲学与科学是一种"普遍"与"特殊"的关系，"哲学"不就是一种具有最高的概括性和最大的普遍性的"科学"吗？"哲学"还有什么独立的特性和独特的价值呢？正是在这种苦苦的求索中，恩格斯的一段论述，使我豁然开朗："我们的主观的思维和客观的世界服从于同样的规律，因而二者在自己的结果中不能互相矛盾，而必须彼此一致，这个事实绝对地统治着我们的整个理论思维。它是我们的理论思维的不自觉的和无条件的前提。"真有"踏破铁鞋无觅处，得来全不费功夫"之慨。

哲学之外的全部科学，都是把思维和存在所服从的"同一规律"作为"不自觉的和无条件的前提"，运用理论思维去研究自然、社会和思维本身的规律；哲学则是把这个"不自觉的和无条件的前提"作为自己的对象。这不是表明，哲学是对科学活动中的那个"不自觉的和无条件的前提"的批判性"反思"吗？哲学对科学的关系，是"反思"的关系；哲学的反思，就是揭示、考察和论述科学活动中所隐含的那个"不自觉的和无条件的前提"！于是，我把"理论思维的前提批判"确认为我对"哲学"的理解；以这个标题出版的著作，也就成了我的"前提批判理论"的"奠基之作"。

2000 年 5 月，访问香港中文大学

刘：现如今，您的新书名为《哲学：思想的前提批判》，这一"思想的前提批判"的"哲学观"是如何形成的呢？这一"思想的前提批判"又是如何展开的呢？

孙：我一直认为，思维和存在的关系问题是哲学的"重大的基本问题"，是"思维"把思维和存在的"关系"作为"问题"而予以"反思"；离开"反思"的思维，就不能提出哲学意义的"思维和存在的关系问题"，也不能推进以"思维和存在的关系问题"为"基本问题"的"哲学"。正因如此，黑格尔不仅把哲学定义为"对思想的思想"的"反思"，而且在与"表象思维"和"形式推理"的对比中，深切地阐述了哲学思维何以只能是"反思"的思维。然而，究竟如何理解哲学是"对思

想的思想"？究竟如何理解哲学意义的"反思"？在当代的哲学研究中，
这应当是最值得追问的哲学问题。正是在对黑格尔的"对思想的思想"
的"反思"中，我所提出的问题是：哲学"反思"的"思想"究竟是什
么？正是对这个问题的探索，构成了我的"思想的前提批判"的"反思
观"和"哲学观"。

我对"思想的前提批判"的理解，主要从五个方面展开：一是对构
成思想的基本信念的前提批判，即对"思维和存在的同一性"的前提批
判；二是对构成思想的基本逻辑的前提批判，即对形式逻辑、内涵逻辑和
实践逻辑的前提批判；三是对构成思想的基本方式的前提批判，即对常
识、宗教、艺术和科学等人类把握世界的基本方式的前提批判；四是对构
成思想的基本观念的前提批判，即对存在、世界、真理、价值、历史等基
本观念的前提批判；五是对构成思想的哲学理念的前提批判，即对哲学本
身的前提批判。这五个方面的"前提批判"，构成了我所理解的哲学：对
思想的前提批判。在我看来，对思想的前提批判，既体现了哲学的特殊的
理论性质和独特的社会功能，又展现了哲学发展的自我批判的活力和永不
枯竭的理论空间。

刘：所以说，"思想的前提批判"作为哲学的活动方式所展开的五个
方面其实都是围绕着哲学的基本问题，其本质都是对"思维和存在的关
系"的追问。那么，"思想的前提批判"作为哲学的活动方式，是如何对
"思维和存在的关系"进行批判性的反思呢？

孙：人类的思想活动可以区分为两个基本的维度：一个是"构成思
想"的维度，一个是"反思思想"的维度。哲学以外的人类的全部思想
活动都是把思维和存在服从同一规律作为"不自觉的和无条件的前提"，
去"构成"关于世界的"思想"；哲学则是把人类关于世界的思想作为批
判对象，"反思"人类全部思想活动所构成的"思想"，追究思想构成自
己的"前提"。这表明，哲学的"反思"，并不是一般意义的思想内容的
推敲与修正，而是"反思"思想中所隐含的各种"前提"。这就是哲学对
思想的前提批判。

人类的认识活动是在观念中实现思维和存在的统一，人类的实践活动
是在行动中实现思维与存在的统一，因此，思维和存在的关系问题就成为
哲学的"重大的基本问题"。但是，在人类的实践活动和认识活动中，

"思维和存在的关系"是作为"不自觉的和无条件的前提"而存在的，这个"前提"并不是作为自觉到的"问题"而存在的；只有在哲学的反思活动中，才把这个"不自觉的和无条件的前提"作为批判的对象，从而把人类全部活动中的根本问题即"思维和存在的关系"作为自己的"基本问题"。哲学对"思想"的"前提批判"，就是揭示隐匿于思想中的各种"前提"，并"解除"这些思想前提的"逻辑强制性"，重新建构思想构成自己的根据和原则，从而变革人的思维方式、价值观念、审美意识和终极关怀，进而变革人的实践活动。这是作为人类把握世界的一种基本方式的哲学的特殊的社会功能，也是哲学的独特的社会意义。这同时也表明，对"思维和存在的关系"这个哲学"基本问题"的"前提批判"是哲学本身的"活动方式"。哲学的"基本问题"与哲学的"活动方式"是相互规定的：只有在哲学的"前提批判"中，才把理论思维的"不自觉的和无条件的前提"——"思维和存在的关系"——作为自己的"基本问题"；只有作为哲学基本问题的"思维和存在的关系问题"，才决定哲学的本质是对"理论思维的前提批判"。哲学的"基本问题"及其"前提批判"，既规定了哲学的特殊的理论性质，又决定了哲学在人类的全部活动中的特殊的社会意义。

　　刘：在关于哲学基本问题的通常解释中，常把其归为本体论问题或者认识论问题，把思存关系问题拒斥于基本问题之外，"反思"作为对"思维和存在的关系"进行"前提批判"的方式与方法，其哲学内涵就是"思维和存在的关系"的辩证法，在重新理解思存关系问题的同时，我们该如何重新理解"辩证法问题"呢？

　　孙：思想的前提批判，是对"思维和存在"的"关系问题"的"反思"。这种"反思"的哲学内涵，就是"思维和存在的关系"的"辩证法"。因此，把"思想的前提批判"作为哲学的"解释原则"，内在地包含着把"思想的前提批判"作为辩证法的"解释原则"。思维和存在的"关系"，就是思维和存在的"矛盾"；思维和存在的"关系问题"，就是思维和存在的"矛盾问题"；研究思维和存在的"矛盾关系"和"矛盾问题"，就是关于思维和存在的"辩证法"。因此，承诺"思维和存在的关系问题"是哲学的"重大的基本问题"，也就是承诺哲学的"重大的基本问题"是关于"思维和存在的关系问题"的"辩证法"。"辩证法"是哲学的最为真实的存在方式。

刘：在您看来，人类的哲学思想终归是对人类自身存在的关切，为解决人类生存发展中出现的根本问题而做的追问，因而是为寻求人类自身安身立命之"本体"，您是如何看待现代哲学对"本体"的追求呢？

孙：哲学的"本体论"，并不是某种"本体之论"，而是对"本体"的"追求"。对于这个人们一直争论不休的问题，奎因简洁明了地提出，"本体论"问题就是"何物存在"的问题，而人们在讨论这个问题的时候，则必须区别两种不同的问题：何物实际存在的问题，我们"说何物存在"的问题；前者是"本体论的事实"问题，后者则是"本体论的承诺"问题。奎因区分开了本体论问题与本体论承诺，这对于哲学思维来说是重要的。但是他和我的意思不一样，我认为哲学的本体论根本不是追问何物存在，因而也不是"说何物存在"。我是从人的存在方式出发提出本体论问题，对本体论做出了自己的理解和解释。本体就是规范人类全部思想和行为的根据、标准和尺度。这可以视为我给"本体"下的定义。

本体论作为一种追根溯源式的意向性追求，作为一种对人和世界及其相互关系的终极关怀，本体论追求的合理性在于，人类总是悬设某种基于现实而又超越现实的理性目标，否定自己的现实存在，把现实变成更加理想的现实。本体论追求的真实意义就在于，它启发人类在理想与现实、终极的指向性与历史的确定性之间，既永远保持一种"必要的张力"，又不断打破这种"微妙的平衡"，从而使人类在自己的全部活动中始终保持生机勃勃的求真意识、向善意识和审美意识，永远敞开自我批判和自我超越的空间。

哲学就是本体论，为我们的思想和行为提供根据、标准和尺度。在什么意义上我们把传统哲学和现代哲学区分开了？诉诸哲学史，我们会发现，正是在如何对待哲学本体论的内在矛盾这个根本问题上，使哲学从原则上区分为传统哲学与现代哲学。传统哲学是把规范人的行为的根据、标准、尺度绝对化了，而现代哲学就在于把它变成了一个自觉的、相对的绝对，我们时代的绝对，历史进程的相对。传统哲学之所以是"形而上学"，就在于全部的传统哲学总是力图获得一种绝对的、终极的"本体"，并因而把世界分裂为非此即彼、抽象对立、永恒不变的存在。这是一种统治人类几千年的僵化的本体论的思维方式，也就是当代哲学所自觉到的

"形而上学的恐怖"。现代哲学之所以"现代",就在于其从思维方式上实现了"从两极到中介"的变革,从研究路径上实现了"从体系到问题"的变革,从基本理念上实现了"从层级到顺序"的变革,也就是从人类的历史发展出发去理解哲学所追寻的"本体"和哲学的本体论追求。所以,现代哲学是本体论的自我批判。本体论的本质是辩证法。本体论就是本体论批判。

2011 年 9 月在哈佛大学进行学术交流

刘:在为我们讲课时您曾经问过我们一个问题,存在论、本体论、世界观这三者是什么关系?听了您前面的回答,我想说的是,这三者与哲学的基本问题是离不开的,对这三者的理解能有助于我们更好地处理"思维和存在的关系"问题,那么存在论、本体论和世界观是否就是相统一的呢?

孙:哲学意义的存在论、本体论和世界观,并不是相互割裂的关于"存在""本体"和"世界"的实证知识,而是以"思维和存在的关系问题"为实质内容的反思性的哲学理论。作为历史性的思想和思想性的历史,哲学的世界观是以理论形态所表征的人生在世和人在途中的人的目光。它既是反思存在的存在论,又是追问存在的根据的本体论,由此构成反思思维与存在的否定性统一的辩证法,辩证法是以"思维和存在的关系问题"为"基本问题"的存在论、本体论和世界观"三者一致"的哲学理论。哲学意义的存在论、本体论和世界观，是以"思维和存在的关系问题"为聚焦点所构成的辩证法理论。离开存在论、本体论和世界观，辩证法就会沦为无内容的方法；离开辩证法，存在论、本体论和世界观就会成为相互割裂的实证知识。以"思维和存在的关系问题"为聚焦点去透视哲学意义的存在论、本体论和世界观，才能深切地理解以辩证法为实质内容的哲学。

刘：学界以往对于马克思哲学思想的研究都是基于马克思《1844 年经济学哲学手稿》《德意志意识形态》等早期文本，近几年学界纷纷转向了对《资本论》哲学思想的研究，您于 2012 年获得的国家社科基金重大项目也命名为"《资本论》哲学思想的当代阐释"，是什么样的想法或契机使得您以《资本论》作为文本依托，来进行马克思哲学思想的研究呢？

孙：在我看来，破解"存在"的秘密，是一切哲学思想的聚焦点；如何破解"存在"的秘密，则构成各种哲学思想的分水岭。马克思的哲学革命，就在于他不是追究某种超历史的或非历史的"存在"，而是把"存在"视为"现实的历史"的存在。正是对"现实的历史"的研究，构成了马克思为之付出毕生心血的《资本论》。《资本论》是关于"现实的历史"的"历史唯物主义"；"历史唯物主义"就是马克思的以"解放何以可能"为理论宗旨的马克思主义哲学。在我看来，由经济范畴构成的《资本论》，是通过"对现实的描述"，在人类思想史上史无前例地揭示了"物和物的关系"掩盖下的"人和人的关系"，从而揭示了"现实的历史"即"存在"的秘密。因此，《资本论》不只是关于资本的"资本论"，而且是关于"现实的历史"的马克思主义的"存在论"，即历史唯物主义的"存在论"。所以说，要把"历史唯物主义"解说为马克思主义的"新世界观"，最为重要的根据，就是把研究视角重新架构在《资本论》之上，重新阐发马克思主义哲学与《资本论》的关系。

刘：《资本论》就是关于"现实的历史"的马克思主义的"存在论"，那么《资本论》是如何建构了马克思主义哲学呢？

孙：我在《〈资本论〉与马克思主义哲学》这篇文章中开门见山地提出了这一问题："在当代阐释《资本论》的哲学思想，我们所面对的首要问题是:《资本论》是'运用'还是'构建'了马克思主义哲学?"我主要从四个方面作出回答:第一,它体现了马克思把哲学对"世界何以可能"的追问变革为对"人类解放何以可能"的寻求,并把这种寻求诉诸对"现实的历史"的研究,从而实现了唯物主义的历史观与革命的、批判的辩证法的统一,从而构成马克思主义的"新世界观";第二,《资本论》是"关于现实的人及其历史发展的科学",是通过揭示资本主义这一复杂的社会形式而实现对全部"人类生活形式"的揭示,也就是对"人类历史发展规律"的揭示;第三,《资本论》是对资本主义的政治经济及其政治经济学的双重批判,它的主旨并不是形成以"资本"为内容的"政治经济学"的学科体系,而是通过"政治经济学批判"而揭露"物和物的关系"掩盖下的"人和人的关系",为研究"现实的历史"提供历史唯物主义的世界观和方法论;第四,《资本论》是"时代精神的精华"和"文明的活的灵魂",不只是"反映"和"表达"了人"对物的依赖性"的时代状况,而且是"塑造"和"引导"了把人从"资本"的普遍统治中解放出来的新的时代精神。因此,我们应当在马克思主义哲学与《资本论》的"互释"中,既重新阐释《资本论》的哲学思想,又重新阐释马克思主义哲学。

刘:从《资本论》的研究热潮可以看出,学者们哲学研究的文本依托和理论视角在发生着转换,这是否意味着当今国内学界研究的哲学观念在发生着变革呢?

孙:没错,哲学是思想中所把握到的时代,时代的变革必然引发哲学观念的变革。我曾在 3 个时期发表了 3 篇具有标志性的文章:一个是 1988 年写的《从两极到中介——现代哲学的革命》,一个是 1994 年写的《从体系到问题——九十年代中国的哲学主流》,另一个是 2001 年写的《从层级到顺序——现代哲学的走向》。我选择这样 3 个题目,是有意为之的,主要的目的是比较醒目地使读者能够理解中国的哲学研究发生的革命。第一个革命,是哲学思维方式的变革,我把它概括为"从两极到中介",不再从一种非此即彼、两极对立的思考方式去思考问题了。哲学是"思想中的现实",哲学的这样一种思维方式的革命源于生活的根本性的变革。第二个革命,是哲学研究重点的转移,我把它概括为"从体系到问题"。20 世纪 90 年代中国的哲学研究从"体系意识"转向了"问题意识"，根本问题则是对现代化的反思。当时中国哲学界所面对两大课题：世界性的现代化问题与实现现代化的问题。正是这种重大的时代性课题和民族性课题，要求中国哲学界从理想化的"体系意识"转向现实性的"问题意识"，从传统的教科书哲学转向以现代性的反省为主要内容的后教科书哲学。第三个革命，是哲学研究范式的变革，这是最深刻的，这就是哲学的终结。恩格斯早就说过，马克思主义哲学已经根本不再是"哲学"了，而只是"世界观"。因为所谓的哲学——"形而上学"，它是一种"层级"性的追求，以"深层"文化的"基础性""根源性"来规范人类的全部思想与行为。而"顺序"体现的是"标准"与"选择"的矛盾，把"重要"的文化选择为人的"安身立命之本"，以它来规范人的思想与行为。人类的哲学思想，以"层级"性和"顺序"性两种基本方式关切着人类自身的存在。这两种基本方式，其根本区别，是如何处理人的生命活动意义上的"标准"与"选择"这对范畴的相互关系。纵观人类哲学发展史，其历经着由传统哲学的"层级"性追求，到现代哲学的"顺序"性选择。这一发展历程，最终达到的是以在价值"排序"中"选择"某种"历史的大尺度"作为人的思想与行为的"标准"。因此，哲学理念总是不仅"反映"和"表达"时代精神，而且"塑造"和"引导"时代精神，是规范人们思想和行为的世界观、历史观、人生观、价值观意义上的标准。

刘：当今中国的哲学观念不断地发生着变革，昭示着当今人们所面对的世界性和时代性的问题也呈现了新的样态。在您前一段时间为吉大学子做的讲座中，您提到当今人类面对的最大问题就是创建人类文明新形态。您是怎样看待这一问题的呢？

孙：现代化给人类带来三个巨大的问题：其一，就人与自然的关系说，它造成了人类可持续发展的问题；其二，就人与社会的关系说，它造成了人在资本里面，或者说在对物的依赖性当中所构成的人的自我异化问题；其三，就人与自我的关系说，它造成了所谓文化虚无主义的问题，或者说意义失落、形上迷失、找不到家园等一系列的说法。

我自己常说一句话，中国的问题不只是中国自己的问题，而是当代中国所面对的世界性的和时代性的问题。我们必须得像邓小平所说的，"面向世界、面向现代化、面向未来"。工业文明、市场经济造成的最大的改变是什么？马克思说"历史已经变成世界历史"，要以世界历史的眼光思考问题。所以说今天人类所面对最大的问题是什么？就是创建人类文明新形态。在现代意义上，没有一个问题是单一学科能够解决的，是需要大家共同来思考，怎样去创建人类文明的新形态的问题。如果说，我们在讨论中国特色社会主义的话，中国特色社会主义不仅仅是有中国特色，而是说今天所搞的中国特色社会主义对于创建人类文明新形态所具有的世界性的、时代性的意义和价值。我认为这是一个根本性的问题，需要从一种世界历史的眼光去思考问题。

2012 年 7 月，参加"马克思主义哲学的当代课题"学术研讨会

学术建议

刘：近几年您每年都会为吉大的青年学者们做讲座，近期您主讲的"有理""讲理"也在吉林卫视播出，您月初刚刚与青年学者们就习近平总书记在哲学社会科学座谈会上的讲话内容进行了对话。作为哲学社会科学研究领域的杰出代表，您能否为准备进行和正在进行学术研究的学生和学者们在学术研究上提出几点建议呢？这也是许多读者渴望听到的。

孙："学问是'做'出来的"。做学问就是要跟自己过不去，这是我常说的一句话。一篇好的学术论文，一部好的学术著作，既要有深刻的思想，又要有厚重的论证，还要有优雅的叙述。深刻、厚重和优雅，是读者对学术论著的"要求"，也是作者对学术论著的"追求"。要达到这个"要求"和实现这个"追求"，从事学术研究的学者就不仅要有坚实的文献积累、艰苦的思想积累和切实的生活积累，而且要有"跟自己过不去"的劲头：一是"在思想上跟自己过不去"，提出振聋发聩的创见；二是"在论证上跟自己过不去"，作出令人信服的阐述；三是"在叙述上跟自己过不去"，写出凝重而又空灵的论著。

做学术研究，同样也要努力为自己塑造一个学者的人生态度。杰出科学家钱学森有两句名言：一是"姓钱不爱钱"，一是"离经不叛道"。前一句表达的是一种人生境界，后一句表达的是一种学问境界，这种境界应当是每一位准备从事学术研究的人都应向往的"为人为学，其道一也"的境界。"不爱钱"不是不要名利，而是不追名逐利。"不爱钱"才能"忙别人之所闲，闲别人之所忙"。"离经"，就是不因循守旧，不照本宣科，不人云亦云，不搞教条；"不叛道"，就是不背离实事求是的根本要求，不背离面向现实的学术旨趣，不背离勇于创新的批判精神，不背离人类解放的价值诉求。"千教万教教人求真，千学万学学做真人"。学者是人格化的学术，学术是学者的存在方式，具有为人为学的大气、正气和勇气，才能在学术这片净土中找寻到自身的价值。

寄语吉大

刘：非常感谢您能从百忙之中接受我的采访，读您的文字，仿佛经历一番学术历险，听您一番讲述，非常受益，头脑中时刻都有求知的火花迸发出来，我代表"反思与奠基"网站与《哲学基础理论研究》的读者们再次对您表达我们的尊敬与感谢。最后，作为一名老吉大人，还请您在70周年校庆到来之际为吉大和吉大学子给予赠言。

孙：我们的校歌中有一句震撼人心的歌词：人比天高，脚比路长。在母校七十华诞之际，我想以自己真切的人生体会与大家共勉：健康的体魄是锻炼出来的，真实的本领是钻研出来的，美好的心灵是修养出来的，成功的人生是拼搏出来的，伟大的理想是共同奋斗出来的！

七十述怀

古稀之年复何求?
惯看冬夏与春秋。
自诩平生无憾事,
何须老来弄潮汐!
野蛮体魄身为健,
文明精神志未酬。
樯杆拍遍天涯远,
青山依旧水自流。

孙正聿
二〇一五年十一月廿八日
于长春

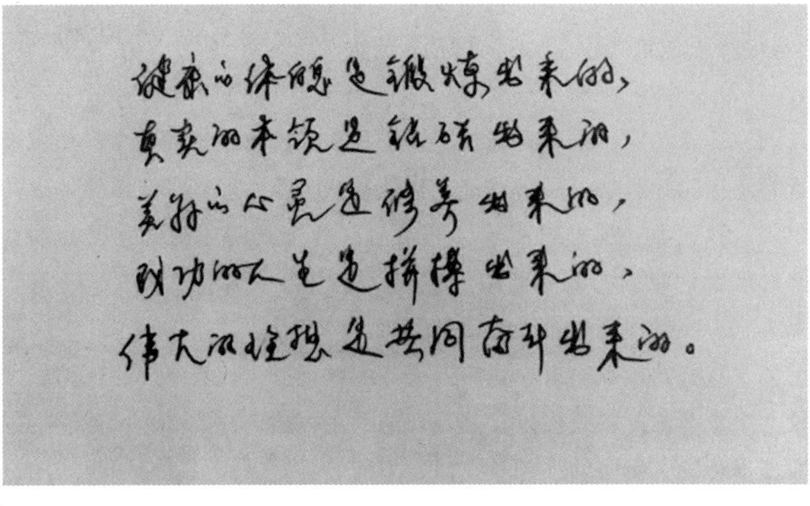

健康的体魄是锻炼出来的,
真实的本领是钻研出来的,
美好的心灵是修养出来的,
成功的人生是拼搏出来的,
伟大的理想是共同奋斗出来的。

吉林大学哲学系自 1958 年建系以来，培养了一批又一批"爱智求真敢问真"的学者，他们走向全国各地，为开创和繁荣我国的哲学社会科学事业筚路蓝缕、笔耕不辍。今适逢吉林大学七十华诞，本平台特开设《吉大七十·哲林人物》栏目，刊登一系列吉大哲学优秀系友专访。忆往昔峥嵘岁月，叙今朝母校情深，展未来踌躇满志……

会泽百家　至公天下

——访邴正教授

邴正，1957 年生，1990 年于吉林大学获哲学博士学位，历任吉林大学党委副书记、吉林省社会科学院院长、吉林日报社社长等职务。现任吉

林大学常务副校长，吉林大学哲学社会学院教授，博士生导师，中共吉林省委委员，省政协委员。兼任中国社会学学会副会长，中国辩证唯物主义研究会常务理事，吉林省新闻工作者协会名誉主席，吉林省社会学会会长。长期从事哲学、社会学、文化学教学和研究，在国内率先提出社会学发展理论问题，是该研究领域的开拓者之一，是国内研究文化与社会发展理论的著名专家学者。

其先后作为课题负责人承担国家社科基金重大特别委托项目等国家级、省部级科研项目13项；出版学术专著12部，与人合著、参编、主编著述40多部；在《中国社会科学》《哲学研究》《光明日报》等重要学术刊物和报纸上发表论文300多篇，其中有10多篇文章被《新华文摘》全文转载；先后荣获省部级以上科研奖励10多项，其他各种科研奖励50多项。

采访时间： 2016 年 7 月 7 日
采访地点： 邴正教授办公室
采 访 人： 李坤钰（以下简称"李"）
采访对象： 邴正教授（以下简称"邴"）

结缘吉大

李：邴老师，您好！非常感谢您能在百忙之中接受我的采访，我很荣幸能代表"反思与奠基"网站和《哲学基础理论研究》编辑部对您进行访谈。老师，您是在1977年恢复高考后进入吉林大学，现已将近四十余年，您能否为我们讲述一下因何种缘由而选择哲学专业？又因为何种机缘而进入吉林大学求学呢？

邴：我选择哲学专业很偶然，有两个因素。我考大学的时候是1977年，在这之前中国社会的变动很大。因为在1975年有一个政治活动叫"反击右倾翻案风"，到1976年10月份"四人帮"被粉碎。我当时在吉林省凿岩工程公司，担任我们那个施工队的团总支书记兼宣传干事。所以，这些活动都由我负责组织职工们学习，可是学习的内容前后变化很大。一个我们单位的领导就跟我聊天，他感慨说，辩证法就像变戏法，说不明白。我就不同意，我说，辩证法是科学的，它不是变戏法。随后赶上1977 年恢复高考，选择专业时，我咨询他建议。他就跟我开玩笑说，你不是说辩证法不是变戏法吗？你就考哲学吧，你把这辩证法弄明白了。我说，那行，我要考上呢？他笑着说，考上了哲学专业，学费我负责！

于是我就报考了，并且考上了，我说，你出学费啊。他说，不用，都是公费。我们那时候上大学不要学费，这其实就是开玩笑打赌了。但这说明当时大家整个社会对哲学的了解，包括我自己在内，也都不甚了了，当时确实对哲学比较好奇。另一个原因，当时我咨询我的姐夫，他是长春物理所的研究人员，中国科技大学毕业。我问他高考报什么专业好，他告诉我理科比文科好。我说，可是我喜欢文科。他说，你要是想报文科，只有两个学科是学问。我当时挺喜欢文学，他说作家多数都不是学文学的，他给我举了鲁迅、郭沫若为例，两人都是学医的。我说那历史呢？他告诉我，以后计算机普及了，存到计算机里，不用人去背。我说，那我学什么呢？他说，哲学和考古，这两个有学问。我说，考古摆弄骨头棒子比较枯燥，那就还是报考哲学吧。

师生情谊

李："师者，传道授业解惑也"，您在攻读硕士、博士研究生期间，师从著名哲学家高清海教授，是其早期得意弟子。您是否还记得与高老师初次见面时的情形？

邴：我与高老师第一次见面，是在高老师的课堂上。当时高老师因为腰有点问题，拄了个手杖，身材高大，稍有些谢顶，我们一看，这是老教授。其实高老师给我们讲课那年他才 49 岁，实际上很年轻，但是当时给我们的感觉，这是位老教授，所以大家对高老师很敬仰。高老师一讲课，就使我们非常佩服，他能用非常浅显的、生动的语言去讲述深刻的、晦涩的、抽象的、思辨的哲学问题，他当时给我们讲了古希腊哲学，这是我们哲学的启蒙。后来，我就考了高老师的硕士，后来又考了他的博士。

李：能否为我们讲述一下，求学的那段时光里，您与老师之间的记忆深刻、难以忘却的故事。

邴：在跟高老师读硕士、博士期间。有这样几件事我印象很深刻：第一件事是在 1987 年，高老师让我陪他到苏州参加一个全国性的哲学研讨会，我把高老师送至宾馆房间。我说，高老师没有事情，我先回去了。他说，你先在我房间坐一会儿，等一会儿，他们都会来看我，我介绍给你认识，我当时并不知道老师说的他们都是谁。过了一会儿，黄楠森、肖前、李秀林、陈晏清、刘放桐等等一些当时哲学界各个高校的泰斗都来看高老师。高老师就把我引荐给他们，说这是我的学生，邴正。第二天下午开讨论会，我分到一个小组，小组的组长就是我前一天晚上在高老师房间见过的一位教授。他看着我说，小邴，你是老高的学生，你先发发言吧。我就很惶恐，因为在座比我辈分高的人很多。我做了发言之后，他说，讲得不错，你代表我们小组上大会讲。这就为我在哲学界后来产生一定的影响打下一个很好的基础，这是高老师在给我们学生打基础。

与恩师、同门漫步吉大校园

第二个老师给我印象深刻的是，高老师的教学方法。我读博士期间，高老师就把我们约到他家，喝着茶，大家交谈。高老师要求每个人事先做好准备，读一本书。第二天汇报读这本书的体会，讲完大家点评。这个方法给我们很大压力，你需要做功课，哲学理论是比较抽象的，你要不认真看，你说的就不准确，资料不看全了，你就有疏漏。这个训练对我们的基本功非常有好处。我后来很多的学术思想、学术文章就产生于这些座谈研讨中，这种教学方法是非常好的。

　　第三个高老师给我印象深刻的是他的学术独创性。他自己思考，思考之后跟我们交流。他提出一些概念，最初提出来的时候，我们都有点跟不上。比如，高老师提出马克思主义的哲学变革是实践观点的思维方式的变革。这个概念大家现在都清楚了。当时在老师提出来的时候，我们就觉得，实践是人们的活动，思维方式是一种思想的方式，它们两个有什么联系呢？作为活动的实践和把实践作为人们的思维方式是它们的区别，这是高老师教会我们的，这就是辩证法，是解决理解马克思哲学革命问题的真谛。后来高老师又提出"类哲学"，我们一开始也有点恍惚，"类"是费尔巴哈的概念，那么"类哲学"是什么概念呢？高老师几篇文章发表之后，在社会上产生很大影响，慢慢的人们会理解到了。那是在 20 世纪的90 年代。进入 21 世纪，出现了全球化这个问题。全球化从哲学上怎么把握？是从未分化的个人、独立的个人到觉悟的全体，这是从高老师的思维分析的。所以说他的思维具有超前性，哲学具有创新性。

学术探索

　　李：1990 年，您博士毕业，当时您提交的博士论文题为《人类自我意识与文化批判》（后在 1996 年正式出版），得到高清海教授的高度评价，称其为"一篇相当精彩的博士论文"。您也由此率先开始了对文化与社会发展理论的综合研究，直至今日，您在《中国社会科学》《哲学研究》等重要学术刊物上发表与此研究相关的文章百余篇，出版学术专著12 部。您为何会选择文化哲学与社会发展研究作为您的主要研究领域？

　　邴：我是地道的哲学科班出身的，我在本科、硕士、博士期间都是咱们吉大哲学系的学生，选择文化问题有这样几个原因。首要的原因，这是当时中国社会发展提出的一个要求。当时中国正处于社会转型，我上大学那届是恢复高考之后的第一届，是在 1978 年春天。大家都知道，1978 年冬天，我们召开了中共第十一届三中全会，国家的发展重心由过去的以阶级斗争为中心，转向以经济建设为中心，整个社会发生了意识形态价值观的大的转折和断裂，这刺激了我的思考。观念更新，观念变革，不是改几个观念的问题，这种转变是一种文化的转变，影响人们价值观的变化，而且价值观问题的核心是文化的问题。我认为这个问题很重要，而且我把自己的感受后来都写到了我的书里。从全球的发展看，人类社会正在经历这个变革，文化问题的领域成为社会发展过程中的一个作用越来越重要，地位越来越高，影响越来越大的领域，因为人类社会发生了从工业社会向信息社会的转变。当时托夫勒出了一本书，叫《第三次浪潮》，对我们的震撼很大。我认为托夫勒的预测是有道理的，未来社会是个高科技的社会，是个信息化的社会。还有丹尼尔·贝尔写的《后工业社会的来临》，都在讲这一点。人类社会最基本的社会关系变了，变到什么程度了呢？传统的农业社会人们是为生存而奋斗，工业社会是解决人们的生产资料问题，信息社会，信息技术成为主导，人民的文化交往成为普遍的日常的社会行为。然后，贝尔还强调，自六十年代起，美国就开始发生社会转型，第三产业、服务业占主导，传统工农业不是主导产业了，那么第三产业的核心是什么？是科技产业、信息产业，而这些东西都是文化。这说明人们的社会需求发生了变化，由原来的满足生存需要，安全需要，转向满足人们的文化需要，发展需要。所以，文化问题就凸显了。

书名

当代人与文化：人类自我意
识与文化批判

作者

邴正

出版社

吉林教育出版社

出版时间

1996 年 9 月

另一个方面，当时环保问题被重视，环保主义崛起了。从环保主义角度看，人类活动越来越具有危险性，我读了很多罗马俱乐部的报告，能源的危机，科技的灾难，使我们看到，现代科学技术的发展是一把双刃剑，为人类的未来提供了越来越高效的工具，同时这些工具本身对人类的生存具有高度的威胁性，风险性。当时乌尔里希·贝克还没有写出《风险社会》，萨缪尔·亨廷顿还没有写出《文明的冲突与世界秩序的重建》。因为我思考这些问题是在20世纪80年代，感同身受，所以我觉得文化矛盾是当代社会突出的核心的矛盾。因而我选择文化矛盾作为我的主要研究对象。

李：那么，您是如何看待哲学与文化之间的关系呢？

邴：其实这也是我马上要谈到的，跟我个人的阅读有关。中学的时候我非常喜欢文学和历史，上了大学开始学哲学。文史哲是不分家的，我思考哲学问题喜欢把哲学问题放到历史的、文学的背景下来考虑，通过一些文学著作来理解一些哲学概念。比方说，西方文化的精神，一般都用浮士德精神，哈姆雷特精神表达。又比如古希腊、罗马的俄狄浦斯情结，奥德修斯情结，全是用神话寓言，文学人物，象征比喻来阐述一些哲学的概念。萨特的存在主义更是把哲学和文学的创作结合了起来，这我很喜欢。我认为哲学就是歌德说的这句话：理论是灰色的，生活之树长青。好的哲学，就应该能够打动人。能打动人的哲学，就应该既是理论，又能深入生活。而哲学深入生活不是指一种应用，而是它作为一种文化，去影响一代人的价值观。所以，文化的核心是什么？文化的核心理念就是我们哲学的理念。而这种理念是什么？我认为文化实际上是人的创造成果。人去看自己的成果，这是人的反思。人在成果里看到的是自己，所以这是人类自我意识。哲学的核心应该是探讨人类的自我意识。这种自我意识的表现形式就是一种文化意识，所以我的博士论文也就确定为"当代文化与人类自我意识"这样一个主题。

李：自从您选择"文化与社会发展"作为主要研究方向后，在该学术领域孜孜以求数十年，您始终伫立于文化研究与社会发展研究的前沿。那么您是在何种逻辑层次上展开您的学术思想的？

邴：大体是这样的一个逻辑背景，人类作为主体而进行的活动，马克思强调要对象化，要创造一个对象世界，要创造一个人化自然，那么这个人化自然就是我们所说的文化。我是从马克思的哲学理论出发，我认为马克思虽然没有直接地建立一个文化理论，但是马克思的理论具有很强的文化意识。马克思在《手稿》里提出了人化自然的理论，实际上是探讨了文化的本质；马克思在1859年《政治经济学批判》序言当中，提出的社会结构，探讨的就是包括文化结构在内的大的广义的社会结构，它的经济基础、上层建筑和意识形态的关系实际上就揭示了一个社会结构和文化结构互动的关系；马克思在他的《人类学笔记》当中去探讨的是社会发展的多样性与文化的多样性的关系。所以，从马克思的理论结构看，他的思想对我影响很深。因此我是从马克思的理论出发，去探讨当代的文化问题。

书名

马克思主义文化哲学

作者

邴正

出版社

吉林人民出版社

出版时间

2007年5月

那么哲学探讨什么？哲学就是要探讨社会的本质、人的本质、人和外部世界的基本关系。人和外部世界的关系的直接成果就是文化，因此我们研究的种种社会现象应该都是文化现象，这个切入点，恰恰被人们忽视了。一部分人认为：哲学就是哲学，哲学就是概念。一部分人认为：哲学就应该走向实践，哲学就得有应用型，去指导人们的具体活动。我认为这两种观点都对，但是都有片面性。哲学去影响社会，影响人类，它直接影响的不是人们具体的实践活动，它应该影响人们的文化活动。它作为文化的核心理念存在，作为基本的文化的表达方式存在。所以我从哲学走向了文化。文化是一个中介，它把外部世界和人结合在一起，把哲学和其他具体学科结合在一起。哲学作为一种文化意识，通过文化去影响其他学科。

现当代的西方哲学，都是努力找一个这样的中介来深化他们的哲学理论，而不是就哲学谈哲学。举个例子，罗素通过数理逻辑来建构他的哲学体系，萨特通过文学，弗洛伊德通过心理学，杜威通过教育学。20 世纪有影响的哲学流派基本上都是如此，包括分析哲学，语义哲学。中国的哲学界受苏联教科书和德国古典哲学的影响，停留在思辨的阶段。为什么我们老说，怎么咱们就不出哲学思想家呢？哲学要想有建树，总搞思辨研究，方法就脱离我们这个时代了。恩格斯曾批评"任何一个德国大学生都想构造一个体系"，就是用概念构造逻辑，那样的时代已经过去了。哲学的长处在哪？哲学是文化的核心的价值观，哲学要和文化去结合，这样哲学才能介入生活。我也正是从这个角度研究哲学的。

李：您在自己的著作《发展与文化——马克思主义辩证法与当代社会转型分析》中曾提出这样的观点，"当代文化中最为突出的问题，是文化理想问题"。那么，在当代中国社会发展中，文化理想的构建究竟遭遇到了哪些挑战？

书名
发展与文化：马克思主义辩证法与当代社会转型分析

作者
郐正

出版社
吉林大学出版社

出版时间
2008 年 10 月

邴：刚才我讲了，当代中国，处于一个巨大的社会转型过程中，也处于文化转型的过程中。而所谓文化的转型不是指转变形式，是指转变它的核心理念。当代中国就处于这种核心理念的断裂、调整阶段。在古代，我们中国人的理想是以儒家思想为代表的，到了近代它逐渐衰落，受到了外来文化的冲击。五四运动以来，新文化崛起。中国共产党的文化是以毛泽东思想为代表，把共产主义设定为我们的理想，相当于儒家的天下大同。改革开放以来，整个社会遇到现代化这个冲击。

时任吉林省社会科学院院长，主持吉林省社会科学院建院 50 周年庆典

我们传统的民族文化理想会不会自然地适应现代化的要求？显然这在学术界，大家的看法是不一致的。多数人的看法是传统文化应该改造，不改造适应不了这个社会的发展。所以作为一个信念的基础，儒家文化受到现代化的强烈冲击。革命文化很成功，但是随着我们改革开放走入市场经济，受到很大挑战。社会主义还处于初级阶段，我们发展社会主义市场经济，原来的一些理念与市场经济发展的要求有很大的差距。市场的主体应该是鼓励个人，承认个人合法权利，我们现在已经通过了《物权法》。共产主义的特点是消灭私有制，而我们现在的要求是以公有制为主体、多种所有制经济共同发展，这样就导致很多人的思想混乱。怎么看待这个问题、这个矛盾现象？我之前写过《重建理想的使命》和《当代中国社会的理想世界建构》这两篇文章，探讨的就是这个问题。当时有很多人不

理解，说理想过时了，现在是务实。改革开放的今天，现在我们遇到了这些问题。习近平同志反复强调中国梦，为什么？我们现在进行党员的先进性教育，共产党员的群众路线教育，要解决一个什么问题？精神补钙问题！就是党员的理想信念有一部分人出了问题，这个不光是在党员队伍中，在整个社会也有。我们现在面临几个选择，东方的和西方的，传统的和现代的，革命的和经济的，我们到底朝哪个方向走？理想是解决人们安身立命的、给予人的生活支撑的精神问题，我们现在就遇到这个挑战，所以我就很关注这个问题。

总体我认为，现在我们社会存在很多问题。中国文化的一个特点，就是我们没有宗教，而西方是有宗教的。没宗教但我们相信中国的儒家文化，崇拜祖先，这是我们的社会基础。随着近现代社会主义革命的崛起，社会主义理想成为我们的主要选择。那么儒家文化追求的是天下大同和高尚的道德境界。而我们的共产主义理想追求的是没有人剥削人，没有人压迫人，追求的是人要大公无私，人要变成道德上的完人。它们在一些特点上是有接近的地方。但是市场经济的发展，对这两个传统都提出了挑战。我们既要发展市场经济，又要继承发扬我们的优良文化传统，这就是我国当前文化面对的一个挑战和困境。

李：市场经济的崛起的确对传统的理想信念造成了挑战，部分人陷入精神困境，出现信念迷失。那么，当下我们又应当如何应对这些挑战呢？

邴：怎样把"走市场经济的道路"同"继承发扬我们的优良文化传统"有机地结合起来？这就是我这些年探讨的一个问题。后来我在《中国社会科学》上发表的《当代文化矛盾与哲学话语系统的转变》，以及《马克思主义哲学视域中的全球化与本土化矛盾及文化抉择》等文章探讨的核心就是我们怎么解决一元文化和多元文化，民族主义和世界主义，大众文化和精英文化，理想主义和功利主义这些矛盾。我们当代中国只有把这部分矛盾梳理好了，我们才能选择一个发展的方向。我们要在市场经济条件下，在全球化的背景下，在继承发扬民族优良文化传统的基础上，去构建一个适应21世纪中国的理想境界和新价值观。这也是我们现在理论上亟须解决和突破的问题。

接受《城市晚报》专访，解读政府工作报告

读书建议

李：您在讲座中总是独具创见，深入浅出地讲明白一些深刻道理，因而您的讲座总是座无虚席，学生们亲切地称呼您为"大学生的导师"，那么，作为"学生们的导师"，您能否给大家提一些读书学习方面的建议呢？

邴：以我的经历和体会，学生们第一要喜欢读书，要把读书作为一种习惯和信仰。不能用功利的观点去看"读书"。有人老问，读什么书？读什么书有用？这个思维是不对的。作为一个受过良好文化熏陶和教育的人，应该把读书作为自己生活的一种习惯，而不是带有什么功利目的。我读书，因为我喜欢读书。首先要培养这个境界，就能读好书了，这样你能从一本书里读出一个很深刻的道理来，而不在于跟风。什么畅销，读什么，那没用！思维趋同！人家说这本书好，你看看，看完以后跟人家的想法一样了，你自己也没什么特点，是不是？这是一。第二，读书首先还是要讲广博，阅历要广一些，不要太窄。很多同学上来就读专业书，只读这个专业的书。比如，学哲学的同学，喜欢哲学史，喜欢德国古典哲学，那就读康德、费希特、谢林、费尔巴哈。读到博士，会成为这方面的专家，但这叫作永远在一个地方打眼儿。可问题是：你学的是哲学。哲学是什么？哲学应该是自然科学和社会科学的集大成者。如果自然科学根本不了解，社会科学就只看哲学，哲学就看德国古典哲学，你的知识储备就会非常片面，你的视野也会非常片面，形成的理论胸怀肯定不是哲学胸怀。哲学是什么？哲学是心怀天下，你只心怀鼻子底下，那不就成了井底之蛙了吗？所以读书一定要广博一些。

2014 年，长白山讲坛·五大发展系列讲座

作为一个文科生并且学习哲学的人，我认为他首先要学好哲学，其次，文史哲要通。好的哲学就是文学的形象的概念化。哈姆莱特就是一个哲学概念的形象化，怀疑主义。浮士德就是理性主义。历史是过去的人的理性实践。我们终归要回归现实生活。哲学要接地气，不是说直接就面向现实，而是要站在历史的高峰上来总览人类走过的道路，你才能总结出人是怎么发展的，才能看透人的本质是什么。拿破仑打进德国，黑格尔说这是马背上的绝对精神。你不了解法国大革命，不了解拿破仑征战史，就不能理解黑格尔那句话，就不了解当时欧洲是什么样子，拿破仑做了什么贡献。反过来，你也就理解什么叫作世界精神。拿破仑统一欧洲，这代表社会发展的一个方向，他推动了欧洲各个民族、国家的形成。拿破仑作了重要的贡献，这些东西对我们理解历史，理解哲学都肯定有用。第三，哲学不单要学好文史哲，哲学要悲天悯人，你要把对人类生活的关怀、关心体现出来，所以你一定要读那一个时代最具代表性的著作，你得关心这个时代的脉搏。马克思说："任何真正的哲学都是自己时代的精神的精华。"你如果不关心你的时代的走向，那么你的哲学就跟时代完全脱节，你那就叫作书斋哲学、经院哲学。

寄语吉大

李：今年是吉林大学 70 周年校庆，请您赠予吉大和吉大学子几句寄语。

邴：我是从本科开始就在吉大读书，从本科到博士毕业，再到吉大工作。从本科生到博士生，从助教一直到教授，博导。从普通的教师一直当到吉大的副书记、常务副校长，因而跟吉大感情很深。所以祝福吉大的话是："吉大极大，优良传统，发扬光大。"对于吉大学子，送给他们两句格言。一句是阿波罗神庙门楣上的箴言，叫作："认识你自己"。另外一句是："我读书，因为我喜欢读书"。

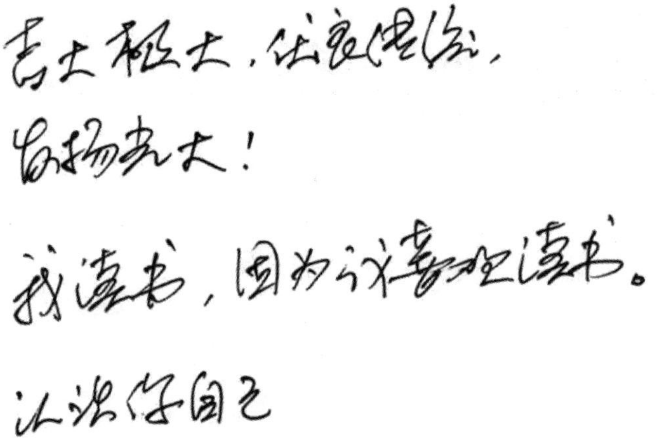

祝福吉大：
"吉大极大，优良传统，发扬光大！"
寄语学子：
"我读书，因为我喜欢读书。"
"认识你自己。"

　　吉林大学哲学系自 1958 年建系以来，培养了一批又一批"爱智求真敢问真"的学者，他们走向全国各地，为开创和繁荣我国的哲学社会科学事业筚路蓝缕、笔耕不辍。今适逢吉林大学七十华诞，本平台特开设《吉大七十·哲林人物》栏目，刊登一系列吉大哲学优秀系友专访。忆往昔峥嵘岁月，叙今朝母校情深，展未来踌躇满志……

让理论直面时代的呼声

——访韩庆祥教授

　　韩庆祥，河南孟州人，1983 年获郑州大学学士学位；1986 年获吉林大学哲学硕士学位；1989 年获北京大学哲学博士学位。1989 年在莫斯科

大学进修。现任中共中央党校副教育长兼科研部主任、一级教授、博士生导师，兼中国人学学会副会长，中国马克思主义哲学史学会副会长，中国马克思恩格斯研究会副会长，北京市哲学学会副会长。兼北京大学、复旦大学、北京师范大学有关学术机构教授。中组部联系专家。中共中央党校省部级班主讲教师。入选"国家百千万人才工程""国家级人选""全国四个一批人才""国家第一批哲学社会科学领军人才"。马克思主义研究和建设工程专家，国务院马克思主义理论学科评议组成员。

主要研究方向为马克思主义哲学、人学和能力问题。近期研究政治哲学与当代中国发展问题，研究习近平治国理政思想。先后在《中国社会科学》《哲学研究》《哲学动态》《求是》《人民日报》《光明日报》等国家知名报刊上发表 190 多篇学术论文，有 20 多篇论文被《新华文摘》全文转载。出版学术著作 7 部，在学术界和社会上产生较大影响。独立主持承担 5 项国家社会科学基金项目，其中"人的全面发展研究"和"科学发展观视阈中的以人为本理论与实践问题研究"为国家社会科学基金重点、重大项目。论文《社会主义市场经济与人的塑造》获"全国首届胡绳青年学术奖"，主编的《哲学理论创新》丛书获"第 13 届中国图书奖"。1997 年获"中共中央党校十大杰出青年"荣誉称号，先后五次获"中共中央党校教学优秀奖"等。

采访时间：2016 年 8 月 7 日

采 访 人：李坤钰（以下简称"李"）

采访对象：韩庆祥教授（以下简称"韩"）

结缘吉大

李：韩老师，您好，很荣幸能够代表"反思与奠基"网站和《哲学基础理论研究》编辑部对您进行访谈。能否为我们讲述一下您是因何选择哲学专业，又是如何与母校结缘的？

韩：好的！我选择哲学，又与母校吉大结缘，这是特殊历史环境下我的学习成长经历中各种机缘合力的结果。1972 年，我初中毕业，虽然学习成绩优秀，但当时是"推荐"上高中，我只能辍学回家干农活。我开过拖拉机、喷洒过农药、种过地等，饱尝生活的艰辛。1977 年恢复高考后，我用两年时间准备，最后以高出当时一本线几十分的成绩进入了郑州大学。说实在话，当时我也不太懂怎么选择专业，一些"有见识"的父老乡亲建议我报考政教系。不承想，一年后，政教系分科，我被分到了哲学专业。那时上大学不容易，既来之则安之，我也倒乐于接受。

在师友的指导下，我对哲学"越学越有味道"。随着学习思考的深入，大三时我便立志要考研读硕。为了顺利考上研究生，同时又不打扰宿舍其他同学，我跟辅导员商量后，将卫生间一角稍加改造，为自己夜间读书打造了一个"小书屋"。后来，顺利考取吉林大学张维久教授的硕士研究生。当时在我印象中，吉林大学的哲学学科在全国学术界具有很大影响。而且随着对吉林大学哲学专家研究成果的了解，我体会到，哲学能使我们用"两只眼睛"看世界，具有智慧：即感性与理性；本质与道义；真理与价值；道与术。这就与吉林大学结下了渊源。

铭心记忆

李：能否为我们回忆一下您在吉大求学期间镌骨铭心的故事？

韩：给我印象最深的，是长春的冬季很长，吉林大学又没有院墙，没有什么利益诱惑，反而成就了我的学习，读了很多书。第二个印象，就是吉林大学都是名师授课，高清海、舒炜光、车文博、邹化政、张维久等一批全国知名专家，都亲自给我们研究生讲课，我们确实受益匪浅！还有，我和邹广文在吉林大学读书，结下了深厚友谊，一块儿读书，一块儿跑步，一块儿学习，彼此进行学术交流。吉大，自然环境虽一般，但学习环境极好！

学心探索

李：根据您历年的学术成果显示，您先后专注于马克思主义哲学研究，人学研究，其后又转向于能力本体论研究以及当代中国政治哲学的研究，当今专注于研究习近平治国理政思想。那么，您这几次的学术研究方向的转变是否有着一定的逻辑关联？

韩：有，而且是我自觉地让其"有"。1983 年到 1986 年，我在吉林大学攻读硕士学位，高清海、张维久、邹化政等老师的人学研究成果及其思想对我影响比较大。1986 年，我到北京大学攻读博士学位，在黄枬森先生的指引下，开始把人学作为我学习、研究的方向和重点。在攻读硕、博学位期间，我注重的是对马克思哲学的解读，读了不少经典文本，对马克思主义十分坚信和坚守！当时我最关心的问题之一，就是马克思开辟的哲学道路与马克思哲学的本质、基本价值和发展历程。我认为，这是从事马克思主义哲学研究应该首先搞清楚的。通过研究，我得出了"马克思的哲学本质上是一种实践生成论"的结论。

我认为，马克思哲学所实现的革命性变革，主要体现在面向现实人的生活世界，关注现实人的生存境遇与发展命运，并以哲学的方式批判旧世界，以实践的方式改变旧世界和建立新世界，以实现无产阶级解放、人的能力的充分发挥和每个人自由全面发展。由于我把马克思哲学解读为实践生成论，自然而然地就会关注人的问题。马克思哲学本质上是一种实践生成论哲学，其主体就是人，目的也是人，人是在实践中确证与实现自己的。人在实践中确证和实现自己，实际上就是一种对人之本质的一种理解。这是我从马克思哲学走向人学研究的理论逻辑的必然。促使我转向人学研究的另一个逻辑，就是中国历史的发展。1978 年以前一段时间，我们常常谈"人"色变，把人性、个人利益等人的问题看作是资产阶级的专利。1978 年以后，我们实行改革开放，搞现代化建设，不解放思想、解放人，改革开放就迈不开步子。从过去回避人的问题、谈"人"色变到解放思想、解放人，是中国社会历史发展的逻辑必然。还有一个因素是时代发展的必然逻辑。传统社会，个人对集体相对比较依赖，工业化时代充分展示了个人的力量，是展示人的主体性的时代。人的主体性张扬带来了双重结果，正面结果是生产力发展，物质财富丰富了，人的生活水平提高了；负面结果是，人被物化了，环境污染了，贫富差距扩大了，精神世界出现一定危机等。这就把人的问题突出出来了，要求我们研究人性，研究人的全面发展，研究主体性的限度，研究价值取向。这种对人的主体性的反思必然走向人学研究。除了以上理论研究逻辑、中国社会历史发展逻辑和时代发展逻辑三种逻辑外，哲学界老前辈对我的引导，也是促成我走向人学研究道路的一个重要因素。我在吉林大学攻读硕士期间，高清海教授和邹化政教授已经开始讲授人学，对我后来的人学研究有很大启发。在北京大学攻读博士时，黄枬森教授力倡我把人学作为研究的重点方向。以上是我从马克思哲学转向人学研究的大致线索。当然，我是十分自觉地用马克思主义指导我的人学研究，并批判地反思西方对人的问题的研究成果的。

接受《光明网》专访

我真正开始研究"人学"，是在 1986 年攻读博士学位期间。从 1986 年到 1996 年，我花了 10 年时间进行人学理论建构，包括哲学与人的关系、人学的对象、人学的定位、人学的性质、人学与人类学的关系、人学的基本范畴、人学研究方法论、人学基本理论体系、人学的使命，等等。我把我的人学研究定位于人怎样成其为"是"和人怎样成其为"人"的一门学问。

使人成其为人，需要很多基础和条件，我认为有两个最基本的条件，即道德素养和能力素质。道德强调做人，能力强调做事，最好是德才兼备。中国传统文化，特别是儒家文化强调做人，推崇道德学说。然而，关于人的能力及其开发的研究，我们似乎做的不够。我们对道德特别看重，这在今天依然要坚守！但对人的能力及其价值和意义相对注重不够。我试图在注重道德价值的前提下，从哲学上专注于研究人的能力发展和开发问题。我研究能力问题主要出于两方面考虑：一是使人成其为人；二是使中国真正成为中国。无论个人还是国家，都有一个"应然"的理念与价值部分，同时还有一个"实然"的实力和能力问题。没有实力和能力，应然的部分就难以落实，人也难成其为人、国难成其为国。由此，我从人学走向对能力问题的哲学研究，核心成果是提出了"能力本位论"。1992年，我在《光明日报》发表了《市场经济的文化实质——能力本位》。随后，应《北京大学学报》编辑约请，我用一万六千字的篇幅，对能力本位论进行了深入系统的学理阐发和论证，题目是《能力本位论与当代中国发展》。能力本位论提出后，在学界和社会上都产生了较大影响。2005年我在《中国社会科学》上发表了《能力建设与当代中国发展》，进一步论证了能力本位理念。能力本位理念与公平正义理念本质上是相辅相成的。能力本位理念的实质，是消解权力至上带来的不公正，就是追求公正，也内在要求做到公正，能力理念的真正确立必然以公正为前提。我国社会存在的某些不公正现象，往往都是能力本位某种缺失带来的，具体说是一些有权力的人与资本的不正当结合带来的。能力本位理念强调的是，在坚守道德的前提下，让有能力有业绩贡献的人到本来应该有的位置上，人人凭能力吃饭，凭能绩立足，只要有能力就会有机会，只要有能力并能得到发挥，人就容易成才。能力本位是实现公平与效率统一的一个基石、一个基础、一个结合点。

对人学和能力问题的深入思考，促使我转向当代中国政治哲学研究。首先，在能力问题研究中我发现，中国传统政治领域一定程度上存在的官僚主义，往往使一些人的能力得不到充分发挥，成为使人成其为人和实现能力本位的主要障碍；同时，中国的历史与现实昭示着政治作为一种力量，始终影响着我们中国人的方方面面；在对当代"中国问题"的哲学分析中我又发现，在中国传统社会以及现代社会，许多问题大都与政治因素有关。由此，我便走向了对当代中国政治哲学的研究，并提出社会层级结构理论，以此作为分析中国问题的一种框架。我认为，体制的背后是社会结构，社会结构不改革，体制改革就很难见成效。传统的社会层级结构，是滋生造成当代中国许许多多问题的一个"根"。要改造社会层级结构，广大人民群众是主体，而中国共产党人是主要的主体。

中国共产党是中国特色社会主义伟大事业的领导核心，是中国人民的主心骨。在新时期，我们党面临"四大考验""四种危险"。十八大以来，以习近平同志为核心的党中央不忘初心，坚持以人民为中心的发展思想继续前行，强调打铁还需自身硬，要求党要管党、全面从严治党，重塑政治发展新生态。由此，我就把我的当代中国政治哲学研究，主要集中在关注和研究习近平总书记治国理政思想上。越研究我越坚信，以习近平同志为核心的党中央为中国知识分子在广阔天地里大有作为提供了十分有利的学术环境。

从哲学到人学，再到人的能力问题研究，进而切入当代中国政治哲学研究，今天注重研究习近平治国理政思想，是各种逻辑发展的结果，这些研究也构成一个有机的整体，其内在理论逻辑是一贯的。这是我学术研究的基本历程和学术思想发展的大致脉络。令人欣慰的是，我在学术研究过程中，发表的人学研究成果、能力本位论、社会层级结构理论、习近平治国理政思想研究成果，分别在党中央提出的以人为本的科学发展观、加强党的执政能力建设、供给侧结构性改革、党中央治国理政新思想的新概念新范畴新表述中，得到了印证和确证。

李：问题是时代的呼声，马克思主义哲学本质上是面向时代问题的。那么在当代应当如何构建面向中国问题的马克思主义哲学？

韩：哲学发源于困惑、疑惑与问题。一部哲学史，从一定意义上说，就是面对时代问题、分析时代问题、解决时代问题的历史。马克思主义哲学具有深度的现实关切，而现实关切，本质上就是对时代问题的关切。马克思哲学是带着问题出场的，始终贯彻着一个清晰的问题逻辑，《1844年经济学哲学手稿》中劳动的逻辑、《关于费尔巴哈的提纲》中社会实践的逻辑、《德意志意识形态》中的现实的个人的逻辑、《共产党宣言》中阶级的逻辑，以及《资本论》中商品演进的逻辑等。马克思主义哲学要创新和发展，就必须面向问题，包括面向全球问题，尤其是要面向中国问题。

首先，建构面向中国问题的马克思主义哲学，要确立问题领域，搞清楚研究对象。问题不是客观地存在于事物的结构及其发展过程中，而是发生于实践过程中的主客体相互作用，问题实际上是客观矛盾与主体追问的统一。建构"面向中国问题的哲学"，需要注意区分具体科学层面的中国问题和哲学层面的中国问题。哲学视域的"中国问题"，是特指持久存

做客《新华访谈》

在、时刻缠绕国人、必须经常面对、常常令人疑惑、深刻影响中国发展的根本问题，以及与这一根本问题直接相关的核心价值观念和思维方式。下述问题是面向中国问题的哲学应着重关注和研究的问题：一是中国向何处去的问题。这是一个关涉根本方向、普遍存在又与时俱进的总问题。二是结构转型、力量转移和利益博弈问题。这是当代中国最大的现实问题，对这一问题的思考和解决关涉其他一系列问题。三是中国文化转型问题。这是关系中国人的生存方式、精神世界和思想观念，进而渗透到经济、政治、社会、生态等方方面面的问题。

其次，建构面向中国问题的马克思主义哲学，要求把"中国问题"作为研究的出发点和落脚点。1978年以来，我国学术界的哲学研究，真正直面并破解"中国问题"还显得有点薄弱。人们在研究现实问题上存在四种顾虑：认为研究现实问题不是学术，不愿研究；怕研究现实问题触及政治，不敢研究；认为哲学解决不了现实问题，不必研究；不了解现实，无法研究。当前，学术研究大多还是在使用西方的、中国传统的、经典文本中的、教科书中的概念、理论和分析框架，没有真正构建起面向当代中国发展的现实逻辑与中国问题的新概念新范畴新表述。我们的大脑成为别人理论的跑马场，这在很大程度上造成理论的水土不服，结果是"耕了别人地，荒了自己田"。真正有生命力的思想肯定是关注时代、关注现实和关注实践的。学术不仅仅是在书斋里做抽象思辨的学院化研究，也可以是对现实问题所做的学理性与独创性思考；学术研究必须是"我在思"，而不能仅仅满足于注解与论证给定的东西。因此，建构面向中国问题的马克思主义哲学，要以"中国问题"为研究的出发点，以解决"中国问题"作为研究的落脚点。问题意识和问题导向是贯穿这种哲学研究的一条主线。

第三，建构面向中国问题的马克思主义哲学，还要求建构一种新的哲学话语体系。解决"中国问题"关键还是要靠"中国理论"。建构中国学术话语体系，是建立"中国理论"、解决"中国问题"、提高中国学术话语权的内在要求。要坚持问题意识与问题导向，建立面向中国问题的马克思主义哲学话语体系。在理论目标上，应致力于建构以中国话语为主体的中国理论，这一理论由于其出发且落脚于"中国问题"，最终应成为具有中国风格、中国气派和中国特色的"中国原创"；在现实目标上，理应为分析与阐述"中国问题"提供核心理念与解释框架，并通过不断地解决"中国问题"，为当代中国人的生存方式与精神世界提供"安身立命之本"。构建哲学话语体系，关键是要确立一套哲学范畴体系。随着时代发展，一些原有的范畴体系、解释框架和话语方式已逐渐不能适应新的要求。同时，我们现有的学术范畴大多还是在使用古代的、西方的、原典中的。这很有必要，但远远不够。现代学者应该也能够从现实中把握和概括出新的范畴，构建新的哲学范畴体系。这些范畴体系可以根据"结构转型（作为人类社会组成部分的经济、政治、文化等结构性要素的转变，及其相互勾连促成的社会整体性转变）→领域分离（传统社会混为一体的经济、政治和文化等领域互相抽离和独立的过程）→力量转移（推动经济社会发展的力量结构中主导性力量的变化）→利益博弈（为了实现利益最大化，行为主体对各自允许的行为或策略进行选择，并加以实施的利益竞争性过程）→思想分化（思维方式和价值取向走向差异和对立）→整合共识（整合分化的思维方式和价值取向，以达成共识）→文化生态（文化氛围和文化环境，如果说自然生态是人类生活世界的第一自然，那么文化生态则构成人类生活世界的第二自然）→整体升级（社会结构整体性提升到一个新的档次或水平）→现代治理（符合现代性要求和中国国情的治理体系和治理能力）→建构秩序（建构法治、道德、和谐等良性的外在制度性秩序与理性、自律、充实等良性的内在精神性秩序）→民族复兴（中华民族重新回到世界文明中心的地位）"这样的现实逻辑及其内在关联来建立。

书名

面向"中国问题"的马克思主义哲学

作者

韩庆祥

出版社

武汉大学出版社

出版时间

2010 年 1 月

总之，建构面向中国问题的马克思主义哲学，要以中国问题为出发点，以解决中国问题为落脚点，既要总结以往哲学研究的经验教训，也要不断开创具有中国气派与中国特色的话语体系。

学术建议

李：您先后在《中国社会科学》《哲学研究》《求是》等重要刊物上发表文章数百篇，"问渠哪得清如许，为有源头活水来"，能否从您的角度为大家提一些学术文章写作上的建议？

韩：并不是每个人都要写学术文章，也不是每个人都适合写学术文章。学术文章，最根本的是其学术性，也就是要有健康的学术良心，一定程度的学养基础，有学理支撑，还有就是学术规范。所以，我觉得写好学术论文需要学者良心与使命、深厚学养基础、一定程度的学理支撑、遵守特定的学术规范，当然，最重要的，要为党为人民述学立论、建言献策，

以马克思主义为指导！

第一，写学术文章要清楚学者良心与使命，端正学术心态。写学术文章是一个良心活，文章千古事，得失寸心知。费希特曾经说过："学者就是人类的教师"，"应当成为他的时代道德最好的人"。学术研究不是为了卖论取官，也不是卖论发财，不能匍匐于金钱。当然，这并不是说学者都应该清贫。学者也是人，也有家庭，也在特定的政治力量影响下，也需要一定的物质生活保障，马克思当年还因为生活问题不得已持续给美国报刊供稿。年轻学人一定要弄清楚学者的责任与使命，端正学术心态，看看自己是否适合吃学术这碗"饭"，尽力克服当前知识界存在的急躁情绪与急功近利的短视行为。只有这样，写出的学术文章才可能有意义、有价值。

第二，写学术文章要注重打好学养基础。写学术文章需要经过一定的学术训练，要系统和熟练掌握本学科、本领域的相关知识与资料。这是写学术文章的基础，没有这一基础，学者个人学术的高楼大厦就难以建立。因此，写好学术文章应当打好基本功，不断学习新知识，厚积薄发。

第三，文章要有学理支撑。学术文章关键是要有自己的真知灼见，要有自己的思考。学术要发展，学术要创新，学者要成长，就不能仅仅只是对别人的理论作注脚。不能让自己的大脑仅仅成为别人思想的跑马场。一定要在坚持传承的前提下，注重创新发展，统摄各种理论和资源为我所用。要努力使自己的文章有思想性，有学理性，有内在逻辑性，也就是形成自己的理论学脉。

第四，要拥有学术分析框架。首先，要有问题意识，能够发现问题。带着问题学习，可以起到收缩研究边界之功效，聚焦问题核心以提高研究的深度；其次，要注意积累和运用一些好的分析框架，有效的分析框架可以起到事半功倍的效果。比如，我运用社会层级结构来分析中国问题，就是一种分析框架。又比如，我运用"政治·学术·大众"这一分析框架，提出了马克思主义哲学的三种形态理论。另外，就是要多读原典打好理论基础，多看报刊和理论界关注学术前沿问题。

寄语吉大

李：今年是吉大建校 70 周年，在校庆来临之际，您有没有什么话想特别对母校和学子们说的？

韩：我想对母校与吉大学子们说，学术研究，要坚持马克思主义的指导地位；要为党，为人民述学立论、建言献策；要用哲学思考问题，用思想传递时代，用理念引领发展，用实践发展理论。

　　吉林大学哲学系自 1958 年建系以来，培养了一批又一批"爱智求真敢问真"的学者，他们走向全国各地，为开创和繁荣我国的哲学社会科学事业筚路蓝缕、笔耕不辍。今适逢吉林大学七十华诞，本平台特开设《吉大七十·哲林人物》栏目，刊登一系列吉大哲学优秀系友专访。忆往昔峥嵘岁月，叙今朝母校情深，展未来踌躇满志……

做哲学的学生

——访孙利天教授

　　孙利天，男，1952 年生，吉林省舒兰市人。1977 年考入吉林大学哲学系，1982 年 1 月毕业，获哲学学士学位，留校在马列主义教研部哲学教研室任教。1988 年师从我国著名哲学家高清海教授，攻读博士学位，

1993 年其博士论文《论辩证法的思维方式》通过答辩，获哲学博士学位。1992 年任副教授，1994 年破格晋升为教授，1999 年任博士生导师。1991 年任吉林大学马列主义教研部副主任，1994 年至 2001 年任主任。2001 年 7 月转入吉林大学哲学社会学院哲学系工作，任博士生导师。2005 年任哲学社会学院院长，现任吉林大学教学委员会副主任、吉林大学哲学基础理论研究中心副主任。1996 年当选吉林省哲学社会科学基金规划学科专家，2002 年任吉林省哲学学会副理事长、吉林省社会科学联合会常务委员，2004 年当选教育部社会科学委员会委员，2011 年被选为吉林省学位委员会哲学学科组成员。2010 年承担国家社会科学基金重大项目"马克思主义中国化研究"。2013 年任国家社会科学基金学科规划评审组专家。是吉林大学国家重点学科马克思主义哲学的学术带头人、教育部重点研究基地的创建者之一。

采访时间：2016 年 8 月 18 日
采访地点：孙利天老师办公室
采 访 人：郭夏（以下简称"郭"）
采访对象：孙利天教授（以下简称"孙"）

结缘吉大

郭：孙利天老师您好，很荣幸能代表"反思与奠基"网站和《哲学基础理论研究》编辑部对您进行访谈。能否谈谈您青年时期的求学经历，以及是什么原因让您走上哲学研究的道路？

孙：这可以追溯到我 16 岁的时候。当时"文化大革命"开始了，没有什么书可以读，我从我们中学语文老师那借到了艾思奇的《辩证唯物主义和历史唯物主义》，我读不懂这本哲学教材，只是断断续续看了一些，没想到从此与哲学结下了不解之缘。1970 年我到县城工作以后，当时全国一再掀起学习哲学的热潮，我曾读过杨荣国的《中国古代思想史》、北京大学的《欧洲哲学史简编》、一兵著的《逻辑学讲话》、苏联的《简明哲学辞典》等理论书籍，也读过几本马列原著。当时的知识基础和文化修养使我不可能真正读懂这些东西，但是这时的读书至少有两点好处：一是培养了自学习惯和自学能力，也培养了钻研深奥文献的耐心和信心；二是粗略地涉猎了哲学学科的大部分领域，为后来的专业学习打下了基础。

到吉林大学哲学系学习以后，我们77级同学赶上了好时机。哲学系建系20年来，虽经"文革"冲击和其他政治运动的干扰，这时仍然聚集了一批学有专长的学者，高清海、邹化政、车文博等后来全国知名的学者亲自给我们讲授哲学基础课。他们的授课把我领入了学院化的哲学领域，发生了思维方式的转变。我原来学的一些半生不熟的哲学，是大众化的哲学，是为政治服务的哲学，用"文革"的术语说，是为"中心工作"服务的哲学。由于种种历史的机缘，我校哲学系在全国最早突破了这种政治中心主义的思维方式，几位老师的授课为我们展示了学院化哲学的深奥、纯净和魅力。从"文革"走出来的我们，仍关心着关于真理标准问题的讨论，关注着思想解放运动的开展，关注着人道主义和异化的讨论等等。但新的理论兴趣、新的思考方式逐渐地主宰了我的学习生活，这就是对纯粹哲学的兴趣和从哲学自身思考哲学的思维方式。

师生情谊

郭：我们都知道您师从著名哲学家高清海教授，那么在您的学习生涯中，您的恩师高清海先生对您影响最深的是什么？

孙：高老师对我们这一代影响最深的主要是两点：第一点是他坚持真理的勇气。我曾经评价高老师为政治哲学家，这和现在做政治哲学研究意义的政治哲学家不一样，高老师并没有专门去做学科化的政治哲学，但是他对中国经济社会发展的关注，对中华民族命运的关切，使他的哲学思想总是和中国的政治命运政治前途密切相关。无论是从20世纪50年代开始对苏联哲学教科书体系的批评，还是20世纪80年代初进行的马克思主义哲学教科书体系改革，一直到20世纪90年代初所做的哲学观念变革，以至晚年他提出创造中华民族自己的哲学理论，高老师始终把他的哲学思考和中国的前途命运密切地交织在一起。而正是由于对这种敏感的重大的政治问题的关注，高老师的哲学思想总是充满争议，虽然有很多批评质疑，但是高老师给我们印象最深的就是他那种坚持真理的勇气。我曾经评价高老师是他自己时代的思想英雄，这种坚持真理的勇气对于中国的哲学研究工作者特别是马克思主义哲学研究工作者应该是一个榜样，用现代流行的话来说它是"政治正确"的前提。

师生相聚，读书座谈

　　第二点就是高老师的学术风格。去掉枝节之论，牢牢地抓住一两个根本问题，长期坚持深入研究，争取获得原创性的重大突破。这是高老师的学术风格，也是他的学术特点。哲学问题纷繁复杂，在一个复杂的问题丛中捕捉住那些根本性的哲学问题，去掉枝节之论，抓住这些重大的根本问题长期不懈地坚持研究，就有可能获得重大的原创性的突破。这也回应了海德格尔的说法："一个哲学家一生只能研究一个哲学问题。"而一个问题如果是根本问题，就是所有问题。所以从高老师的教科书体系改革、哲学观念变革，到他的类哲学、中华民族自己的哲学理论都可以看作是最根本的哲学问题，在这些最根本的哲学问题上高老师都取得了重大的突破。所以我认为高老师是 20 世纪，不仅在中国，在当代世界也应有自己重要位置的哲学家。学习高老师的学术风格、学术典范，逐渐地去聚焦去形成自己的最根本的哲学问题，这也是高老师对我们这一代影响最深的方面。

同高清海教授一起进行学术探索

学术探索

郭：孙正聿教授对您的哲学研究有六个字的评价"深刻、厚重、优雅"，您是怎么做到这六个字的？

孙：孙正聿老师是我的老同学、好朋友，对我的评价是过誉之词。

哲学研究的深刻，最主要体现在对哲学史、特别是古典哲学的训练。西方两千多年的哲学史发展到德国古典哲学，在黑格尔唯心主义辩证法的形式中达到了它的最高点，它表现为一种思辨辩证法的深刻。达到深刻需要两个层次的工作，一个是需要思想的穿透力。怎样在纷繁复杂的现实世界生活表象中，在浩如烟海的哲学文献中去洞察捕捉最基本的哲学问题，这需要思想的穿透力，而这种思想的穿透力就要求第二点——获得一种概念或者理念的哲学表达。捕捉到一些最深层的问题，用哲学的理念或概念把它表达出来。所以要做到哲学研究的深刻，按照我的学术经验，最重要的就是要学习黑格尔的思辨的辩证法。

至于厚重，当然要靠哲学的滋养、哲学史的积淀和自己的哲学积累。孙正聿老师过去强调文献积累、思想积累、生活积累，这里最重要的就是需要多读书。用古人的话说："束书不观，游谈无根。"要使得自己的观点、意见、议论有一些道理，可能需要丰厚的哲学文献，哲学思想的支

与孙正聿教授一同参加于希腊召开的"世界哲学大会"

撑。我自己很难谈得上厚重，只能说哲学的兴趣比较广泛。对西方哲学史、西方现代哲学、中国古代哲学包括对中国古代文化，都有一些阅读。另一个原因可能和我在马列部工作 20 年有关，在马列部工作要接触哲学之外的经济学、政治学等很多学科，对这些学科我有一些浏览。正是由于这些广博的兴趣，多多少少使自己的有些看法能够论证得相对比较坚实。

在学术研讨会上发言

谈到优雅，优雅应该是一种风格、一种境界的追求，而达到优雅最重要的是文学、艺术的训练。如果对一些经典优秀的文化作品能有一些深层次的阅读经历，那么它肯定会起到中国传统文化所说的变化气质、陶冶性情的作用，可能会使自己的行文多少能有一些诗意的表达。优雅的实质是自律和节制，思想的论证和情感表达需要文字的节制和简约，说得恰到好处。这是我们很难做到的。

郭：您获立的国家社科基金重大项目的课题是"马克思主义中国化研究"，您的著作中入选当代中国马克思主义哲学中青年名家文库的是《让马克思主义哲学说中国话》，这大致反映出您学习和研究马克思主义哲学的思想轨迹，那么，是什么原因让您专注于马克思主义中国化这一研究领域？

孙：马克思主义中国化是我比较关注的研究方向，在《让马克思主义哲学说中国话》这本论文集中，收录了我大学二年级的时候的一篇论文，这个论文的题目就是《让马克思主义哲学说中国话》。这是当时我上"毛泽东哲学思想"这门课程考核时的一篇作业。从这篇文章算起，我思考马克思主义哲学中国化的问题已经三十多年，近些年来，我更关注中西马会通的话题。关于这个研究课题《新华文摘》转载了我多篇相关的文章，如《朴素地追问我们自己的问题和希望》《生命领会和精神自觉》《哲学的人性自觉及其意义》《多元基础主义的哲学观》《中国哲学史研究的主体自觉》等，我力求对中西马会通的问题基础、本体论基础、人性基础、方法论基础有比较系统的思考。

中西马会通谁也不能做到，准确地说它应该是利用中国哲学、西方哲学、马克思主义哲学的思想资源，聚焦于中国的现实问题的哲学研究，这是马克思主义中国化、中西马会通的真实意义，这是当代中国哲学特别是中国马克思主义哲学最重要的研究方向。在这样一个道路上的研究现在最难的是吴晓明教授提出的问题：如何把中国经验、中国道路范畴化、理论化。如何把中国改革开放以来的中国经验，中国特色社会主义道路的现实用哲学范畴和哲学理论的形式表达出来。中国经验、中国道路、中国特色社会主义现代化建设能不能为人类文明展示出新的形态的可能性，这种文明新形态需要一种什么样的哲学理论或者说新的创新性的哲学理念加以表达，这是马克思主义中国化或者说是中华民族自己的哲学理论研究实质内容。

书名

让马克思主义哲学说中国话

作者

孙利天

出版社

武汉大学出版社

出版时间

2010 年 7 月

寄语中心

郭：哲学基础理论研究中心在这次全国基地评估中取得了优异的成绩，给"十二五"画上了一个圆满的句号。在您看来，一个优秀的哲学基地，应当具备怎么样的素质？在今后的"十三五"规划发展中，哲学基础理论研究中心应当侧重哪些方面的工作？

孙：这次基地评估的成绩是优秀，这是对咱们基地的肯定和激励。基地这些年最突出的成就表现在研究成果方面，这是咱们得分比较高的一个重要因素。作为一个优秀的基地，有三点非常重要，一是要有先进的稳定的研究纲领；二是有鲜明的研究特色；三是有几代人连续工作。这样才能取得大批量、高层次有世界影响力的研究成果。20 世纪世界上有几支著名的学术团队，比如哲学方面的法兰克福研究所，奥地利的维也纳小组，史学的法国年鉴学派，经济学的芝加哥学派，这是 20 世纪有世界影响力的学派，从他们团队的成功经验中我总结最重要的就是刚才说过的三点。我们的基地从高清海老师一代算起也有了几代人的参与，希望我们"十三五"期间真正能够围绕"人类文明新形态的哲学理念创新"的主题更好地继承我们的传统，形成更鲜明的特色，取得有世界影响的重大成果。

在哈佛大学燕京学社访学

我们哲学基础理论研究中心，有两个较好的基础，一个是德国古典哲学的基础，一个是马克思主义哲学研究的基础。我们"十三五"规划的研究方向是"人类文明新形态的哲学理念创新"。这里最核心的问题就是中国经验的理念化。这个中国经验可以是非常宽泛的，改革开放以来的中国经验里也积淀着几千年的文明传统的中国经验。举个例子，我过去讲中国经济起飞既有中央和政府的领导，也有农民工的作用，中国的高楼大厦都是他们的劳动成果。农民工的这种经济行为，仍有中国传统文化的力量。和我同龄的老一代农民工之所以离开家乡艰苦劳作，实际上就是为了家庭、为了子女有更体面的生活，老一代农民工以中国传统的对家庭的责任感支撑着他的艰苦的劳作。这里是想说明，中国改革开放以来的经验和几千年的中国传统密切相关。如何把这样的中国经验理念化，上升为表达时代精神的哲学理念，我们能否突破完成这个任务，这是决定我们基地能否达到世界一流水平的关键所在。而这需要我们基地的青年一代学者做出更多努力。

学术建议

郭：都说哲学是一门"聪明学"，是不是学好了哲学就能成为聪明人，您对广大学习"聪明学"的青年学者有什么建议和期许吗？

孙：最近在微信中看到英国的一个实验，小学生学过哲学后，数学及读写能力有显著提高。官方数据也显示，哲学专业大学生的 GRE 等美国研究生入学标准化考试成绩也较其他专业学生的要高。实验证明，哲学是"聪明药"。哲学怎么就让人聪明？实际上道理很明显，关键就是能不能按照哲学本性去进行哲学教育。哲学本性就是追根究底的思考，有人把它说成是"不断问为什么"这样一种思想探索。追根究底和"不断问为什么"要求思想的一种批判考察，只有在这种思想批判的考察中才能提出问题，进行哲学论证。所以哲学作为追根究底的思考，用笛卡尔的说法就是"我可以怀疑一切"的这种批判性哲学思考。怀疑、批判终究是要有理由，所以要给出理由，给出理由就是要做出论证，而这样的一个思想训练过程当然会使人变得聪明，在这个意义上符合哲学本性的教育，就是一剂聪明药。经过一番真实的哲学训练，无论是对自然科学思维，对人文、社会的思维都能起到启迪智慧的作用，看其他知识可能会有一种高屋建瓴、势如破竹的感觉。这是说哲学教育会让人聪明，但是这里的哲学教育必须符合哲学的本性，要是教条主义地死记硬背，把哲学当成现成知识灌输和记忆，这样的哲学教育起不到让人聪明的作用。

作为职业哲学工作者不能满足于哲学思维训练获得的聪明和智慧。黑格尔曾表示要把爱智慧的哲学变成智慧本身，变成具体普遍的真理。前不久，我曾写了一篇文章《哲学理论如何落到实处》，在文中我讲了两条来落实，第一个落实是达到具体普遍的真理，按照黑格尔思辨辩证法哲学落实为一个具体普遍的道理，这种具体普遍最后可能会既有逻辑的征服力，也可能达到胡塞尔所说的现象学直观的明证性；第二个落实是中国传统哲学的落实，落实到"修齐治平之学"，落实到你的日常生活真实的自我修养。最后就是马克思改造世界的落实，捕捉一个问题，创新解决问题的思考方式，哲学理论作为内在于实践的精神力量，就能真的改变世界。

我到吉林大学哲学系学习已快 40 年了，感谢哲学给予我的许多思想

　　的快乐，我愿永远做哲学的学生。我和孙正聿教授聊天，试想我们能否以
西方哲学的理性精神做事，以儒家的德性精神待人，以道家的自然逍遥精
神对己，这虽然有些分裂难以统一，更难实至，却可心向往之。

吉大七十　哲林人物

　　吉林大学哲学系自 1958 年建系以来，培养了一批又一批"爱智求真敢问真"的学者，他们走向全国各地，为开创和繁荣我国的哲学社会科学事业筚路蓝缕、笔耕不辍。今适逢吉林大学七十华诞，本平台特开设《吉大七十·哲林人物》栏目，刊登一系列吉大哲学优秀系友专访。忆往昔峥嵘岁月，叙今朝母校情深，展未来踌躇满志……

以哲学方式推动人有尊严的幸福生活

——访贺来教授

　　贺来，1969 年生，湖南宁乡人。1996 年在吉林大学获哲学博士学位，1998 年被破格聘为副教授，2000 年被破格聘为教授，2001 年任博士生导师。现任吉林大学哲学社会学院院长，教育部重点研究基地"哲学基础理论研究中心"副主任。兼任全国青联社会科学联谊会副会长，教育部哲学教学指导委员会委员、吉林省哲学学会副理事长兼秘书长、国家重点学科（马克思主义哲学学科）学术带头人。2001年入选教育部优秀青年教师支持计划。2004年入选教育部首批新世纪优秀人才支持计划。2007年入选国家人事部、教育部等七部委"新世纪百千万人才工程"国家级人选。2008年被聘为教育部"长江学者"特聘教授，是吉林大学第一个文科的"长江学者"。2010年入选吉林省省管高级专家。2010年获国务院政府特殊津贴。2015年入选中宣部、中组部全国"文化名家暨四个一批人才工程"（理论界）。2016年入选国家万人计划"哲学社会科学领军人才"。

出版个人学术专著6部，在《中国社会科学》《哲学研究》等国家权威期刊发表论文100多篇，其中在《哲学研究》发表12篇，在《中国社会科学》发表5篇，被《新华文摘》全文转载11篇。主持国家社科基金重点项目、教育部重点研究基地重大项目、教育部人文社会科学重点研究项目、长江学者特聘教授专项项目等多项课题。多次获得中国高校人文社科优秀成果奖等科研奖项。2010年获宝钢教育基金优秀教师奖特等奖提名奖，2010年获吉林省第六届教育科学优秀成果奖一等奖，2004年获霍英东教育基金优秀青年教师奖（教学奖）。2011年被评为吉林省教学名师。曾被授予吉林省五四青年奖章和长春市五一劳动奖章。

访谈时间： 2016年
访谈地点： 贺来教授家中
采 访 人： 刘兴盛（以下简称"刘"）
采访对象： 贺来教授（以下简称"贺"）

结缘吉大

刘：贺老师您好，很荣幸代表"反思与奠基"网站和《哲学基础理论研究》编辑部对您进行访谈。我们知道，您是在87年考入吉大哲学系的，也就是说，再有一年您在吉大就度过30年了。那么，您能为我们讲讲您最初与哲学结缘、与吉大结缘的经过吗？

贺：考入吉大哲学系在一开始完全是个偶然，我大学填志愿没有填写哲学专业，而是填了法律和新闻，这说明人生的道路并非理性规划和预先设计的结果。最早接触哲学，是在中学时期。那时候，每到寒暑假我都从学校图书馆借回各种书籍。记得我最早读的哲学类书籍是一本有关古希腊哲学史的通俗读物，里面讲古代哲学家对世间万物的最高原因和终极原理不懈地进行探索，读完之后令我十分感动。一是为哲学这门学问而感动，它不拘泥于那些细枝末节的、局部性的知识，而去寻求天地间最普遍的、能掌控一切的最高真理，这是何等高远的境界和何等伟大的气魄。有意思的是，这种哲学观现在却成了我着力要消解的目标，但在当时却对我产生了很大的吸引和诱惑，是我对哲学产生神往的最初根由。二是为哲学家而感动，哲学家们为了真理和智慧，超然物外，完全不计个人利害，"上穷碧落下黄泉"地进行着追问和探索，这是何等崇高的情怀和生存态度。我觉得他们与社会历史上开天辟地的英雄人物一样，在精神领域指点江山，为人的精神生活和知识奠定基础，因而同样是了不起的英雄。因为少年时的这份感动，所以在没有报考哲学却被吉大哲学系录取后，我并没有感到失落，相反有一种"因祸得福"的感觉。大学毕业后，我在吉大免试攻读了硕士学位，后来又被选拔直接攻读博士学位，然后留校成为了一名哲学教师，哲学的教学与研究从此成了我的主要生活内容。

师生情谊

刘：您在攻读博士学位期间师从著名哲学家高清海先生，请问您在跟从高清海先生学习期间对什么事情印象比较深刻？

贺：先生主持的讨论班给我留下了深刻的印象。1993 年，我被录取为先生的博士研究生，当时博士生的人数还很少，整个吉林大学一年录取的博士生才三十多个人，博士生导师也极少，不像现在这样阵容庞大。先生每周主持讨论班，已经毕业留校的博士像孟宪忠、邴正、孙正聿、孙利天、刘少杰、胡海波、余潇枫等都参加讨论班，每一次围绕着哲学基础理论中的某一个重大问题进行专题探讨。这对于我的学术成长是极好的熏陶与训练。先生高屋建瓴的点拨，师兄们各具特长的学术风格，让我耳濡目染。更重要的是，讨论班所表现出的民主、开放与充满探索精神的学术气氛，让人从内心深处感受到了哲学思考与学术探索的快乐与激情。后来，我的一些朋友，像徐长福、邹诗鹏、马天俊等也加入了这一学术群体，大家一起相互砥砺和激励，形成了一个充满思想活力的学术共同体。那时候，大家都很穷，除了满足最基本的生存需要外，很少有经济能力去做其他事情。但大家在精神上过得很充实。现在回头去看，我觉得对于一个人的学术成长来说，一个有着共同信念和追求的学术共同体、一些志同道合的良师益友，其意义是不可替代的。

刘：高清海先生晚年提出"类哲学"思想，这一思想提出后许多人表示不解和质疑，甚至今天仍有很多人不解。您作为高清海先生《人的"类生命"与"类哲学"》一书的合著者，能否为我们谈谈您是怎样看待和评价先生对"类哲学"的思考的？

贺："类哲学"无疑具有一种乌托邦色彩，但先生并非对此没有充分的自觉，他明确把自己的"类哲学"称为"走向未来"的哲学。对于执着于"过去"、沉湎于"当下"的人来说，"走向未来"的哲学憧憬让人感觉玄虚而遥远，正像历史上那些仰望星空的哲学家经常遭到人们的讥笑一样，先生关于"人的未来"的哲学想象也引来了人们的怀疑、不解乃至嘲弄。然而，这种面向未来的乌托邦精神却正是哲学之为哲学的根本精神品格。正如马克思哲学的基本使命是要"在批判旧世界中发现新世界"，先生对"类哲学"的思考，意味着他在人们心满意足之时激发人们对于理想生活的想象力，从而不断消解"抽象对人的统治"并因此捍卫人之为人的自由和尊严，而这也正体现了哲学最为根本的价值追求。如果承认这一点，那么，我们也就应该承认，先生是一个真正的哲学家。

学术探索

刘：1996 年您完成了博士学位论文《乌托邦精神的现实生活世界根基》，后经修改补充作为您的第一部学术专著出版，您能谈谈当初是什么原因促使您对这个问题进行研究的吗？

贺：当时纠缠和困扰我思考的有两种相互冲突的观念。一方面，我认为自哲学产生起就彰显的超越的理想主义维度体现了哲学的根本精神，这种超越当下可感的现存状态对真善美价值理想的不懈追求精神，我用

"乌托邦精神"来概括。但另一方面，我又意识到，"乌托邦精神"具有悖论性的双重品格：哲学理论上，传统哲学以无限的热忱追求人的价值理想，但结果却使理想陷入了凝固、僵化和教条，并引发了当代哲学对它的激烈反叛；历史与现实中，人们满怀价值信念，寻求价值理想的实现，但近代以来，饱含价值理性和人文情怀地对崇高的价值理想的追求，以及用这种价值理想来塑造现实的企图，在现实中却造成了人们难以想象的严重后果。面对这两个悖论式的维度，我产生了困扰：究竟是什么原因导致了乌托邦精神的异在化？如何才能避免其悖论和异在化的命运？正是这个困扰促使我进行研究。

刘：哲学理论有可能陷入凝固、僵化和教条，那么，它为什么会陷入这种状态？这对哲学研究提出了怎样的任务？

贺：哲学本身的一个重要功能是开启蒙昧、消除思想桎梏，但另一方面，哲学思想又可能成为一种控制和统治人的头脑和生活的力量，人们一旦接受某种哲学思想，如果缺少强有力的自我批判与反省能力，就可能被哲学所占有而不是人们占有这种哲学思想。哲学思想所具有的这种双重本性为哲学研究提出了一个任务，这就是要不断地进行哲学观念的变革，这样才能避免哲学陷入教条和僵化的命运，保持哲学思想充分的活力，以此为前提影响、推动思想解放和社会的发展。在此意义上，哲学的观念变革属于哲学的自我批判性活动。回顾中国改革开放三十多年来哲学的演变与变迁，我认为，它实质上正是上述哲学双重性质和两种力量相互较量的过程。而且那些似乎已经被"变革"的陈旧观念并没有真正退出历史舞台，在今天和未来，它们仍然在或将以种种变化了的形式反复出现。这一事实充分说明，哲学观念变革不是一项一劳永逸的工作，而是一种需要哲学不懈奋力承担起来的天命。正是基于这种自觉认识，我希望自己在这方面能作出一点有限的贡献，我所发表的学术论文和出版的著作，绝大多数都体现出上述追求。

刘：您能结合自己的学术成果具体谈谈您在这方面所做的工作吗？

贺：例如，围绕着究竟如何理解马克思哲学的当代价值，我发表了《关于马克思哲学当代性的理论思考》等一系列论文，明确提出了"可能性高于现实性"的命题；围绕着究竟如何理解现当代哲学的理论进展，我发表了《三大独断论的摒弃》等一系列论文，从多个视角分析和梳理

与英国学者麦克莱伦交流学术

了当代哲学对哲学基本观念中存在的一系列教条的消解及其所取得的重大思想成果；围绕着"宽容"概念，我出版了《宽容意识》一书，对宽容价值进行了较为系统的哲学论证和阐述，这是国内目前所见的最早专门讨论宽容问题的哲学著作之一；围绕着如何理解价值虚无主义问题，我发表了《个人责任、社会正义与价值虚无主义的克服》等系列论文，明确提出并论证在中国语境中，"个人责任"与"社会正义"是回应价值虚无主义的基础性条件的观点；围绕着应如何理解"人的存在"，我发表了《从"现成性"到"生存性"》等系列论文，提出只有克服现成性的思维方式，从"生存性"思维方式来把握人，才能达到对"活生生的人"的把握；围绕着当代哲学观的变革，我在国内较早提出并论证了从"名词性"哲学观向"动词性"哲学观转向的观点；围绕着在当代哲学视域中如何理解辩证法的问题，我出版了《辩证法的生存论基础》和《辩证法与"实践理性"》两部著作；围绕着"现代性"课题，我在国内较早提出并论证了"现代性"的反省作为推动马克思哲学纵深推进的切入点和生长点的观点；围绕着"以人为本"的社会发展观，我从另一个角度提出并论证了要真正确立"以人为本"的社会发展观，首要的哲学前提是确立"以人为本"的"社会观"与"发展观"；围绕着形而上学与马克思哲学的关系，我提出并论证了"形而上学批判"与"形上维度"的拯救是马克思哲学与形而上学的两个相辅相成的维度的观点，并阐释了"形而上学的社会历史批判"作为一种形而上学批判的独特样式的内涵及其意义等。

刘：通过您的介绍，我发现您研究的问题非常广泛，很难辨认您的研究所属的二级学科和领域，对此，您的看法是什么？

贺：在我心里不存在哲学具体学科领域的划分，我只知道我研究的是哲学的一些很重要的基本问题，而要理解和回应这些问题，需要多方面的学术背景和学理资源。因此，我的自觉定位是：我是一个哲学的学生，一个自由的思考者，一个中国现实和人类生存状况的观察者、反思者和批判者。我认真地阅读和研究哲学史上和当代哲学的重要作品和文献，尽量吸收伟大思想家的思想财富，但最终目的是要面向"思想的实情"，努力追求形成自己的精神个性和思想世界。我认为，哲学内各二级学科的划分具有很大的人为性和机械性，它并不反映哲学问题和哲学本身的性质。由于种种原因，在我们的哲学研究中，各二级学科相互排斥、老死不相往来的现象仍然比较严重，自设壁垒、拒绝对话的倾向也并不少见。这种现象不利于建立和形成健康的"学术生态"，不利于学术积累和学术创造。如何改变这种现状，让各个领域的学者之间在一种"和而不同"的气氛中形成当代中国哲学发展的"合力"，这是我们必须认真面对的一个重大课题。

在斯坦福大学做研究学者

刘：我想这就是为什么您多年来持续发表寻求中哲、西哲、马哲对话和会通的文章，例如您去年在《光明日报》就发表了相关的文章。我记得，光明日报出版社在创刊 65 周年的时候汇编了一部收录 60 余篇文章的纪念文集——《思想的历程——光明日报 65 年理论文章选萃》，里面收录了您的《"划界"与"越界"：哲学介入中国现实的基本方式》一文，您能否谈谈"划界"和"越界"的具体含义？

贺：我认为，从哲学史上看，"划界"和"越界"是哲学关注现实的两种最主要的方式。所谓"划界"，就是对我们的思维、思想、生活、行为等各个领域划定界限，通过划定界限的工作防止抽象的力量对我们的思想产生一种全面的绝对的统治。例如，我们现在谈的最多的一个问题是强调政府与市场要划分各自的职能，实际上这就是要划界，这是我们党一个很重要的贡献，就是要把政府和市场的工作划界开，要让政府的归政府，市场的归市场，防止他们彼此越界。这就是属于哲学的一个思想方法，康德讲的理性的划界，维特根斯坦讲的语言的划界，我们现在讲的政府与市场的划界，思维方式实际上是一样的。比如，市场与社会的划界，我们的医疗、教育是不能以市场的方式来管理的，我们有市场经济，但是我们不能建设市场社会，这个是有划界的。也就是要自觉把握边界，遵守各自的游戏规则，这样中国社会才可能会更加有秩序，中华文明才能更加进步。中国讲"和而不同"，在划定边界的前提下才真是和而不同。

"越界"就是越过界限，我们每个人要追求幸福，社会要追求发展，在这个过程中总是有一些抽象的力量来阻止我们，那么哲学的一个作用就是要越过这些障碍、束缚，这是哲学发挥作用很重要的一个特别的方式。中国改革开放以来哲学发挥了很大的越界作用。如对"两个凡是"的批评和反思，"两个凡是"就是一个界限，束缚我们思想和社会发展的一个界限，那么通过真理标准大讨论就是要越过这个界限，哲学发挥了它推动中国社会发展的作用，这就是越界的作用。比如关于中国社会经济姓"社"还是姓"资"的问题，邓小平的伟大贡献就是突破这个界限。习近平讲"中国梦"的核心是什么？就是要每个人都有出彩的机会，要实现我们中国人真正都有互相尊重的幸福生活，但是我们面临很多观念上的、体制上的障碍，这些障碍就是我们的界限。通过哲学的反思、批判的作用，对这个界限进行超越，我们的思想、生活、社会就会往前走。"划界"和"越界"好像是相反的，其实它们是相辅相成的。

刘：说到"划界"和"越界"，我联系到早在 2007 年您出版的《边界意识和人的解放》这本著作，这本著作的写作初衷是什么呢？

贺：《边界意识和人的解放》这本书意在与自我对话，通过这种自我对话，实现自我批判和超越。因为反思自己以往的成果，虽然我努力与"形而上学的恐怖"作斗争，但是由于种种原因，形而上学的幽灵依然是一个没有得到彻底清算的因素，缺乏反思的形而上学痕迹依旧可见。在这本书里，我对长期以来支配着理解人与社会及其发展的哲学基础，即形而上学及其元意识进行了前提性的检讨与反思，为克服形而上学及其元意识，克服现代的解放逻辑及其困境建设性地提出了一种新的哲学思维方式与理论意识，即"边界意识"，运用"边界意识"探讨个人生活与社会生活各自的规范性基础，为人们重新理解个人生命、社会发展以及两者关系提供思想坐标与理论框架，论证只有在"边界意识"这种"和而不同"的智慧的引导下，才能既推动"个性发展"，又促进"社会和谐"。

书名

边界意识和人的解放

作者

贺来

出版社

上海人民出版社

出版时间

2007 年 4 月

刘："边界意识"是一种"和而不同"的智慧，您能从哲学角度谈谈您对"和而不同"的理解吗？

贺：中国古代有很多关于"和而不同"智慧的论述，例如"和实生物，同则不继……若以同裨同，尽乃弃矣"，"君子和而不同，小人同而不和"，"万物负阴而抱阳，冲气以为和"，等等。如果用现代哲学的语言来表述这些观点，我们可以归纳出"和而不同"的三重基本内涵：1."和而不同"不是对"以一驭万"的"终极词汇"的寻求，不是要用一个单一的观点来涵盖生命、存在、思想和语言的一切面向，而是以承认差异性、承认个性为前提；它不是要为生命、存在、思想和语言提供一个在所有时间、所有地点都适用的、非历史的形而上学支点，而是承认它们都具有其各自的存在运动和历史性生成；它不是要寻找一个人生活在各个领域之上的、掌控着各个领域的通用的"游戏规则"，而是承认各个领域都有属己的、不同的游戏规则。2."和而不同"不是"什么都行"的放纵，不是放弃约束的无规则的游戏，而是承认人的生活的各个不同领域都有其必须遵守的法则和原理，每一个领域都是人的生活的不同"扇面"，各个"扇面"都有其内在的要求和游戏规则。3."和而不同"是一种"多样性"的"统一"，但这种"统一"不是"实体的统一性"，而是一种"活动的统一性"和"功能的统一性"，它是遵循各自游戏规则的各个"生活领域"、各种"生活形式"在其"游戏"过程中形成的一种"并生"和"互补"的关系。上述三点表明，"和而不同"所代表的是一种存在结构和价值秩序的理解和设定方式，它要求人的各种生活形式各"安其所""遂其位"，不得相互僭越和替代。《中庸》说："万物并育而不相害，道并行而不相悖，小德川流，大德敦化，此天地之所以为大也"。这种"万物并育"和"道并行"是"不同"，"不相害""不相悖"则是"和"，这两个方面的内在结合，形成"和而不同"的存在结构和价值秩序。由此，我们不难发现，"和而不同"作为一种与"同而不和"有着重大区别的存在结构和价值秩序，其关节点是对"边界意识"的自觉。

刘：2013 年，您出版了入选国家哲学社会科学成果文库的《"主体性"的当代哲学视域》一书，您在这本书中着力想要思考和解决的问题是什么？

贺：我在这本书中主要思考的是个人人格独立和确立的问题。在书中我首先解构近代以来主体性所具有的独断、教条的一面，同时，我认为主体性在西方几百年以来形成的有价值的东西还需要保留下来。这个有价值的东西我觉得是价值主体这个概念。这个价值主体的概念是不可消解的，因为它承认每一个人不可剥夺的尊严和自由。如果把这个东西解构掉，那就走的太过头了。就中国的情况来看，个体性的这种价值主体，几千年来我们从来就没有建立起来。如果说把这个消解掉，其实就是在消解一个不存在的东西。我觉得中国人的尊严和解放首先要解决这个问题，就是人的价值主体问题。

书名

"主体性"的当代哲学视域

作者

贺来

出版社

北京师范大学出版社

出版时间

2013 年 3 月

当然，个人人格的独立和确立离不开社会的层面，因为没有社会正义的价值，个人主体的价值也就没法确立起来。尤其对于中国今天的问题而言，社会正义的确立可能有更复杂、更丰富的意义。目前在中国社会各个领域，无论是政治的、经济的、法律的、社会的，最缺乏的价值就是社会正义的价值。这个价值是实现中国人基本的解放与中国人有尊严的幸福生活的一个基本前提。在 2010 年的《哲学研究》上，我专门写了一篇文章——《有尊严的幸福生活何以可能》来讨论这一问题。我对人类解放有这样一个基本的想法，就是要抛弃那种以终极状态、终极结局的方式对人类解放的理解，而要针对具体的历史条件、具体的困境，把解放当作摆脱这些困境的过程，也就是说，是一个向未来开放的东西，一个调节性的理想，而不是一个建构性的东西。

学术建议

刘：您的研究成果丰富，显示了您学养深厚、思维开阔，在此请您为正在哲学之路上摸索的青年学子提供一点学习和研究上的建议。

贺：首先，要打下一个坚实的理论基础，要对人类思想史上重大的成果做到必要的理解和掌握。对于学习哲学的人来说，不仅要熟悉哲学方面的经典，也要熟悉其他方面的经典例如文学、历史、艺术方面的经典。比如说文学，一些文学家能以他们的方式捕捉到我们这个时代的深刻问题，从而启发我们去思考和研究。第二，对于中国的学者，要求我们对中国的历史、对中国人生存的状况有着深切的关注。也就是说，搞哲学的人要有一种广义上的人文关怀。有了这种广义的人文关怀，我们才能够发现真正的问题，才能产生真正的困惑。问题一方面是书本上来的，一方面是受到生活的刺激，是书本与生活相互作用的结果。第三，有了理论基础、发现现实问题之后就会产生自己的观点和看法，这时就要将自己的观点、思想进行提炼和论证，要学会用自己的语言论证自己的观点。有自己的看法和判断并不难，难的是用特定的话语方式把这些观点、看法表达出来，这需要进行长期的锻炼。最后，搞哲学的人应该保持一种反思批判的独立思考、独立人格这样一些品质。自我的凸显是哲学创新的一个前提，在任何时候都要考虑"我"是怎样理解这个问题的，"我"应该怎样去想。不要被流行的东西、时髦的东西打扰。保持思想的独立性，对于我们这个时代的哲学是十分必要的。

寄语吉大

刘：非常感谢您在百忙之中接受我的采访，适逢吉林大学七十周年华诞，在最后能否请您送给母校一句寄语？

贺：祝愿吉林大学真正成为培养学生独立人格、熏陶学生自由心性的精神家园！

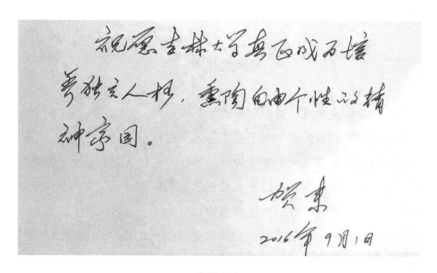

寄语吉大

吉林大学哲学系自1958年建系以来，培养了一批又一批"爱智求真敢问真"的学者，他们走向全国各地，为开创和繁荣我国的哲学社会科学事业筚路蓝缕、笔耕不辍。今适逢吉林大学七十华诞，本平台特开设《吉大七十·哲林人物》栏目，刊登一系列吉大哲学优秀系友专访。忆往昔峥嵘岁月，叙今朝母校情深，展未来踌躇满志……

面向"事情"本身的哲学探索

——访陆杰荣教授

陆杰荣，1957 年生，原天津市武清县人。1996 年获吉林大学哲学博士学位，1992 年被破格聘任为副教授，1995 年被破格聘任为教授。现任辽宁大学副校长，辽宁大学哲学与公共管理学院教授、博士生导师，吉林大学、北京师范大学兼职博士生导师。兼任中国外国哲学史学会常务理事，中国现代外国哲学学会常务理事，辽宁省哲学学会理事长，辽宁省哲学社会科学规划项目哲学组组长，辽宁省哲学社会科学成果评审委员会委员，北京大学伦理文化研究中心教授等职。1998 年获国务院政府特殊津贴。2001 年入选教育部普通高等学校科研管理先进个人。2001 年入选辽宁省第二批百千万人才工程百人层次。2006 年被沈阳市人民政府评为第四届沈阳市优秀专家。2007 年获教育部社会科学司高校社科研究管理先进个人，辽宁省中青年哲学社会科学人才培养工程带头人。

出版《哲学的性质与机制》《哲学境界》《形而上学与境界》《形而上学研究的几个问题》等学术专著 7 部，在《中国社会科学》《哲学研究》等国家权威期刊发表论文 110 余篇。主持国家社科重大招标课题和国家社科基金规划项目等多项课题。获辽宁省社会科学省级优秀成果奖、辽宁省教育委员会人文社会科学研究优秀成果奖、辽宁省哲学社会科学成果奖等一等奖 5 次，二等奖 3 次。2007 年获选教育部国家精品课程。

访谈时间：2016 年 8 月 1 日
访谈地点：陆杰荣教授办公室
采 访 人：李坤钰（以下简称"李"）
采访对象：陆杰荣教授（以下简称"陆"）

结缘吉大

李：老师您好，很荣幸代表"反思与奠基"网站和《哲学基础理论研究》编辑部对您进行访谈。能否与我们讲述一下，您是因何而选择哲学专业的呢？

陆：一方面，我一直比较崇拜高老师；另一方面，高老师也对我比较熟悉和了解，所以当时我在辽宁大学读了本科的哲学后，又接着跟随高老师准备了一个比较大的项目。高老师对思想的理解，对社会的理解，有很多自己的想法。每天一有机会，我就会跟他好好聊一聊。聊一聊就知道在理解社会、理解哲学的过程中，有哪些不同的方法，有哪些不同的途径。高老师跟我讲，哲学这个东西，可能很不时髦，但是在现实社会中，它一定有自己的作用。从这个意义上来讲高老师对哲学问题的理解，会使我们的思想跨度有新的提升。而这种新的提升，使我在哲学道路上，从来没有过徘徊或犹豫，而是一直向前。

师生情谊

李：高清海先生曾以"为人为学，其道一也"作为其治学理念，终其一生追问真理，著作等身，桃李天下，他留给我们的也许不只是学问……您能否谈一谈您印象中的高老师？

陆：借吉大校庆的这个契机，我们应该意识到，在我国哲学的发展进程中，特别是在吉林大学哲学系这样一个精神团体中，高老师应当起到了卓越的作用。当时的吉大哲学系与一些同为老牌名校的高校哲学系相比，人数较少。但是在理解、把握时代性问题的深度上，在与社会的交织过程中，吉大哲学对社会产生了重大的影响。

虽然像北大这样的高校是较为注重传统的，而且文献比较齐整。但是在理解问题的时候，高老师总是能经过多方面的考虑和综合，在理解问题的时候始终保持自己明确的思路。而不是简单地概括一个理论线索，说明一个理论结论，或者是简单应用哲学的某一个方面。所以从这方面来讲，特别是从改革开放进入新时代以来，我感受到高老师把握住了一个很重要的规定，这个规定就是：在整个社会的发展过程中，社会的发展实际上推动着人性的前进，同时也使人性走向了完整。在这个走向完整的过程中，吉大哲学系又传承了这种精神。

高老师的思想有几个比较重要的特点。第一个就是高老师不"迷信"他家之言，他有自己的学术追求。在理解西方哲学的过程中，在理解马克思哲学的同时，把这两方面内容的哲学结合在一起，使他在理解问题时超越了同时代的很多人。而且在一个问题上能够把自己理解的东西透彻地、全方位地说清楚，说得精致与深刻，同时又能把理论应用到现实，产生这样的成果，我觉得这是首要的问题。

第二个是高老师在理解问题的时候不盲从，他始终以真理的尺度考虑问题。在考虑真理尺度的时候，他能够把真理这个概念做得既有现实化的内容，又有理论性的思维内容。他不是在书斋里考虑问题，而是研究怎样能够把这个问题在社会现实中达到实现，这是第二个方面。

第三个就是高老师培养的一些学生。高老师培养的学生在中国哲学史上虽然没有形成充盈与整体性的形象，但实际上高老师付出了全部的心血。实际上，有的时候高老师有点儿倔，在一些问题上有自己的看法。在被他人批评的情况下，或在自我理解的过程中，他会不断进行自我反思。高老师的这种坚持精神我觉得是值得学习的。他不畏人言，追求真理，坚持真理原则来做研究。所以，我想高老师应当是吉林大学哲学系的一面旗帜，而且这面旗帜应当是精神旗帜。吉大哲学系应当把这一精神性的传统延续下去，这是很重要的。

包括我对于哲学的理解实际上是承袭了高清海老师的哲学观点。如何理解哲学？实际上哲学不是一个固定的结论，而是一个思想交织中的不同规定的组合，也就是说它是以辩证的方式往前推进的。

因为人不是单面性的，他有对立面，在这个对立的过程中才能使辩证的动力展现出来。而且人身、人性的发展也是通过对人性以往的否定来实现的，从而变成一种新的形式。所以在理解这个问题的时候，我感觉高老师是有自己的独创性见解的。尽管我们中国的哲学应当是在北大时期就开始研究了，但是基本上是在传授西方哲学，中国哲学的分量在北大很少。而由于高老师出身于20世纪四五十年代，在人生与学术的历程中，他接触的有马克思哲学，也有西方哲学。他经常把这两个问题对照着来研究。这就使他在理解问题的时候不是局限于某个二级学科，而是超越了这些二级学科。高老师的一个很重要的观点是：在理解哲学的过程中，不要把它变成一种带有书斋气息的东西，而要变得现实。就是我要通过什么样的现实方法能够把问题解决，这是最重要的。

为什么高老师理论讲得有深度？因为在理论深化的过程中实际上是将现实升华了，这样就能够塑造一个新的现实。所以从这方面讲，在我所了解的中国哲学家的行列中，高老师应当是绝顶聪明的。而且这种绝顶聪明在他的世俗生活中是看不出来的。但当他发出自己声音的时候，他不仅通过声音表达了自己的理解，而且他还有一种自我的感觉。他自己对这种感觉也有些拿不准，但是当他把这种感觉说出来，他又能够通过这种感觉，在更细腻的程度上把握真理。而我们现在理解哲学，特别是现在的年轻人理解哲学，基本上是理解一个概念，这个概念包含什么样的规定。但高老师的哲学不是这样的，他是在用自己的实践和精神，使这个概念得以打通，在打通的过程中又蕴含着真理的新的增长。我觉得这是最重要的。

李：1993 年您进入吉林大学攻读博士，1996 年您博士毕业，相信这短短三年的求学时光应该是您人生中一段非常美好的回忆。那么在这段时光中，有没有什么人抑或什么事是令您最为难忘的？

陆：我觉得记忆中最深刻的故事是，某次高老师提到了人性的概念。从最初的经验角度出发，比如说从一种不太完整的判断角度来看，这个经验肯定是断裂的，这个经验本身是需要有一个演进、演绎的发展过程的。但是高老师认为在把握这个概念的时候，不能仅仅把握一个经验的要素，而应把经验的要素整合在概念之中。因为一个人的理解如果永远是经验的，那么他的经验就提不起来，上升不到超越性层次。只有把经验通过一种概念，通过一种价值，才能够形成一个完整的真理链，才能使问题凸显出来。所以在这里，高老师有时候开玩笑说："我也是主观经验主义者，但是，任何一个主观经验主义者都必须与现实相结合。"高老师在结合的过程中还说："真正的真理，它不是一个数字，不是一个常识性的东西，而是带有厚度，又带有个人感受的东西。"这对我个人的影响是比较大的。如果仅仅把哲学当作一个概念，它只是书本上的东西。但是这个概念如果跳出书本，不但转向个人对自身的一种自觉理解，同时又形成对社会的传导，这就非常重要了。所以就这一方面来讲我觉得高老师显现出了超人的智慧。而且这种智慧是很多人不能学来的，不能通过模仿而达到的。这就是高老师的高明所在。其实国内还有很多哲学家，但这些哲学家基本上都陷入了自己书卷的特定空间中。高老师却与他们不同，从他那几卷本的文存中可以看出，他每一次写东西的时候，都会有概念的方面，但是最重要的是，这个概念怎样能和当下的现实相吻合。这样才能使这个世界得到一种改变。而我们今天，现在研究哲学，包括现在的绝大多数教授，基本都是在概念上做文章，而怎么样把概念转为对世界的压制，我们对这方面下的功夫还很少。这是我们需要改正和纠正的东西。吉林大学就这一方面来讲，在理解改变世界和解释世界之间关系的问题方面，我觉得还是把握了一系列的内容。当然有些学校在理解这个问题的时候，基本上就是知道一些书本，而如何变成世界的和外在的现实的东西，却想的很少。

学术探索

李：在 2000 年的时候，您承担了一个国家社科基金项目即"哲学境界与人生的终极关怀"。在此期间您先后发表了数十篇与此相关的论文。在 2003 年 11 月的时候，您结项的最终成果叫"哲学境界的历史命运与时代呼唤"，而且在此之后您还写过一本书——《哲学境界》，那么由此可看出哲学境界应该是一个您不断关注、不断追问的一个哲学范畴和理论对象。那么我想问一下，何谓哲学境界？研究探讨哲学境界的意义何在？

陆：实际上在谈这个问题的时候，哲学境界是一个从双面进路来研究和理解的对象。对于有些普通的对象来说，它就是单一性的，它实际上属于一个自然事物。这个自然事物和"我"，和人性存在本身是有一定的差异性的。但是这种差异性使其不能形成一种结合，换句话说，不能形成主体和客体之间的流动作用。所以就这一方面来讲，我的想法就是，在客观性的基础上，人类的主观性在加强，而主观性还不能完全把主观性变成一致性的东西，因而它和客观性有一个相互的连接。在理解这个问题的时候，经验的东西很重要，没有经验的东西其他先验性的东西就很难确立起来。所以在这里有一个辩证勾连的问题，而这个辩证的勾连意味着什么呢？就是整个人的发展，除了身体素质的发展之外，还有一个内在的精神凝练和洗涤过程。其实哲学的最大功能，就在于对自我精神的一种改造和提升。而这种提升反过来讲对世界也会发生一种回旋性的判断。我是在高老师的支持下把这本书(《哲学境界》)写出来的，在写作中穿插着一个这样的问题，即哲学境界与西方哲学和西方哲学逻辑之间的关系。而马克思对境界的问题讲的不多。高老师说，在这方面马克思的境界可以挑几条，但是很难达到一种系统性的说明。所以高老师建议还得细致地做一做这个论题。从中得出的最基本的结论其实就是，人实际上是一种对象化的存在，对象化的存在就是事实，就是物质；人还有一种非对象化的存在，非对象化的存在就是要形成人的境界，就是说，人不能以物质的尺度来衡量，而是要以超越的尺度来衡量。在写作过程之中，当时在理解问题的时候当然也较为粗浅，但却得到了国内学界的理解。现在看这本书，其实可以更加丰富，或再有一些增加，但是整个的结构和价值，实际上是和高老师的一个最重要的观点相契合的，就是从人的对象性和非对象性之间的关系来考虑问题。这样它既有境界的向上过程，同时还有一个相互勾连的辩证法的否定环节，这样才使得人既是一个整体的人，又是一个运动的和精神得到提升的人。

李：您出过一本专著叫《形而上学与境界》，在这本书中集中论述了三个重要的哲学范畴，第一个是形而上学，第二个是哲学境界，第三个是真实性问题。那么您认为这三者之间有何种内涵的关联吗？

陆：哲学境界实际上是从整体的角度来看的。如果作为一个整体的话，哲学境界应当是从人的本性、主体性和对象性这几层关系中展开的概念。这个概念也意味着人、人本性、对象性是在这样一种整体性中来考虑的。第二个阶段要考虑的问题，就是境界本身最终追求的特点，它实际上要强调的是一个"真实"。从现象学的角度来讲，真实实际上是有一个不断变化的过程的，但是相对于个人的追求来讲，它应当还有一个稳定的特点。从这个意义上来讲，我觉得在理解哲学境界这个问题上必须提出我们怎样把握真实这个问题。"把握真实"意味着，它不是哲学境界内生性的因素，而是在与哲学境界相互运动中，或者在现实滑动中形成的因素。这样就使整个人的发展动力在自己的内在角度和外在角度之间形成一种弹性。第三个方面，在理解哲学境界的问题上，我觉得关键点是在于要提升。比如西方人做的现象学，现象学主要关注的是本质的生成等。但是我们中国人在讲形而上学的时候，所讲出来的主要是主体形而上学。而且主体形而上学容易形成一种朝主观靠拢的倾向，就需要有一个外在的因素，有一个相互的辩证否定过程。因而在这个意义上，实际上它给人的自身提供了一个发展的动力，就是自我的充实感和社会的运动感吧。它有一个相互交流，在交流中推动社会进步，并使个体在社会的整体中成为积极的、自觉的这样一种规定。

书名
形而上学与境界

作者
陆杰荣

出版社
中国社会科学出版社

出版时间
2006 年 11 月

李：老师您在 2000 年左右研究"哲学境界"这个范畴，而最近我关注了您新写的一些文章，发现您现在在做马克思价值哲学有关方面的研究，能否与我们分享一下您的学术历程中研究方向转换的缘起？

陆：这种转向首先是对哲学的一般理解方面。一般的理解基本都是在一个较浅的层次上来展开的，因为整个的人的发展实际上按照精神阶段来讲也有自身的历史。这个历史就是从一个外在的、经验的、形式的东西逐渐走向内在的、硬核的东西，我认为这是一个很重要的发展阶段。我们对人文精神、人文学科的研究还不能达到我们应该达到的地步。我们现在对科学技术，主要是外在的对象化科学比较重视，国家的许多重心都放在这里。但是对人的自身发展与人在不同环节的塑造，还缺乏更多的关切。刚才我一直讲到"概念"，我们现在对"概念"的理解比较多，但是对"概念"承担了什么东西，这个概念如何打动人心等方面，应用的不是太多。因而，人文的、价值的、美学的题目，我们还无法做到更具体更细腻的程度，这给我们的心灵造成这样一种理解，却很难形成一种板块式的，同时又是结构性的东西，我们需要在这一方面下很大的力量。而西方的哲学，它除了宏观的东西以外，对个人心灵等也有一种深度理解，他们的研究是比较透彻的。并且在理性的研究过程中，他们能够身体力行。我认为这是需要向他们学习的，因为不管我们的哲学也好，还是自然科学和社会科学也好都处在一个不太完整或是基本分离的状态。高老师早就提出了这个问题，他说要解决这个问题需要假以时日才能完成。这一方面我觉得我们的高校应承担更重要的责任，而且主要是精神上的责任。我们现在把物质的东西、建设物质社会和物质世界这个东西看得太重了。人们认为只要物质的世界坚固之后，精神的世界也可以按此建立起来，这是不可能的事情，所以必须看到它的差异性。这是我自己个人的一些想法，表达不一定精确。

学术建议

李：能否请您为学子们提一些读书写作方面的建议？

陆：我觉得写论文不是主要的，重点是好好读书。我们现在好多人看书是在压力下进行的，同时这种压力与现实的实务紧密联系在一起。读书应该带有一种内在的情感吸收力，在读书中达到一种理论的对话和思想的交锋。

其实大学很重要的一个特点就是：学生在选择一个方向，而这种方向最后会成为终生的一种理想。在这一方面，我们绝大多数父母是让学生进入到一所学校，进入到一个专业。这就存在一个很大的偏颇，这样的一种偏颇意味着进入这样一所学校，喜欢和不喜欢都必须要在这里，这样一种思维会对这个学校产生负面的影响。但是我们现在很难解决这样的难题，一个人可以按自己喜欢的方式来行走，但是如果我们的喜欢一旦要在被强迫中进行，我们的喜欢可能也就流于表面了。所以在这里，整个问题的关键就是，我们应该怎样看待精神价值与人文价值。我们现在的绝大多数人，包括高校，包括其他层面的学校，比较看中形式主义，对内在的东西看得比较少。我们做教育工作，就应该把教育最核心部分做细致、做足，但是我们做的不够。我们只是通过外在对比来表示在这个方面取得的发展，这种情况应该有一个倒转。其实学生是最重要的，而且学生最重要的不在于让他学习知识，而在于透彻他的心灵。透彻他的心灵就会使他成为一位尽管表面柔弱，但却内在强硬的优秀人才。但是我们还有很长的一段距离，一是我们的大学建立本身就晚，再有我们所夹杂的有关社会经验的东西太多，所以导致了这样一个结果。我更希望在精神的培养上加重力度。有时精神的培养听起来很空，那我们就要思考怎样把它逐渐填满，变得健全。西方的教育家强调的是要培养健全的人，我们国家现在也越来越认识到这一点。因此，我认为学生可以成为一个健全的人是极其重要的。

寄语吉大

李：感谢您在百忙之中接受采访，今年是吉林大学建校七十周年，您有什么特别想对母校和学子们说的话？

我想对母校说的是：希望吉林大学在未来的路上走得更高、更远，在培育中国青年人才方面承担起最重要的责任。同时希望母校的学子们能努力向上，追求完美。

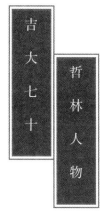

　　吉林大学哲学系自 1958 年建系以来，培养了一批又一批"爱智求真敢问真"的学者，他们走向全国各地，为开创和繁荣我国的哲学社会科学事业筚路蓝缕、笔耕不辍。今适逢吉林大学七十华诞，本平台特开设《吉大七十·哲林人物》栏目，刊登一系列吉大哲学优秀系友专访。忆往昔峥嵘岁月，叙今朝母校情深，展未来踌躇满志……

站在哲学的土地上守望家园

——访张蓬教授

　　张蓬，男，1956 年出生，黑龙江人，毕业于吉林大学哲学系，陕西省社会科学院研究员、《人文杂志》编审。担任西安电子科技大学华山学

者特聘教授、西安交通大学等高校兼职教授。研究方向和领域是中国哲学的当代性问题、中国哲学语境中的西方哲学研究、当代中国文化哲学等等。其代表性著作为《守望家园：中国哲学的当代性反思》，在《哲学研究》《学术研究》等期刊上发表学术论文 50 多篇，其中 20 多篇文章被《新华文摘》《中国社会科学文摘》、人大复印报刊资料等转载，在国内学术界和期刊界有着重要的影响。

采访时间：2016 年 8 月 5 日
采访对象：张蓬研究员（以下简称"张"）
采 访 人：袁立国（以下简称"袁"）
文字整理：袁立国、高雪

结缘吉大

袁：张老师，您好！非常感谢您能在百忙之中接受我的采访，我很荣幸能代表吉林大学"反思与奠基"网站和《哲学基础理论研究》编辑部对您进行访谈。老师，您是在 1977 年恢复高考后进入吉林大学，现在已经过去四十余年，您能否为我们讲述一下因何选择吉林大学，并且选择哲学专业的呢？

张：对我个人而言，这个问题实际上不是我的主动选择，而是一个被选择的结果。我在考大学之前是在部队，当时每个团选择两个人参加高考，这样我所在六十八军参加考试的共 35 个人，最后考上 6 个人。这个志愿是部队给报的，而当时部队给报考的是东北师范大学的中文系。后来为什么到吉林大学哲学系呢？据说是沈阳军区管高考的干事是吉林大学毕业的，他将我们的档案拿到了吉林大学，被吉林大学选择留下来了，这样我们就到了吉林大学哲学系。当时我们那一届有一批解放军学员，我们班入学时有 7 位解放军学员。当时我们穿着军装上学，在吉大是一道独特的风景，78 级以后就没有了。这在历史上是独一无二的一届。关于哲学，我们当时还真不知道什么叫哲学。只记得入学以后有一次摸底的考试，有一道题好像是"什么是哲学"的问题，我们就只知道那个说法是"一分为二"。嗯，大概就是这样一个情况吧。

袁：您在吉林大学哲学系求学期间，哪些老师给您留下了较为深刻的印象？或者，您能否为我们谈一谈印象中的 20 世纪 80—90 年代吉林大学哲学系的基本学术状况？

张：应该说，当时哲学系老师给我们都留下了很深刻的印象。我们说高清海老师、邹化政老师和舒炜光老师是吉林大学哲学系的象征。他们塑造了整个哲学系的学术基本面貌，对我个人而言，除了这三位老师之外，刘福森老师、弓克老师都给我们留下很深刻的印象。

具体说几个故事吧！第一个故事，是高清海老师在我们刚入学的时候，有一次是拄着拐杖到文科楼四楼，我们当时看到后的第一个感觉是典型的大知识分子。他给我们讲了如何度过四年大学生活的问题。我记得当时给我们提出两点要求：一是要多读书，要把时间腾出来，腾出来时间都要去认真读书。二是不要看电影。当时我们的娱乐活动恐怕只有看看电影。这样给我们留下这么一个印象：就是要把自己的整个生活都围绕学习进行安排。

第二个故事说一下邹化政老师。邹化政老师给 76 级工农兵学员讲黑格尔《小逻辑》课程，我都去听了。事实上我听了几遍他讲的黑格尔的《小逻辑》以及西方哲学史。留给我的印象是，他刚来上课时穿着很整齐，讲完课之后浑身上下都是粉笔末，是一种很投入的状态。记得在讲黑格尔《小逻辑》的过程当中，我和他讨论过一次，讨论关于黑格尔的逻辑学当中的存在论，从存有到现有的过渡是不是有逻辑的断裂。他也承认，在黑格尔的逻辑学当中逻辑有不周延性。从存有到现有的过程中有一个逻辑的断裂。他那个时候，对于我们年轻人的学习给予很多的关照，并且非常认真细致地回答我们的一些问题。这就是邹化政老师。后来，我给邹化政老师抄写过他写作的一些学术笔记。在抄写这些笔记的过程中，有两个印象比较深，一个是邹化政老师的手比较抖，所以他写的字横竖都是曲折的。第二个，他写作基本靠自己的思考，基本没有任何参考书，都是记在自己的心里，他写作时就是一本稿纸，都按照自己的思路和逻辑来写作，这样就要求将自己平时读过的书融化在自己的思考中。我觉得我这个方面比较受益于邹化政老师。

还有一个事情是关于刘福森老师的。当年我经常到刘福森老师那去，他一个人住在解放大路附近。他的一个比较经典的形象是能吸烟，经常一个人"烟雾缭绕"。另一方面，他总是自己在那思考一些哲学问题。他受高清海老师影响，对马克思主义经典原著具有很深的理解。他关于毛泽东的《矛盾论》《实践论》的一些问题，特别是关于矛盾、辩证法的思考颇深。从特点上来说，刘福森老师也算是高老师的学生，他沿着高老师的路子，从哲学思维本身出发思考问题，形成了自己独特的思考方式，这使他在后来的研究中也受益于这方面的学术训练。在这个意义上，我也受刘福森老师影响颇深，强调通过独立思考强化哲学研究的问题意识。

高清海老师、邹化政老师、刘福森老师的这些印象，基本可以作为当时吉林大学哲学系的代表。在当时，吉大哲学系形成了自己独特的哲学思考方式和问题意识。后来吉大哲学系关于哲学教科书的反省，对于马克思主义教科书的理解、反省和批判，都与吉大哲学系形成的独立的思考方式和问题意识有很深的关系。后来高清海老师、邹化政老师、刘福森老师等在编写《马克思主义哲学基础》（2012 年北京师范大学出版社再版）这部教材的时候，能够按照自己对于马克思主义哲学的独立理解去编写，在当时产生了很大影响，可以说吉大哲学系当时通过这套书在全国建立了自己的独特学术地位。另外一个印象是，在当年"真理标准"讨论中，吉林大学哲学系举办了一次关于"实践是检验真理的唯一标准"的学术讨论。这次会议前后进行了两天时间，体现了哲学系教师们深厚的学术功底、对经典著作的精准把握、严谨的思维逻辑、以及很强的理论辨析能力。当时我们印象颇深的是：高清海老师与吴雄丞老师形成了两个截然不同的观点，但又各有根据，我们看了讨论之后受益颇深。实际上，哲学就是要有观点、有根据，并且要通过辨析，确立并深化各种各样的观点。不论是否同意"实践是检验真理的唯一标准"，都应该在辨析、讨论中深化自己的认识。

从 20 世纪 80—90 年代，吉大哲学系逐渐形成了自己的风格与特点。以高清海老师为主导，邴正、孟宪忠、刘福森等其他老师的参与，通过编写《马克思主义哲学基础》，一举确立了吉大哲学系在全国的独立地位。事实上，当时国内拥有马克思主义哲学博士点共 5 所学校，但形成学派性的只有吉大哲学系，这一点全国其他高校也比较认可。吉大哲学系当时通过三个方面在全国取得领先性，除了这本书之外，第二方面是邹化政老师通过对德国古典哲学和西方哲学的研究，受到了中国社会科学院陈元晖研究员的欣赏，他对邹化政老师的康德哲学研究予以很高的评价。后来，人民出版社约请邹化政老师写作《〈人类理解论〉研究》，在全国哲学界产生了很大的反响。第三方面是舒炜光老师的影响。他对波普尔、维特根斯坦的研究在当时都是领先的。他曾经在复旦大学做过几场学术报告，在当时引起很大的轰动。舒炜光老师在科学哲学和自然辩证法研究领域在国内取得了领先地位，后来教育部约请舒炜光老师编写全国《自然辩证法教程》。此外，高清海老师在编写《马克思主义哲学基础》以后，在全国高校做过很多场学术报告，这对于扩大吉大哲学系在全国哲学界的影响起了非常大的作用。此后，全国哲学界对吉大哲学系的高清海老师、邹化政老师都有很高的认可度。他们的学术成果对于吉大哲学系在全国哲学界建立起地位起了关键作用。吉大哲学系没有很深的学术传承关系，要想建立自己的学术地位，就是靠这些老师自己的努力。通过这三方面，吉大哲学系当时在全国哲学界形成了自己的独立风格和特点，确立了相当高的学术地位。让学界更多地了解了吉大哲学系。

铭心记忆

袁：那您能否讲述一下您在吉大哲学系求学时光里，令您记忆深刻、难以忘却的故事？

张：印象比较深刻的一件事，当时我们班上课有一个景观，就是下课之后总会看到孙正聿、孙利天、李德学在文科楼一楼走廊大厅在那抽烟，边抽烟边研究哲学问题，他们算是烟友，后来又变成了学术上的道友。另外，还有一个印象比较深刻，我们曾经在刘福森老师的带领下到榆树市进行一个社会调查。当时一共六个人，郝琪睿，周光辉，曲长生，王天成，张连良和我。我们到乡下，在公社住了一个晚上，在那里进行了一次裸睡，那个经历给我们留下了非常深刻的印象（笑）。通过这样比较艰苦的对农村社会状况的调查，回来之后，我们写了一个调查报告，题目叫《八亿农民的愿望》。我们把农村中流行的一些顺口溜、口头禅收集起来作为理解农民想什么、希望什么的媒介，来表达农民对生活的向往。这个活动给我留下了深刻的印象。

学术探索

袁：张老师，众所周知，您是学界少有的学者型编辑，您不仅对国内外学界的哲学发展动向有着深入的把握，并且长期投身于哲学研究的实践，对中国哲学、西方哲学以及马克思哲学都有着深刻、独到的理解。近年来，国内有越来越多的声音表示"该中国哲学登场了"，那么，从您的视角来看，即将"登场"的"中国哲学"应该是怎样的？以及您如何评价改革开放近40年来的当代中国哲学发展？

张：大学毕业以后，我也搞过教学，但是更多的时间是从事哲学方面的刊物编辑工作。有幸能够看到近二三十年来中国哲学发展的过程，也见证了中国哲学界从马克思主义哲学，从实践唯物主义、价值哲学等维度对于原来教科书式的马克思主义哲学的反省和批判，并且如何走进现代形态的当代中国哲学。

受邀做讲座

应该说，基于几十年的中国哲学反省和对于教科书哲学的批判、以及对于中国社会现实的批判性认知，如何建立属于中国的哲学的问题已经提上了日程。高清海老师2002年在《吉林大学学报》（社会科学版）发表了一篇对于中国哲学反省的文章。高清海老师提出了要建构当代中国哲学的问题，这个问题与他自身对于马克思主义哲学的认识以及对于哲学与当代人生活关系的反思有直接的关系，后来他又转向了对于类哲学的研究。这可以参考孙利天老师对于高清海老师哲学研究的全面概括。那么，高清海老师提出的构建当代中国哲学的问题与中国哲学登场的问题，实际上是同一个问题，都是讲了中国哲学向何处去的问题。李泽厚提出该中国哲学登场与中国哲学如何登场的问题，与高清海老师提出的构建当代中国哲学的问题不谋而合。当代中国哲学经过二三十年来的发展，以中国哲学 – 西方哲学和马克思主义哲学的学科分类为背景，取得了重要的发展。不管是什么学科，它们所针对的都是中国社会对它们的需要。不论是研究中国传统哲学，还是西方哲学以及马克思主义哲学，都要从中国社会的现实出发，来思考哪些哲学对中国有用，建构当代中国哲学就是要对中国社会现实有用处，现在所说的中国哲学的登场不仅是一个哲学的存在身份的问题，更是一个其如何存在才可能具有存在权利的问题。

建构当代中国哲学与中国哲学登场的问题实际包含两个方面，一个是这个哲学应当在世界哲学舞台上有它的地位，有它的话语权，有它的存在的权利；另一个是这样的哲学对于中国的社会而言，它是相应的，并且能够解决社会当中所提出的一些与哲学有关的问题，所以从这两个方面来看应该建构当代中国哲学。

此外，如何登场，离不开几十年来我国哲学界对于历史的反思，从中梳理出来我们的问题，根据问题意识来看待中国哲学如何登场的问题，也就是建构什么样的哲学是"中国的哲学"。高清海老师提出的当代中国哲学的概念确实有它深刻的含义，这个问题涉及对于中国几十年哲学的发展与评价。对于"如何评价三十年来当代中国哲学的发展"，这是一个比较大的问题，恐怕难以用几句话做出明确的评价与说明。应该说，改革开放三十多年来当代的中国哲学发展经历了几个大的阶段，一是对原来的苏联的哲学教科书的反省与批判，从教科书中走出来，回到现实生活中，看到现实生活对哲学的需要，建构自己的哲学。二是我们经历从西方哲学当中重新认识马克思哲学的真谛，以及从中国传统哲学当中吸取属于具有当代性的学术思想资源。从现在来看，这几个方面都构成了建构现当代中国哲学的思想资源与思想养料。我个人觉得，对于当代中国哲学的建构来说，有一个祛除以前形成的中、西、马的学科意识的过程，这种教条性的学科意识对于思想形成是一种障碍。所以，如果对这四十年来当代中国哲学的发展进行评价的话，高清海老师所说的"建构当代中国哲学"就是目前摆在当代中国学者眼前的一项根本任务。

袁：张老师，您最近出版了一本重要的学术著作《守望家园：中国哲学的当代性反思》（中国社会科学出版社 2015 年版）。在这本书中，你就"当代中国哲学"的问题提出、学术源流、概念建构、思维方式进行了细致的分析。我认为该书的一个重要的特点是超出了当前学院哲学中、西、马的学科划分的藩篱，在同一个问题意识（何谓"当代中国哲学"）的引领下进行写作，理论视野、理论气魄宏大，非常震撼。因此，可否请您就写作本书的基本想法、核心理念进行一个集中的表述？

书名

守望家园：中国哲学的当代性反思

作者

张蓬

出版社

中国社会科学出版社

出版时间

2015 年 3 月

张：这本书是我承担国家社科基金的最终成果，这个课题的名称是"构建当代中国哲学与马克思哲学当代性问题研究"。这本书实际上是围绕"当代中国哲学"的相关问题，从学术框架、中西方哲学的特征以及对于马克思哲学的理解等各个方面，对建构当代中国哲学这一问题进行总体的把握。根据当代社会的问题意识，通过对中、西、马哲学的梳理，找出构建当代中国哲学能够作为我们文化身份的道路。在这个意义上，这本书主要是在提出问题，并没有就如何建构当代中国哲学提供明确的理论框架。实际上只是将近几十年来中国哲学界所研究的各方面问题进行一些梳理，是一个总结，总结自己对于一些重要问题的想法。问题的主旨就是，通过对当代中国哲学的取向以及马克思哲学对于这一取向取舍中的意义的梳理和研究，探寻"当代中国哲学"背后的思想、文化与学术的问题与可能走向，为几千年来中国传统的思想、文化与学术在今天的遭遇与一百多年前的马克思的"思想"（主义）与"学说"的当代意义提供一个哲学语境中的说明和解释。基于这一问题意识，这本书的想法是按照这样的思路进行的：哲学在进入中国以后，作为一个学科，能否作为一种中国文化身份的代表？从哲学的视野来看，这里面有一个对于中国传统的思想、文化与学术的思想框架的梳理。书中比较了钱穆和冯友兰的不同思路，在此基础上，反思我们应该选取什么样的框架与思路？我的回答是，应该结合这两种方法，以中国思想、文化与学术作为"哲学"为框架，并且不排除哲学本身对于研究中国传统思想文化的借鉴意义，通过这样一种方式来研究当代中国社会现实的问题。其中，既要通过对西方哲学的思维方式进行细致的把握，又要对中国传统哲学的问题进行梳理，要看到马克思哲学的实质，以这三种资源作为构建当代中国哲学的知识背景，尽可能找到建构当代中国哲学的一条道路。但是这条道路能否成立，还有待于大家共同进行研究。大体上思路如此。

袁：上述对"当代中国哲学"的探讨，是作为一个学术问题来讨论的，就现实而言，当前社会道德价值的虚无化、精神生活的荒漠化已经成为无可回避的真实难题，那么，哲学作为"精神家园"，究竟该如何"落到实处"？影响人们的伦常日用？

张：我个人认为，哲学本身只能对于现实问题提出某种"应该"的价值理想，它作为世界观、价值观，给出超越现实的"应该"。当然，这种不合理的现存就是我们的实际状况。这种不合理的状况是如何形成的，有其因、有其缘，我们要分析当下社会生活状态的"因缘"关系，根据这种关系，找出对治办法，也就是"道"。因此，要从我们的现实的生活本身出发，我们的现实生活离不开中国传统文化，也离不开世界全球化背景下的西方文化的影响，更离不开近一百年来马克思主义理论对于当代中国社会生活与意识形态的指导作用。也就是说，我们现在的存在状态，是离不开上述三个文化背景的，我们要从上述三个文化背景中为现实社会存在状态的因缘找出某种对治办法。以学理性研究找出切实可行的、人们能够认可的哲学理论，让人们能够按照这样的道理去生活，恐怕是哲学工作者应该去做的工作。当然，哲学只是能够指出应该如此，哲学工作就是让人们应该相信这样的道理，认可这样的道理，按照这样的道理去做，这样哲学才能起作用。所以，哲学作为精神家园，就是能够让我们找到某种精神依怙，让日常生活、伦常日用找到其"根"。这样，就能够在社会生活中循着我们认可的道路前进，哲学通过这样方式影响当下人们的日常生活与伦常日用。所以，哲学要讲清楚人生的道理。

学术建议

袁：谢谢张老师解答。那么，您认为一个出色的哲学研究者和他的现实生活的关系应该是怎样的？

张：哲学不仅仅是一种理论，哲学研究者和他的现实生活的关系实际上还告诉了我们一种活法，告诉我们什么样的思维方式，什么样的生活方式，什么样的行为方式更合理，哲学本身只能通过一种学理性的方式告诉我们这种应该。当我们从哲学的思维方式中走出来，走到现实生活中时，我们会发现哲学还有一种更广阔的空间，比如宗教，比如其他各个方面的知识。哲学也应该关注包括宗教等其他领域的事物，甚至日常生活中所需要的各个方面的知识都应当纳入哲学观念中来看待，这样就可以扩大哲学对我们日常生活的影响。从我个人来讲，哲学不仅仅是一种思维方式，也是一种行为方式，还是一种生活方式。这三种方式确定了因哲学的理念而进行生活，这样的生活可能更理性化。所以，中国哲学更生活化之处在于把儒释道的东西纳入哲学视野中，从中吸取对我们的现实生活有指导作用的养料。实际上，哲学是解决我们精神依怙的问题，作为一个精神依怙，它离不开我们的心性，在现实生活中，我们要通过哲学来调整我们的心性，通过心性来把握与外部生活环境各个方面的关系，把这些关系处理好，这样日常生活就会更加合理，我们也就会在正道上，以正知正见规范我们的行为，我们的生活也就会走向幸福、安乐。一个学习哲学的人不应该把哲学作为一种说教，一种口头上的理论，而应当指导他的现实生活，

课堂授课

这种指导在于心性修养的加持与提升。哲学如何能够对一个人的心性与修养产生影响呢？主要是通过一个人对于生活的理解，对于思维方式的调整，从而影响自己的日常生活，这样的一种方式对自己的现实生活起到了一种关涉作用。在日常生活中，哲学所涉猎的知识影响我们自身的心性，这方面应该吸取各种宗教对于自身心性调整的作用，通过调整把哲学与自身生活结合起来，这不失为一条途径。

寄语吉大

袁：再次感谢张老师！今年是吉林大学七十周年校庆，您作为哲学系的杰出校友，请您送与吉大和吉大学子几句寄语。

张：送几个字吧，与吉大哲学学子们共勉，八个字：感恩，改过，止语，干活。最后祝愿吉林大学以及吉林大学哲学系兴旺发展！

吉林大学哲学系自 1958 年建系以来，培养了一批又一批"爱智求真敢问真"的学者，他们走向全国各地，为开创和繁荣我国的哲学社会科学事业筚路蓝缕、笔耕不辍。今适逢吉林大学七十华诞，本平台特开设《吉大七十·哲林人物》栏目，刊登一系列吉大哲学优秀系友专访。忆往昔峥嵘岁月，叙今朝母校情深，展未来踌躇满志……

守住教师的本分

——访李景林教授

李景林，男，1954 年 11 月生，河南南阳人，毕业于吉林大学，哲学学士、硕士、历史学博士，先后师从乌恩溥、金景芳先生；曾任吉林大学哲学社会学院教授、中国哲学教研室主任，北京师范大学哲学与社会学学院中国哲学与文化研究所所长、辅仁国学研究所所长。现任北京师范大学哲学学院教授、博士生导师、教育部人文社科重点研究基地"价值与文化研究中心"研究员；兼任中国哲学史学会副会长、中华孔子学会副会长、国际儒学联合会学术委员会委员、北京师范大学人文宗教高等研究院双聘教授、北京师范大学"价值观与民族精神"985 工程创新基地研究员、四川大学古籍所兼职教授及《儒藏》学术委员会委员、中国政法大学国际儒学院兼职教授、内蒙古大学客座教授等。

李景林教授主要从事中国哲学的教学与研究，研究领域涉及先秦儒学、道家哲学、宋明儒学、中国文化、中国哲学中的价值问题、中国哲学研究方法等方面。在儒家哲学研究领域，提出"教化的哲学"这一观念来定位儒学，从"教化"的角度，对作为哲学的儒学思想做出新的诠释，以凸显其异于西方哲学的独特思想内涵，着力建构一个全新的、具有较强理论解释力、思想穿透力和学术建构力的儒学思想体系——"教化儒学"，在学界独树一帜。在价值观研究方面，先后主持有教育部人文社会科学重点研究基地重大项目"先秦主流价值观的奠基与变迁"（2010）、国家社科基金重大招标项目"中国传统价值观变迁史"（2014）等科研项目。

代表性著作有《教养的本原》《教化的哲学》《教化视域中的儒学》《教化儒学论》《中国哲学概论》（主编）等，在《中国社会科学》《哲学研究》《孔孟学报》《中国哲学史》等刊物发表学术论文 150 余篇。曾获吉林省哲学社会科学优秀成果一等奖、北京市哲学社会科学优秀成果一等奖、中国高校人文社会科学研究优秀成果三等奖等；多篇论文被《中国社会科学》（英文版）、《中国高等学校学术文摘（哲学）》（英文版）、《Contemporary Chinese Thought》《Frontiers of Philosophy in China》等重要外文学术刊物全文译载；数十篇论文被《新华文摘》《中国社会科学文摘》《高等学校文科学术文摘》《教育科学文摘》、"人大复印报刊资料"等重要学术媒介转载。教学与科研并重，所主持"《中国哲学》课程"获评"北京市精品课程";主编教材《中国哲学概论》,被评为"北京市精品教材",并入选"普通高等教育十一五国家教材";先后获评"北京市高等学校教学名师奖""宝钢优秀教师奖""北京市师德先进个人"等荣誉称号。

访谈时间:2016 年 8 月 1 日
访谈地点:北师大哲学学院中国哲学与文化研究所
采 访 人:刘诤(以下简称"刘")
采访对象:李景林教授(以下简称"李")

结缘吉大

刘:李老师您好,您是 1978 年考入吉林大学哲学系,1985 年硕士毕业后留系任教,您能否为我们讲述一下,您是如何与哲学结缘,又是因何机缘考入吉林大学哲学系的呢?

李:我 1966 年小学毕业,属于在"文革"中长大的一代人。1966 年文革开始,各级升学考试全部停止。所以严格来说,自己只能算受过小学教育。

我后来上的是一种所谓的"戴帽中学"。在"文革"前,像我所就读的那种农村大队队办小学,考上中学是一件特别难的事,一个年级每年至多能有三四个人升入中学学习。"文革"时期要求普及中学,各个地方的小学要办中学,也就是在小学的基础上再戴一个中学的"帽子",当时叫做"戴帽中学",初、高中各两年。我所在生产大队的小学(南阳市十二里河学校)只办了"戴帽初中"。我 1966 年小学毕业,就遇到"停课闹革命"。1968 年"复课闹革命",我进入初中学习。1970 年初中毕业,回到我家所在的生产队干了几年农活。1973 年开始到我曾就读过的南阳市十二里河学校当民办老师。1976 年转到南阳独山五七中学(一个部队的子弟学校)作代课老师,1978 年考入吉林大学哲学系读书。

我之所以选择读哲学专业,与自己所处的环境有很大的关系。当时在农村,没有什么书可看,往往是拿到什么就读什么。记得我当时读到的第一本学术性的书,就是艾思奇的《辩证唯物主义与历史唯物主义》,黄色的封面，已经很破旧的一本书。"文革"期间经常要写大批判文章，我用书中那一套生产力/生产关系、经济基础/上层建筑的理论分析问题，别人觉得自己理论水平很高。当时还看过范文澜的《中国通史》，从当地的造反派手里得到一本侯外庐的《中国思想通史》第一卷，也硬着头皮去看。通过当时的政治理论学习，自己也读过不少马列和毛主席的哲学著作。看过这些书之后，觉得哲学很有意思。事情都有两面。十年动乱，无书可读，但却倡导人人都学哲学。这样的境遇，使自己萌生了一种对理论的渴望。所以，我高考所报的重点大学三个志愿，第一专业都是哲学。

本科期间哲学系学生会于文科楼前合影

人生往往包含很多偶然性的因素。我能考取吉林大学，其实也很偶然。在"文革"期间，河南农村学校开门办学，课堂教学无法保障。课程体系也按"革命"的要求进行了改造，如政治、语文课合并成一门"毛泽东思想"课，物理化学改成了"工业基础知识""农业基础知识"课，数学最后也只学到一元二次方程。这样的基础当然不可能参加高考。好在我的文史基础还可以，"文革"中我买过一套数学《青年自学丛书》，自修了初高中的数学课程，1978 年高考，我居然考了很高的分数。当时我们农村的孩子，最大的愿望是从农村出来，所以填报志愿，优先考虑的是能上大学，而不是上哪所大学。当时自己孤陋寡闻，对各个大学也并不了解。那时印象中吉林大学是在一个很边远很寒冷的地方，大概报考的人不多，作为一个保险系数，我第三志愿填报了吉林大学。而在该年南阳市第一批电话通知重点大学录取的八个考生中，我就名列其中。第三志愿却被第一时间录取，直到今天，我也不了解个中原因。这大概就是人们通常所说的"缘分"吧。

难忘记忆

刘：您留校之后师从著名历史学家金景芳先生研读先秦思想史，获历史学博士学位。您曾任吉林大学哲学系中国哲学史教研室主任，在吉林大学生活了 20 余年，您能否为我们讲述一下您在吉大求学和工作的那段岁月里，与老师和同窗好友之间，与吉大哲学系之间发生过的，您至今难忘的事情？

李：我 24 岁来吉林大学读书，在吉大学习工作了 23 年，可以说，长春、吉大是我的第二故乡，自己人生中最好的时光都是在母校吉大度过的。这一段学习生活的经历，给我留下了最美好的记忆。其间种种，无法备述，这里，只能简略地谈一点与自己从学经历有关的事情。

我现在的研究领域是中国哲学，但在本科阶段，自己的主要兴趣却是在西方哲学。这其实是当时同学的一个普遍的倾向。吉大哲学系 77、78 两个年级的西方哲学史课，邹化政先生讲授德国古典哲学，记得当时每逢先生上课，大家都要提前占座，课堂不仅是座无虚席，而且常常连走廊里都站着人，真可谓是盛况空前。我对西方哲学的兴趣，也与听邹老师的课有关。

中国社科院的王树人先生说邹化政老师是一个"怪人""怪杰"。从师生间流传的有关邹老师的一些轶事，也可见他确实是"怪"，确实是与众不同。邹老师 1957 年被错划成右派，直到 1980 年才得以平反昭雪。他被打成右派的理由，今天看起来，是十分荒唐的。当年邹老师参加长春市召开的一个理论联系实际的座谈会，在会上发言说：知识分子理论联系实际，并不一定是要上山下乡；德国古典哲学是马克思主义的一个理论来源，我们哲学工作者理论联系实际，就是要好好研究康德、黑格尔。当时吉大打右派，有一个党内的指标还没有完成。邹老师既是中共党员，又有

师生相聚

过这样一番"奇谈怪论",那个右派的帽子,就顺理成章地戴在了他头上。在长期的劳动改造和艰难的生活条件下,邹老师并未放弃自己的哲学研究和思考。下乡劳动改造期间不允许看书,邹老师就把黑格尔的书一页一页撕下来,在田间休息的时候偷偷地阅读。在二十余年的劳动改造中,先生就是以这样令人难以想象的毅力,克服重重困难,饱览中西哲学原典,凭借自己的天资和努力,在学术上打通中西,形成了自己独特的学术和思想系统,在德国古典哲学、儒家哲学、形上学、认识论、价值论诸哲学领域都有自己独到的建树。"文革"以后,邹老师得到平反昭雪,重登杏坛,长期被压抑的学术激情得以迸发释放,以极大的热情投入哲学的研究与教学工作。邹老师第一次登台授课,讲到激愤忘情之处,伸拳捶击玻璃黑板,黑板破裂,割破手臂,一时鲜血直流,邹老师乃以手绢包扎伤口,继续讲授不辍。邹师深湛的思想和学术的激情,令在场师生无不感奋和动容。一时间,在我们77、78和79这几届学生中掀起了一股邹化政热。课堂上,有学生给邹师献上鲜花,邹师的茶杯里,也有学生给加上白糖(在那个物资匮乏的时代,这代表着的其实是一种很高的崇敬)。邹师当时为本科生和研究生开设多门哲学和经典研究的课程,如《德国古典哲学》《西方辩证法史》《人学原理》《洛克人类理解论研究》、康德的《纯粹理性批判》《实践理性批判》《判断力批判》、黑格尔的《小逻辑》

《大逻辑》《精神现象学》等。邹师的人格精神和思想智慧，对于我们这一代学子思想和人格的养成，有深刻巨大的影响，对吉大哲学学术传统和西方哲学理论体系的建立，亦具有开创和奠基之功。我自己有幸亲炙于先生，几乎听过他讲授过的所有课程，由是而得略窥哲学之门墙，真是受益无穷。

我的兴趣后来转向中国哲学，事出"人言可畏"这个偶然的因素。

同学们从全国各地考来吉林大学，刚入校时，大家一个个牛气冲天，都觉得自己很了不起。也确实是这样，当年考生六七百万，只录取二三十万人，能考上来的都是当地的人尖儿。可是过了两个月，大家都不牛了。为什么，因为看到每个人都有两下子，都不白给，都应当尊重。比如我们七舍224寝室的14个人，人家周林全班考分第一，读书过目不忘。人家范学德熟读普列汉诺夫，人称范马列。上海的罗若山博览群书，对法国哲学有丰富的知识。内蒙古的高潮，得过盟摔跤冠军，同学昵称蒙古 horse。黑龙江的杨德军，随口能熟背唐诗宋词。陕北老区来的李丰旺，也能每晚口占一两首打油诗，令同学捧腹不止，等等，可以说是各有千秋。78级学生年龄差距最大，我们班最大年龄差达到13岁。年长同学往往引导舆情，他们的"月旦评"，既能给同学以激励，也无形中会对个体的发展起到"画地为牢"的轨范作用。比如"范马列"的称谓，真会让范学德往马列专家的方向发展。杨德军能熟背唐诗宋词，同学们说他文学好，文学方面的问题都请教他。这促使他博览中外文学名著，真成了一位哲学系里的文学家，还因此娶到了一位学文学、并出身文学世家的太太。这既可以说是"人言可畏"，同样也可以解释为"缘分"。自己出身农村，见闻不广，又没有什么特点。不过，因我上大学前当过中学语文老师，大学期间下乡劳动锻炼，又瞎凑了几句古体诗登在抒写劳动体会的墙报上，因此我以古文基础好为同学所知，中国哲学方面的问题同学要来问我。这倒逼着我开始阅读中国哲学方面的经典，吉林大学图书馆的古籍部也很好，有很多的线装书，当时的线装古籍还可以外借，我就整函地借出来看。虽然当时也不是很懂，但由此引发了自己对中国哲学尤其是儒学的兴趣。1982年本科毕业，正好吉大哲学系当年招收中国哲学专业的硕士研究生，我报考并有幸被录取，师从乌恩溥老师研读先秦哲学。后来读的书多了，也就有了自己的体会，慢慢地也就喜欢上了中国哲学。

博士答辩

读研时，有一件事对自己刺激很大，也印象最深。我本科时对西方哲学下过一点功夫，进入研究生阶段，亦习于用西方哲学的一套概念来分析中国的哲学思想。我曾写过一篇有关《周易》的课程论文，颇有自得之意。乌恩溥老师平时对学生特别客气，师母经常也会请我们吃饭，每次去乌老师家，告辞时老师都要送我们到大门外。但老师这次给我的评语却特别不客气。乌老师的评语只有六个字："给古人穿西装"。这真是一记当头棒喝。冷静下来反思，觉得乌老师的话正点到了我当时学术思考方式的要害之处，因此下决心对中国传统思想学术作内在的、融贯性的了解，而非停留于外在皮相的解释。当然，这要经历一个艰苦的"褪毛"的过程。

我读本科时选过金景芳先生的《先秦诸子》课，这门课是金老和吕绍纲老师合上的。读硕士期间又听了金老的《周易讲座》课。金老因此对我有些印象，同时，我也由此与吕绍刚老师相熟。硕士毕业时，金老有意让我去做他的助手，不过，出于多方面的考虑，我还是选择了留在哲学系任教。但金老仍然没有忘记我。1990年某一天，吕绍刚老师来我家告诉我说，金老看到我发在《社会科学战线》上的文章，觉得不错，希望我能去考他的博士生。像我这样籍籍无名的小辈，能够得到金老这样的史学大家的垂青，真令我感激莫名；同时，师从金老，不正是解决自己"给古人穿西装"这一问题的一个绝佳途径吗？因此，自己下决心复习考试，并于次年考取了金老的博士生。

金老是史家，其治学是"由经入史"。先生对六经有深湛的研究，而对《易》与《春秋》用力尤勤，并据此来理解孔子儒家。这个路子，虽然与今人研究孔子的方式不同，但却合乎孔子与儒家的实际。孔子于六经，亦特别重视《易》与《春秋》。《春秋》是史，《易》则是周人日常生活之道与生活智慧的表达。孔子之重视《易》《春秋》，乃因其坚信价值的理想不能徒托空言，必见诸史事与行事，方可深切著明。金老治史，特别重视理论，治思想史，亦特别强调《周易》哲学的意义。但是，他讲理论，不是以论带史，而是强调从史实中见出常道或规律。金老曾对学生大量引用西方史学理论，以之套用中国古史史料的研究和著述方式，专门写信提出严肃的批评。金老这种治学的路径，使自己逐渐对中国思想学术之"史"的精神，获得了较为深切的体会。

与导师金景芳先生在一起

此外，先生治学，特别体现了一种"唯真理是从"的精神。有两件事使我对此有真切的体会和深刻的印象。我在作博士论文时曾遇到两个问题。我的论文题目是《孔孟心性思想研究》。在写作过程中，有两个观点与金老不一致，论文为此拖了很长时间。我以为孟子的性善论源出于孔子，孔子实亦主性善。金老则认为孔子未讲过性善，不同意我的看法。因先生不同意，论文无法进行下去，自己也很着急。约过了几个月，先生打电话叫我去，很高兴地告诉我，"看来你说孔子讲性善还是对的"，并举《中庸》所引孔子"仁者人也"的话，来证明孔子确实认为人性是善的。可见，先生虽不同意我的看法，却能从我的思路设身处地地思考问题。另一个问题是对《中庸》"率性之谓道"的训解。传统上解"率性"为"循性"。先生则认为郑注、朱注都讲错了，"率"应解作"统率"义，率性的主辞是"道"，道统率性，才能讲得通，讲循性，是唯心论。我写论文，依郑注、朱注的解释，先生当然不同意。后来我只好曲为之解，造成了论文在思想上的一些模糊不清。有一天，按规定我们几个博士生去先生家听课。这天先生讲《中庸》，一开始先生首先讲读古书不易，要反复阅读才能读通。先生以"率性之谓道"为例，讲他以前认为应作道统率性解，近来再读《中庸》，从上下文的联系，看来还是郑玄、朱熹讲得对，应解为"循性"才通。当时我的论文已经打出来，我到打字社对论文临时作了修改。还有另一件事，我印象特别深。1993年上半年，先生作了一篇论文，题为《古籍考辨四题》，后发表在《历史研究》1994年第1期上。其中有一段不为人知的插曲。先生曾把这篇论文给我看，让我提意见。文章中有一部分是对孟子"夫妇有别"说的考论。记得文章中讲到"夫妇有别"是孟子首先提出，以前无人讲。我查《礼记·哀公问》中记孔子的话说："夫妇别，父子亲，君臣严"，就对先生提了出来。先生当时没说什么。过了一段时间，先生找我去，很高兴地告诉我，他寄给杂志社的《古籍考辨四题》的稿子，多亏邮局在邮寄过程中给弄湿，退了回来，使他有机会据我的意见对文章作了修改。金老从不轻易改变自己的学术主张，其在学术上的自信，有时甚至会给人以固执己见的印象。但是，先生会认真听取不同的意见，一旦认为对方意见是对的，就会毫不犹豫地放弃自己的看法，并不顾忌自己的面子。先生这种从善如流、闻是而止的为学态度和治学精神，对后学和师门良好学风的形成都有很大的影响。

在吉大学习工作期间，老师、同学、同事、朋友、领导对自己的教诲、关爱、批评、帮助与扶持，规定了自己人生的方向与轨迹，凝聚为自己成长的动力，使我受益终生。这一段经历，是我生命中的宝贵财富，其间点点滴滴，如人饮水，冷暖自知，吾将永志不忘。

学术建议

刘："师者，传道授业解惑也。"作为我们的前辈、老师，您能否为我们这些以后即将走向教学岗位，从事学术研究的学生们提一些读书学习或者学术研究方面的建议呢？

李：我的建议，用一句话来概括，就是要"守住教师的本分"。什么是教师的本分？我们可以用您提到的韩愈《师说》中的话来作说明。韩愈讲"师者，所以传道授业解惑也"，但这三者并非并列的关系，其中"传道"一条最重要。韩愈解释说，我们尊之为"师"的，不论少长，能"闻道"即可为吾"师"。所以说"吾师，道也……是故无贵无贱，无长无少，道之所存，师之所存也"。有了一个教师的职位，并不表明我就可以做人"师"。闻道、得道，是"师"之所以为师的标准，它也规定了教师的本分之所在。

首先，这个师"道"，是一种人格的要求。今天的教师，是一种负责传授知识的职业化的工作，与古时的"师"有所区别。按钱穆先生的说法，中国古学是一种通人通儒之学。金岳霖先生也说，中国古代的思想家，他的学问就是他的传记。梁漱溟先生亦因终生笃守其信念而行，而被称作"最后的儒家"。故古来言师道，为人与为学是一体的。我觉得，现代学校教师虽然已成职业，但先儒有关师"道"的教训，仍然有效，它的精神还应该继承。职业虽然分途，但在教师个体身上，做个好人与好的专家、学者应该是一体的。

书名

教化的哲学——儒学思想的一种新诠释

作者

李景林

出版社

黑龙江人民出版社

出版时间

2006 年 1 月

其次，这个师"道"，对学问也有一种要求，这就是学问要有内在的一贯性和真实性。《礼记·学记》："记问之学不足以为人师。"孔子的学生子贡认为孔子的特点是博学多闻，孔子说："非也，予一以贯之。"又说："吾道一以贯之。"孔子学无常师，他的学问虽博却不驳杂，就是因为有一贯之道贯通其中。今天知识爆炸，学生了解的东西我们教师可能都跟不上。在学问上有一贯之道，面对这信息爆炸的时代，才能应对裕如，具有一种转世而不为世转的能力。我们教师现在压力很大，有很多任务，发表论文有数量、级别要求。这促使很多人为发表文章而发表文章，今天的文字与昨天的文字自相矛盾，自己跟自己打架。这就不行。我们呼吁官方学术评价的体系要逐渐改变，提供一个使学者真正可以做到真积力久，厚积薄发的学术环境，这样我们的学术才能是真实的，才能有扎扎实实的进步。但我们自己亦应首先对自己有这个要求。在这一点上，我们应该向老一代的学者学习。我自己是一个笨人，写东西慢而且少。有两个字，叫做"不敢"。不考虑成熟的话不敢说，不敢发表。不过，这里面也有爱惜自己羽毛的意思。从效果来考虑，应景的文字发出来，对自己不是加分，而是减分。从长远看，做这样的事其实很傻的。我自己平时看书，注意积累一些问题。对有些问题，从有想法到能够贯通，再把它写成文字发表，有的要间隔二三年，甚至十年。这当然是因为自己资质愚钝，只能做"人一己十，人十己百"的事。我不否认人的资质差异，有人就是又好又快，那是天才。一般人还是需要下点"慢"的功夫，才能做成像点样的东西。我对自己的学生也提到这样的要求。我讲《中国哲学史方法论》第一讲绪论，就题为"形成属于你自己的方法"。

书名

教养的本原：哲学突破期的儒家心性论

作者

李景林

出版社

北京师范大学出版社

出版时间

2009 年 12 月

其三，从这个师"道"对人格的要求延伸到教学或韩愈所说"授业、解惑"，传统的教育所倡"成德之教"，在今天仍有意义。古代教育以成德为本，"行有余力，则以学文"。现代教育则不同。现代大学基本上成了教授知识、技能的场所，而缺乏教化的职能。我研究儒学，常思考这样一个问题：近代以来政教分途，西方在学校知识技能性的教育之外，还有宗教等作为人的精神人格教养的体制保障。当代中国学校教育的完全西方化，导致了整个社会德性人格教化体系的缺失。我们的人文学科应当可以承担或部分承担这样一种责任。

以上是我的一点不成熟的想法，仅供参考。

寄语吉大

刘：还有一个多月的时间就到了吉大七十周年的校庆（9月16日），您曾在吉大学习生活了23年，作为最资深的吉大校友，请您赠予吉大和吉大学子几句寄语。

李：那我就母校哲学学科说两句话吧：思想的生产是哲学的生命所在。吉大哲学学科以思想创造见长，愿母校哲学学科继续发挥思想的优势，夯实学术的基础，真正成为中国哲学家的摇篮。

吉大七十　哲林人物

吉林大学哲学系自 1958 年建系以来，培养了一批又一批"爱智求真敢问真"的学者，他们走向全国各地，为开创和繁荣我国的哲学社会科学事业筚路蓝缕、笔耕不辍。今适逢吉林大学七十华诞，本平台特开设《吉大七十·哲林人物》栏目，刊登一系列吉大哲学优秀系友专访。忆往昔峥嵘岁月，叙今朝母校情深，展未来踌躇满志……

哲学的责任

——访刘福森教授

刘福森，汉族，1943 年 8 月生于河北，1965 年进入吉林大学哲学系学习，1970 年毕业于吉林大学哲学系。吉林大学哲学社会学院教授、博

士生导师。在职期间主要从事马克思哲学的教学与研究工作，1995 年后，同时从事生态哲学和发展哲学的研究。曾任中国自然辩证法研究会理事、中国自然辩证法研究会环境哲学专业委员会副主任，在《中国社会科学》《哲学研究》等重要期刊发表论文百余篇，被《新华文摘》等转摘多篇，出版《社会发展问题的哲学探索》（合著）、《我们需要什么样的哲学》《西方文明的危机与发展伦理学》等著作。

访谈时间： 2016 年 8 月 26 日
访谈地点： 刘福森老师家中
采 访 人： 石尚（以下简称"石"）
被采访人： 刘福森（以下简称"刘"）

结缘吉大

石：刘老师您好，很高兴能代表"反思与奠基"网站和《哲学基础理论研究》编辑部对您进行访谈。听说您的大学生活正赶上"文化大革命"，上学期间没有学习多少专业课程，那您是如何走上哲学研究道路的？

刘：我 1965 年入学，1966 年"文化大革命"开始。大学生活没有给我提供必要的知识，也没有给我一个可以作为工作起点的必要的哲学基础。在吉林大学哲学系学习期间，因为是"半工半读"，一周到附近的气象仪器厂劳动两天，仅仅有五天的学习时间。1965 年一年仅仅学习了俄语、党史和马克思主义哲学原理三门课程，其他课程还没有来得及学习就开始了"文化大革命"。因此，我不仅没有读过硕士和博士，而且连本科的课程也读得很少。1970 年我留校从事哲学的教学与科研工作，在知识上一穷二白的我，当时应对这个工作的尴尬与困境不用我多讲就可想而知了。我只好拼命地读书，以便补足工作所需的必要知识。除了给学生上课之外，我把几乎所有的时间都用来读书。"白天不懂夜的黑"，这对于现在的学生来说，既是无法理解的，也是无法忍受的。所以，我真正的大学生活是在工作后才正式开始的。我不仅没有真正读过本科，更没有读过硕士和博士，几乎可以说是"自学成才"的。在吉林大学，恐怕我是学历最低的，现在，即使是行政人员，很多也都有硕士文凭了，而我一个哲学教授和博士生导师，竟然连一个学士学位都没有！在后来从教的经历中，由于没有学位，恐怕也影响了一些名利的获得，赶上那个"文化大革命"的时代，这是身不由己的。我能够做的，就是比别人更加努力地提高自己的哲学素养。没办法，晚点上路，只能跑步前行！

学术探索

石：那您是如何在教学工作中打下哲学基础的？

刘：学习哲学无非是读书和听讲这两种方式。当时听课主要是听了高清海和邹化政这两位老先生的课。这两位老师是在我国哲学界有着重要影响的、有真才实学的哲学教授。他们的讲课，把我引入了一个我从来没有接触过的"新世界"——哲学世界，使我开始懂得了哲学与科学等其他意识形式的区别。通过听他们的讲课，我逐渐懂得了哲学是一种什么样的意识形式，应当以一种什么样的方式去思维。也正是从那个时候起，我才真正喜欢上了哲学。以前，之所以去看哲学的书，只不过是为了满足教学工作的需要。那时还是在外在的压力下学习哲学的。由于那时并没有真正了解哲学的特点，因此，在学习哲学的方式上，基本上是采取了学习科学知识的学习方式，把学习哲学的过程当作了一个"知识积累"的过程。因此，那时尽管也非常努力地看书，但是只是了解了一些哲学的概念，记住了一些哲学的论断，讲起课来似乎也很受学生们的欢迎，但实际上仍然停留在科学思维和日常思维的层次上，根本没有真正进入哲学的门槛。这是因为，哲学不是科学，不是知识，但我们从小学到中学所学习的东西，都是科学知识，我们的学习方式也是学习科学的方式。到了大学，仍然用这种学习方式去学习哲学，最后必然"把哲学学成科学知识"，因此，我们得到的不是哲学，而是知识。海德格尔曾经说过，哲学不是科学，不是知识；哲学是观念，是思想。我们常说的"知"，在哲学中乃是"思"。科学知识是由人们对外部世界的认识获得的，而哲学则不是对外部世界的认识，哲学是对世界及其哲学命题的"理解"或"解释"。在这个意义上说，学习哲学与学习科学知识不同，学习科学是要得到关于外部对象的知识，而学习哲学则不是要得到关于世界的知识，而是要学到怎么"去思想"。在这个意义上说，学习哲学，要真正入门都是很难的。如果学习哲学的结果只是知道了一些哲学的概念和哲学论断的知识，而没有真正学到"用哲学的方式去思维"，没有学到怎么"去思想"，那么，可以说我们还没有进入哲学的门槛。我之所以特别强调这一点，是因为我们的很多初学哲学的人，到现在还没有认识到这一点。要认识到这一点，只有在你真正理解了哲学之后，才能知道自己当初还停留在哲学的大门之外；我们应该尽快认识到这一点，否则我们的努力将事倍功半，甚至可能永远进不了哲学的大门。

书名

西方文明的危机与发展伦理学
——发展的合理性研究

作者

刘福森

出版社

江西教育出版社

出版时间

2005 年

　　石：您在应《光明日报》的"学问人生"专栏的约稿中发的那篇《学问人生是一体》文章，特别强调了学习和研究哲学必须超越"功利主义"的价值观。这也是您学术生涯的体会吗？

　　刘：在几十年的学术生涯中我体会到这样一个道理：要真正做好学问，就要始终把做学问和人生融为一体。我们不能同时有两个自我：一个自我在那里做学问，一个自我在追求学问之外的功利性价值。这种做学问的态度，实际上只是把做学问当成了实现功利性价值的手段，把获得功利性价值当作了做学问的真正目的。这样做的结果，必然会使学术研究走上邪路。现在在学术研究领域泛起的各种不正之风，归根到底都是由于功利主义价值观对学术研究领域的入侵造成的。这些不正之风具体表现是多方面的：第一，做学问之人，却没有认真读书的兴趣，而是把主要精力用在了"学问之外"，靠拉关系、走后门等不正当的活动来获得某些个人利益。这些人主要关注的不是学术问题，而是整天算计如何获得最多的个人利益。第二，不认真钻研基础理论，在学术研究上追时兴，赶时髦，什么问题"吸引眼球"就搞什么，打一枪换一个地方，而对于那些重大的、基础性的没有解决的理论问题却从不感兴趣。第三，把严肃的学术研究变成"学术表演"，靠对外在形式的张扬掩盖理论内容的肤浅与贫乏。例如，生造一些晦涩难懂的词汇、编造一些富丽堂皇的蹩脚句子去表述一个粗浅的思想，这完全是为了吸引"观众的眼球"，是一种形式主义的研究方式，这种现象在一些年轻的学者中比较常见。第四，把严肃的学术研究看成一场游戏，有些人甚至把哲学研究说成是"玩哲学"，这样，严肃的学术研究就被看成了游戏人生的特殊方式。

因此，我认为，要使学术研究重新走上正确的道路，就必须彻底摆脱功利主义价值观的消极影响。仅仅靠政府或学术组织制定一些大家必须遵守的学术规则还是不够的。除此之外，还必须有"学术伦理"的规范。所以，我在这里提出"学术伦理"这个概念。学术伦理的基础是"学术之道"概念。经商有经商之道，从政有从政之道，行医有行医之道，学术研究也应有"学术之道"。学术之道的含义实际上是指学术的本性。无论做什么，都应该符合"道"的要求。在中国文化中，所谓"道德"，即"道之德"。"德"总是同"道"相联系的。中国哲学强调"道为体，德为用"，即"德"根植于"道"，是"道"在人的实践行为中的实施。这种以道为本的德就是"应当"，即"善"。这就是中国传统文化中的"道德"。因此，学术伦理，就是规范学术主体行为的学术道德。按照"学术之道"去做的学术主体的行为，就是"以道为本"的行为，这就是"善"，而那种不符合学术之道的行为就是不道德的行为，即"恶"。"道德"强调的是人的实践行为的"自为性"，人的道德行为不是由外在的强制所为，而是出于人的内在的"善心"，在"学术伦理"中，表现为"学术良心"。因此，学术良心概念也是学术伦理的基本概念。在学术研究活动中，我曾经把符合"学术之道"的行为概括为"学问人生是一体"——这既是一个做学术的活动，也是学术主体（学问人）的积极主动的自我修行之道。失去了学术良心，则不会有什么真正的"学术伦理"。"学术之道"可能包含着多方面的内容，但最根本的，应该是摆脱功利主义价值观的影响。哲学的主要功能是一种教化功能。哲学追求的是真善美的崇高境界，它本身是超功利的。因此，坚持学术伦理的价值观，就应该反对功利主义的价值观。对于追求功利的人，对于想通过学习和哲学升官发财的人来说，哲学不仅是无用的，而且由于崇高的境界被利欲所取代，哲学的教化功能就会走向反面，学术研究就必然会走上邪路；如果我们的学术研究被功利主义所左右，那么，我们就必然发生人格的分裂：一方面，嘴里讲的是真善美，另一方面，内心所追逐的却是个人的名利双收；在讲坛和论坛上，我们是一个正人君子，而在生活中，我们却是一个"学术商人"或"学术政客"，这时我们就会因丢掉了"学术良心"而使"做学问"的自我名存实亡，也必然使严肃的学术研究异化和死亡。因此，我认为，要做好学问，就必须把人生与学问融为一体，让做学问成为"学问人"的真正的"精神生命"和"精神自我"。做学问，便使学术和人生得到真正的统一：当你只有在做学问时才感到自己的存在和价值，当你在做学问之外无法找到自己的兴趣和真正的自我时，你才真正走上了"学术之道"，也才算进入了做学问的最高境界，这样的学问才是真正的学问，这样的人生才是真正的"学问人生"。当然，我在这里强调做学问要摆脱功利主义价值观的影响，不是要人们拒绝物质利益，饿着肚子去搞学问。做学问的人也要吃喝穿住，因而也无法彻底回避物质利益问题。但是，我们应该把由做学问所产生的功利性价值的获得，看作是因做学问而自然产生的"副产品"（结果），而不是把物质利益的获得看作是行为目的。利益会有的，但它是"可遇而不可求"的。如果把追求功利性价值看作是做学问的目的，而把做学问当成获得功利性价值的副产品的话，这样的做学问就与商人的精心算计无异，因而用"经商之道"取代了"学术之道"。

石：有人说，你是一位很有创新性的学者。您能否简单地概括一下，在您的学术研究中主要有哪些创新？

刘：在哲学研究的领域，我做过三个方面的研究工作：马克思哲学的研究、生态哲学和生态伦理学的研究以及哲学观的研究。对于我来说，这三个方面是相互依赖的统一体。首先，我是从马克思哲学的研究开始的，到 20 世纪 90 年代中期，我开始认识到，在当代社会，如果撇开生态因素孤立地研究社会发展问题，那么，我们所研究的社会发展不可能是"可

书名

我们需要什么样的哲学

——哲学观变革与历史唯物主义研究

作者

刘福森

出版社

北京邮电大学出版社

出版时间

2012 年 6 月

持续性"的发展；离开生态因素孤立地研究社会发展的研究方式，在本质上仍然是属于旧哲学（西方近代主体形而上学）的研究方式。因此，我开始从生态哲学的视角重新考察社会发展问题。到了 21 世纪以后，我发现在对马克思哲学和生态哲学的研究中，要使研究进一步有所突破，合理地解释各种观点的对立冲突，就必须在更深的层次上——在哲学观的层次上进行研究。因此，只有在哲学观的理解上有所突破，才能使马克思哲学和生态哲学的研究获得突破性的理解。因此，我所从事的这三种研究，在本质上是相互依赖、相互促进的关系，而不是对立的。我在前面对马克思哲学和生态哲学的研究，为哲学观上的研究有所突破起到了积极的作用，而最后对哲学观的研究，也为前面的研究找到了更深层的哲学基础。如果说我的研究有所创新的话，主要有以下几点：第一，对马克思哲学的研究，我较早地（1991 年）提出"马克思哲学就是历史唯物主义"的观点。从研究对象上看，马克思的历史唯物主义是一种新历史观，即"唯物史观"，但是马克思通过对社会历史的研究，不仅创造了一种唯物主义的历史观，而且也为新哲学世界观提供了一种历史的思维逻辑、历史的评价尺度和历史的解释原则。在这个意义上说，马克思创立的新哲学不仅是一种新历史观，而且也是一种新的唯物主义哲学世界观。马克思正是通过历史唯物主义的创立，颠覆了西方传统的形而上学，不仅超越了唯心主义，而且超越了旧唯物主义，并以哲学的"历史转向"为西方现代哲学所进行的生活世界转向奠定了基础。我的这些思想，通过我的专著《马克思哲学的历史转向与西方形而上学的终结》一书得到了详尽的阐述，本书入选了 2016 年度《国家哲学社会科学成果文库》。第二，在对生态哲学和生态伦理学的研究中，我提出必须超越形而上学的思维方式，才能确立起人与自然的和谐共存的内在统一关系。在此基础上，1995 年我在《哲学动态》上发表的论文中，提出了"发展伦理学"，并进行了较为详尽的论述。第三，在哲学观问题上，我提出哲学观的首要问题——"哲学是什么"的问题，不是一个知识论的问题，而是一个价值论断问题。哲学家们所说的"哲学是什么"实际上只是表达了哲学家们对待某种哲学的"态度"（喜欢或不喜欢，支持或反对），它并不能告诉我们关于"一般哲学是什么"的知识，因为根本不存在所谓的一般哲学。我立足于马克思的历史唯物主义重新对哲学观做出了新的解释。我前后一共发表了五篇关于哲学观的论文，其中有 3 篇被《新华文摘》全文转载。

学术建议

石：您经常提到"哲学的责任"，在这方面您对我们年轻学生有什么忠告？

刘：我从 1995 年开始，从哲学与时代的关系的角度进行新的哲学思考。黑格尔曾经讲过，任何一种哲学（和哲学家）都不可能超越它所在的时代。因此，学习和研究哲学史固然重要，但是，我们不应该用旧时代的哲学观念、思维方式、解释原则和思想坐标来解释新的时代的现实问题，例如，在生态文明的时代，就不能再用西方近代的主体形而上学来解释各种现实和理论问题。那种过了时的旧哲学只是与之相适应的旧时代的"时代精神的精华"，而不是所有时代的"一般精神"的精华，当然也就不是新时代的时代精神的精华。随着新时代的到来，人类的生存方式和人类所面对的生存问题发生了根本性质的变化，这一变化表现为，由于工业文明的恶性发展，已经造成了对生态环境的严重破坏，从而发生了严重的生态危机，这一危机在本质上是人类的生存危机。这种时代的变革，决定了我们的哲学也应该进行革命的变革。我们的时代，从长期来看，是生态文明的时代。西方近代的旧哲学是建立在工业文明基础上的，因而是工业文明时代的时代精神的精华。现代人类所面临的生态危机，正是这种文明恶性发展的结果，而西方近代的旧哲学（主体形而上学）是应该对这种危机承担思想上的责任的。因此，我们的时代需要的是与生态文明相适应的一种新哲学，这种新哲学只有在对西方近代的旧哲学批判中才能形成。哲学作为一种意识形态不可能离开现实的生活世界。哲学家的价值观，最终是被人类所面临的最根本的生存问题所左右的。哲学不是仅仅供人进行欣赏的精神财宝，也不是供社会闲人们打发时间的思维游戏。哲学如果离开了与之相适应的时代，就会成为无家可归的"孤魂野鬼"；而一个时代如果离开了与之相适应的哲学，就会成为一具没有灵魂的"僵尸"。因此，哲学史的研究固然十分重要，但寻找时代的精神家园，即寻找时代的核心价值观念，始终是哲学家不可逃避的社会责任。哲学的研究落后于时代的发展，必将影响整个社会科学和全部精神文化的发展，影响人类实践行为的合理发展。因此，我从 1995 年以后，开始了对生态哲学、生态伦理学与发展伦理学的研究，指出人的实践行为（发展）并非是天然合理的，而是需要规范和约束的；人只是对于他所能够接触到的个别自然物来说，才有可能成为主体，而人对于自然生态系统的整体来说，则不可能成为主体。人是地球自然系统整体中的一员，人本身首先和在根本上都是被这个自然生态系统的整体所决定，因而人不是自然生态系统的决定者。因此，西方传统主体形而上学的一个重要命题——"人是主体，自然是客体"的命题，只是在一个极其狭小的领域才有合理的意义。生态哲学、生态伦理学以及发展伦理学，正是当代哲学和伦理学应当特别关注的问题，因为它直接关系着未来人类的生死存亡。我所进行的这些研究，正是从对"哲学的社会责任"的理解中开始的。我认为，始终关注影响时代的人类生存的那些重大问题，是哲学研究者不可逃避的社会责任。

寄语吉大

石：今年是吉林大学 70 周年校庆，作为一名老吉大人，您有什么话想特别对母校说的？

刘：希望母校能够积历史之厚蕴，再续绚烂之华章，为社会培养出更多有用的人才！

吉林大学哲学系自 1958 年建系以来，培养了一批又一批"爱智求真敢问真"的学者，他们走向全国各地，为开创和繁荣我国的哲学社会科学事业筚路蓝缕、笔耕不辍。今适逢吉林大学七十华诞，本平台特开设《吉大七十·哲林人物》栏目，刊登一系列吉大哲学优秀系友专访。忆往昔峥嵘岁月，叙今朝母校情深，展未来踌躇满志……

以哲学为志业

——访张盾教授

张盾，男，1956 年 7 月生于北京。1978 年考入吉林大学历史系，1982 年获历史学学士。1985 年在吉林大学马列教研部获法学硕士学位，毕业后留校任教。1988—2002 年在《社会科学战线》杂志社担任哲学编辑、副主编，曾获吉林省新闻出版局颁发的"第十届省期刊优秀作品编辑一等奖"和吉林省人民政府颁发的"第五届吉林省期刊优秀作品编辑奖"。2000 年被评为研究员。2002 年被调入吉林大学哲学社会学院任教授。2004 年在吉林大学哲学系获哲学博士学位。2005 年聘为博士研究生导师。2010 年被聘为吉林大学匡亚明特聘教授。2014 年享受国务院政府特殊津贴。现任吉林大学哲学基础理论研究中心主任助理；兼任吉林省哲学学会副理事长，《中国社会科学》杂志社外审专家，中国马哲史学会理事。

曾长期从事分析哲学、现象学、存在论和伦理学方面的研究，现在的研究领域为马克思主义政治哲学和政治美学、马克思与德国古典哲学的关系、马克思与柏拉图的关系等。出版专著《分析的限度：分析哲学的批判》（1999 年）、《道法"自—然"——存在论的构成原理》（2001 年）、《马克思的六个经典问题》（2009 年）、《黑格尔与马克思政治哲学六论》（2014 年）。在《中国社会科学》《哲学研究》《吉林大学社会科学学报》等期刊发表论文 80 余篇。2011 年获首届萧前哲学基金优秀论文奖；2013 年《黑格尔与马克思政治哲学六论》入选《国家哲学社会科学成果文库》；2015 年获第七届高等学校人文社会科学优秀成果三等奖；并曾获得吉林省社会科学优秀成果一等奖 2 项、二等奖 2 项。主持国家社会科学基金重大项目"马克思主义政治哲学重大基础理论问题研究"（2015 年），国家社会科学基金重点项目"超越审美现代性——马克思政治美学研究"（2013 年），教育部重点研究基地重大项目"马克思哲学的学术史渊源研究"（2015 年），教育部重点研究基地重大项目"马克思与黑格尔理论传承关系研究"（2007 年）等。

访谈时间： 2016 年 9 月 10 日
访谈地点： 张盾教授办公室
采 访 人： 王雪（以下简称"王"）
被采访人： 张盾（以下简称"张"）

结缘吉大

王：老师您好，很荣幸代表"反思与奠基"网站和《哲学基础理论研究》编辑部对您进行访谈。您早年毕业于吉林大学历史系历史专业，那个时候的吉林大学给您留下什么样的印象？是什么原因促使您转向了哲学研究？您的哲学学术生涯是从自学开始的，您觉得这种学习和研究经历对您有什么特别的意义？

张：我是1978年考入吉林大学历史系学习历史专业的。当时吉大给我的印象是简朴宁静。那是一个纯真年代，市场经济还没启动，当时最好的学生都聚集到文史哲这里。当时我们在历史系，一门心思就是学习怎样做学问。我们的那些老师，我印象最深的就是李时岳老师，他是南方人，当时已是中国近代史的大家，当时我们都崇拜他。他的才华，他讲课时那种内在的激情，他发表的那些漂亮论文，以一种说不清道不明的方式植入我的生活和生命里，变成我一生的目标和动力，从来没有改变过，虽然他不是我的"亲老师"。后来随着社会转型，我们中的许多人都想开了，不再拿学问当真了，但我始终没有改变。当时还有一个情况就是，历史系77级的同学都专心搞历史专业，78级的同学喜欢哲学，看哲学书。因为当时我们班有几个很棒的同学，有哲学素养，说出的话和写出的论文和我们都不一样，那个对我转向哲学的影响是很大的。

说到自学哲学，我的哲学确实是自学的。说到这种学习经历有什么特别意义？我觉得是这样的：高等教育的本质是自我教育。只要你真喜欢，有那个性情，也有那个才智，就可以学哲学了，不在于你是不是哲学系出身。我们有些最好的学生就不是哲学系出身，当然孙老师、赵汀阳都是哲学系出来的。关键在于，我觉得哲学这个行当比较特殊，真正哲学学得好、做得好的人，某种程度上都是天命所至，命中注定。另外我还有一个感觉，就是从做学问的角度来讲，学历史是进入人文科学的一个非常好的入口，因为历史学是一个非常基础性和综合性的学科，学历史的人改学文科哪个学科都问题不大，我就借了这个力。再遇上一位有才华、有性情的老师，和一些有天赋、有根器的同学引导着你，然后你自己也是有性情、有实力的人，又真喜欢，这样就可以做哲学了。所以我很是感恩，在大学时期遇到了好老师，又遇到好同学，就这样注定了自己一生的命运。

学术探索

王：纵观您的哲学研究，您早期主要就是进行分析哲学和现象学的研究，您怎样看待这段学术经历对您整个学术研究的影响？

张：这个学术影响可以说是决定性的。我 20 世纪 80 年代喜欢分析哲学，90 年代又喜欢上现象学（主要是胡塞尔和海德格尔）。这和中国学术界的趋向大体一致：80 年代分析哲学热，90 年代现象学热。不过我是自己在家里看书，工作就是在《社会科学战线》杂志社当编辑，很自由，有大块时间读书。我迷上分析哲学，是因为我们班有个同学田立年，他在我们班年龄最小，当时被我们认为是哲学天才，后来考到复旦学现代西方哲学读硕士，回来他跟我说："分析哲学是最正宗的学院哲学。"我看的第一本分析哲学的书是艾耶尔的《语言、真理与逻辑》，清晰、简洁、漂亮但决不肤浅，把深刻的思想创见和明晰的表达方式结合在一起，特别适合初学哲学的年轻人。我当时很快沉醉其中，找来了几乎所有汉译的分析哲学著作看。后来我的第一篇哲学论文《无须存在公理的指称理论》，发表在 1989 年《哲学研究》6 期，那个不是研究分析哲学，而是模仿分析哲学的方式和笔法去讨论一个实在论和唯心论的关系问题。我跟分析哲学的缘分大致就是这样，最后分析哲学在我心里的剩余物就是维特根斯坦，《逻辑哲学论》很早就有汉译本，田立年又送了我一本英德文对照本的《哲学研究》，这是我看得最完整最认真的一本外文原著。分析哲学教会了我怎样写论文，怎样写漂亮的论文，我写了一批哲学论文，最后成为《分析的限度》这本书。

后来我读了康德《实践理性批判》，发现比所有分析哲学都写得好，我开始迷恋康德。但《纯粹理性批判》就是看不懂。1993 年我买到韦卓民《纯粹理性批判》译本，品相不好，但我如获至宝。读懂《纯粹理性批判》的感觉对我来说终身难忘，那是我 30 多岁时的一个金色黄昏，那天儿子在外面玩耍，妻子在厨房操劳，我在卧室突然看懂了康德的《纯粹理性批判》，看懂这本书的第一感觉就是它写得太美了。然后就是现象学，就是海德格尔的《存在与时间》和胡塞尔的《大观

念》，再加上维特根斯坦的《哲学研究》，很多年里我反复读这几本书，关注里面的每一个细节，但几乎没写过这方面的研究论文，我感觉自己主要从这几本书里学到了一些哲学的功夫。这就是喜欢和热爱吧。最近看了一个牟宗三品评中国几代学人的帖子，颇有感触。晚清和民国时代只有最聪明的人才去做学问，现在的中国人还是那么聪明，但最聪明的人心思已经不在学问上，而学问这个东西恰恰需要最聪明的人倾其一生全力去做，还不一定能弄好。好学问的标志就是好作品，别的都是次要的、非本质的。

王：在您的学习经历中，哪个哲学家和学者对您影响最大？您觉得一个研究哲学的人应该具备什么样的教养？

张：是这样，因为我是自学哲学，所以对我影响最大的就是刚才说的那四位大师，四本书。晚年我比较喜欢的哲学家是阿兰·布鲁姆。还有一个人对我有影响就是赵汀阳。赵汀阳肯定是当代中国哲学界的一流高手，我从赵汀阳学到了很多东西，其中最重要的是学会了如何拥有自己的问题，并且既有想象力、又有把握地处理这些问题，这个基本上也是一个自学的过程。

关于你说的教养，这个东西很重要，但又是无形的。有人说我们这些中华人民共和国成立后培养的学人和老年间培养的学人相比，就是没教养。我觉得有一定道理。以我喜欢的作家汪曾祺为例，有人说他是"最后一位士大夫型文人"，就是说他有那种特殊的教养，其他作家没有，我们这一代学者也没有他那样的教养：诗文书画全通，五经六艺全懂，风流倜傥，有雅好，有性情。我肯定不行。可是话说回来，即使有那样的教养也不一定能做得了哲学。哲学是很特殊的一种学问。最近有人质疑钱钟书、陈寅恪那样的学问，有一定道理。哲学是人类精神的最高技艺和境界，即使真有教养的老派文人也没有权利去蔑视像康德那样的人。就我而言，我从小就读父亲收藏的相当丰富的中国古典文学书，最喜欢陶渊明、杜甫、李后主还有《红楼梦》。上大学后我又看外国文学，最喜欢托尔斯泰、福克纳和詹姆斯·乔伊斯，还有川端康成。晚年喜欢看日本电影和日剧。这算是最基本的教养吧。

王：您曾经写过一本存在论方面的专著《道法"自—然"——存在论的构成原理》，您为什么要写这样一本书？能否说一下您想通过这么一本书解决什么核心问题？这本书对您的学术人生有什么意义？

张：《道法"自—然"——存在论的构成原理》是我生命追求中最重要的一个作品，也是我写得最艰苦的一本书，全书完全按照康德、胡塞尔式的体系建构和概念推演的方式写成，耗去了整整 6 年时间。《道法"自—然"——存在论的构成原理》的问题是反对近代西方哲学的主观性原则，要求在一个不预设任何主体性前提的新论域中重新解说存在的本意，这个新论域我称之为"存在的第三人称论域"。其实我的第一原理非常简单，我认为存在的真正本意是：凡存在总是存在者自己去存在，每一个存在者的存在都有自己的内容，这个内容必须由存在者自己去构成，与存在之外的主体无关；存在之外的主体所看到、所领悟、所创造的存在是另外一个问题，即对存在的"第一人称性解释"，其有效性取决于主体的视界和尺度，而不取决于存在者自己；然而真正说来，一个存在事态的内容是不能由思想的尺度和形式来替代的，只能由存在者自己去构成。尽管这个基本原理相当简单，但要在哲学上证明它却很麻烦，因为要在一个如此单纯的第一原理之上重建存在论的问题基础，必然是一项复杂而艰巨的工作：我需要重新开拓出一个完整的第三人称论域去取代人们熟悉的第一人称论域，这个新论域包括重新构造主要概念，重新建立基本准则，然后用这些概念和准则处理一系列具体问题，最后还要对整个西方主体性思路进行批判。

书名

道法"自一然"——存在论的构成原理

作者

张盾

出版社

中国政法大学出版社

出版日期

2001 年 1 月

　　我觉得，通过写这本书，我对曾经给我以重要影响的康德、胡塞尔、海德格尔、维特根斯坦乃至赵汀阳作了一个交代，即用我从老师们那儿学来的功夫批判老师们的主观性观点。这本书出版之后在少数年轻人之间传播，至今我不能肯定它在多大程度上被圈内人接受，但我的哲学功夫就此练成了。《道法"自一然"——存在论的构成原理》不仅铸定了我的思维方式，而且铸定了我的语言方式，我至今仍然是按那种比较固定的方式写作和说话。之后我研究马克思，上手就很快了。可见无论什么事情，如果你真正用心去做，并且做出来了，功夫没有白瞎的。

　　王：近年来您的研究兴趣先后转向了马克思主义哲学、政治哲学，近来又转向了政治美学，在这种转向中您关注了哪些哲学问题，您对马克思哲学本身又形成了何种新的理解？

　　张：进入马哲圈，孙正聿老师是我的引路人。主要成果就是两本书：《马克思的六个经典问题》和《黑格尔与马克思政治哲学六论》，这两本书被大家接受得比较好。作为一种时代精神，我认为马克思的哲学确实是对我们的时代有用的哲学，因为它是对近代以来直到今天、直到我们中国的现代性资本主义体制的否定性和批判性理解，永远让我们能够想象人之为人还有另一种活法。为什么马克思的观点不为当代资本主义发展的历史事实和经验事实所支持？这是因为马克思是人类精神中的理想主义的产物，只要人类的精神追求依然存在，马克思的哲学就不会失去意义，这是使马克思不朽的地方。作为一个学科领域，我个人的体会是，研究马克思的学说具有最大的理论张力和学术内涵，可以最大程度地发挥你的才华和功夫，想做好"马哲"不容易。反过来说，做"西哲"也是一样，如果你做不好，同样味同嚼蜡。我最近因为做美学读了《柏拉图全集》，我有一个体会：所谓经典学术名著就是一个场子，进去的人接过大师们的"话头"继续说话，或者叫"文本解读"，或者叫"我注六经，六经注我"，这里有无限的余地供你发挥自己的才华、想象力和精神力量。有的经典名著写得特别精致，比如康德、黑格尔、胡塞尔、海德格尔；有的经典名著像柏拉图和马克思写得不那么精致，但却有无限丰富的意蕴，它所暗示的问题和内容几乎是无穷的，它就是个场子，你进去说话，可以无限制地发挥才华和想象力。能够进入马克思哲学研究领域，我很幸运，为这件事永远要感谢孙老师。

书名

黑格尔与马克思政治哲学六论

作者

张盾　田冠浩

出版社

学习出版社

出版日期

2014 年 4 月

　　最近我刚完成我的美学书稿《从文艺美学到政治美学》，17 万字。这本书是我继《道法"自—然"——存在论的构成原理》之后又一次拼尽全力去完成的"生命作品"，以后我可能就不再写这种书了。全书内容分为三部分：第一部分批判近代以来的文艺美学，大意讲在本质意义上艺术已死，文艺美学是艺术的悼词，文艺美学的艺术崇高论和审美经验论这两个教条把艺术引入歧途；第二部分以中世纪为范本重新理解艺术的本质，艺术的原初本质是"可见之美对不可见之美的象征"，中世纪艺术是这一本质的最好范本；第三部分是回到政治美学，讲美学的原初形式就是政治美学，柏拉图最初创立的美学就是政治美学，只是他没有用"政治美学"这个概念，这个概念是我编的。那么什么是政治美学？就是美不以艺术之美为范本，而是扩充到艺术以外的政治之美、人性之美和哲学之美。马克思把"自由联合体中每个人的全面发展"当作对制度与人性的更高真理的彻底理解，以此恢复了柏拉图对最好政治和最美人性的思考，从这一点上来说马克思学说是一种政治美学，或者说是现代柏拉图主义。

王：您怎样看待您整个学术研究工作的内在一致性，您是否愿意对您的学术取向做一下总结？对于您的学术生涯来说，有没有什么特别值得回忆的东西？

张：我的学术研究工作没有什么内容上的内在一致性，不同的时期研究不同的内容和主题，赶到哪儿算哪儿。要说内在一致性，就是一生没变的对学术和哲学本身的热爱，对完美作品（不仅是自己的，也包括别人的好东西）的终生不变的迷醉。这也没什么特别崇高的意思，就是喜欢，就像每个人都有自己喜欢的东西，我喜欢学问和好作品。我也没有别的本事。

学术生涯特别难忘的东西，这辈子我写了 5 本书，发表了 80 篇论文，最难忘的就是《道法"自—然"——存在论的构成原理》和刚写完的这个《从文艺美学到政治美学》，这两个写出来以后觉得自己做出了自己可能做出的最好学问，没有虚度此生，就是这样。还有特别难忘的就是一些我的老师和朋友，李时岳老师、孙正聿老师、孙利天老师，还有赵汀阳。还有特别难忘的就是我有幸遇到的那些好学生，不能一一提到他们的名字了。

学术建议

王：您对现在的哲学学习者有哪些建议？

张：我想说，哲学是人文科学里最美、最壮丽、最"高处不胜寒"的一个学科，是文科所有学科里最挑战才智和消耗才华的一个专业，这是一。第二，哲学对一个文人来说是一个很好的行业，前提是你得适合做这个行业，因为它好，高大上，所以它门槛很高。所以我说这话是对少数人说，就是当你有能力做这个行当的时候，如果你到这个圈里谋生，那我认为这是一个不错的行业。这话好像布鲁姆说过。所以我选择哲学我不后悔，也可以说我拥有一个平凡而美好的哲学人生。大致是这样的。

寄语吉大

王：感谢您在百忙之中接受采访，今年是吉林大学建校七十周年，您有什么特别的话想对母校说吗？

张：我想说感谢母校，衷心地感谢母校！吉林大学走了七十年，尽管她经历了种种曲折，也有不尽人意的地方，但我还是深深地热爱她，衷心地感谢她。因为她接纳了我，让我受到高等教育，给了我系统的学术训练和幸福的学术人生。所以衷心地祝愿母校更好、更灿烂、更辉煌。

　　吉林大学哲学系自 1958 年建系以来，培养了一批又一批"爱智求真敢问真"的学者，他们走向全国各地，为开创和繁荣我国的哲学社会科学事业筚路蓝缕、笔耕不辍。今适逢吉林大学七十华诞，本平台特开设《吉大七十·哲林人物》栏目，刊登一系列吉大哲学优秀系友专访。忆往昔峥嵘岁月，叙今朝母校情深，展未来踌躇满志……

中国需要正义理论

——访姚大志教授

姚大志，男，1954 年生，吉林省长春市人，哲学博士。现为吉林大学哲学社会学院教授，哲学系主任，教育部哲学学科教学指导委员会委员副主任，中国现代外国哲学学会常务理事。1999 年获宝钢优秀教师奖，2002 年获国务院特殊津贴。2005 年当选吉林省首批高级专家。1994—1995 年作为访问学者赴美国伯克利加利福尼亚大学进修，2004 年 2—8 月作为高级研究学者在美国哈佛大学从事访问研究。

姚大志教授长期从事政治哲学研究，并发表大量的相关成果（其中包括专著、译著和论文），是我国政治哲学研究的主要开创者和推动者之一。其主要著作有：《正义与善——社群主义研究》《罗尔斯》《当代西方政治哲学》《何谓正义：当代西方政治哲学研究》《现代之后》《人的形象》《现代意识形态理论》等。译著有：《被检验的人生》（诺奇克著）、《作为公平的正义——正义新论》（罗尔斯著）和《无政府、国家与乌托邦》（诺奇克著）等。近年来，姚大志教授的主要研究领域是正义理论以及分配正义问题，所发表的《分配正义：从弱势群体的观点看》等系列论文在学术界产生了较大反响。其代表著作《现代之后》获得第三届中国高校人文社会科学研究优秀成果奖著作类二等奖。

采访时间：2016 年 9 月 7 日
采访地点：姚大志老师家中
采 访 人：张茜（以下简称"张"）
采访对象：姚大志教授（以下简称"姚"）

结缘吉大

张：姚老师您好，很荣幸能代表"反思与奠基"网站和《哲学基础理论研究》编辑部对您进行访谈。能否谈谈您是如何与吉大结缘，又是因为什么而选择哲学专业的呢？

姚：首先，应该说我算是比较幸运。我到吉大读硕士研究生，毕业后就留校任教了。我说自己幸运，原因有两个：一是我没有读过本科，但是最后在吉大做了一名哲学教师；二是我也没有专门学过外语，但后来有幸去了全世界最好的公立、私立大学学习。所以，在这个意义上，我说自己比较幸运。

生活照

其次，我选择哲学系，最主要的原因还是因为自己喜欢。在那个年代，能够满足自己读书要求的专业也不算太多。1972 年到 1981 年这十年，我一直在原来的长春地质学院工作。1981 年底，我同 77 级本科一起考吉林大学哲学系，所以要按辈分，我也应该算 77 级。那时候哲学没有现在这么严格的分类，我当时读的都是一些经典，比如斯宾诺莎、黑格尔等。后来考研究生考的也是西方哲学专业，并于 84 年底毕业后留校至今。

师生情谊

张：我们都知道您读书时师从著名哲学家邹化政先生，在跟邹老师学习期间您有哪些难忘经历？他在哪些方面对您产生了重要的影响？

姚：我自己觉得有很深印象，对我也有很大影响的主要就是我的导师——邹化政教授。那时候，我们会经常到他家里去。邹老师是一个很有意思的人：他不会聊天，要说起家常，他就坐在那静静听着，偶尔应一两声；他又滔滔不绝，谈及学术，他就会一直跟你讨论，直到你离开他家为止。所以我每次去邹化政老师家，几乎都会跟他讨论问题。比起课堂，跟他的这种个人之间的讨论对我的影响更深。这其中主要的原因就在于，我们会就看书所涉及的问题展开几乎涉及哲学所有领域的讨论。通过讨论我发现了邹老师最大的特点——他对传统哲学的每一个领域所关涉的细小问题都做过非常仔细的研究和思考。对于他们这一代学者，这一点非常难能可贵。可能正因为此，邹老师才能够在国内学界享有如此高的声望。这是导师对我影响最大的地方，他促使我更仔细地研究和思考传统哲学的所有问题。

学术探索

张：我们都知道近 20 年来，您在政治哲学领域投注了大量的精力，做了很多有影响力的研究，发表了诸多既具开创性、又有开创性的学术成果。如今，您从事哲学理论研究已 30 余载，在个人的学术生涯中，您的研究是否有过一些重要的转向？请谈谈您的学术经历，和您认为自己最具影响力、最有意义的研究成果。

姚：我个人的学术生涯大体上分三个阶段。20 世纪 80 年代初主要研究斯宾诺莎，我的硕士论文也是做的这个方向。80 年代末到 90 年代初研究意识形态理论，那也是我的第一个国家社科基金项目，结项后出版了《现代意识形态理论》这本书。90 年代初至今，我做的工作的主题就是政治哲学了。

要说成果，目前我自己做的工作，最重要的且最有影响的应该是《现代之后》这本书。说这本书重要的原因就在于，90 年代初，我自己有一个粗略的看法。那时我一直在讲授现代西方哲学这门课，而分析哲学、现象学讲到 20 世纪六七十年代就为止了。但是我自己隐隐觉得 20 世纪晚期，西方哲学跟之前已经有了明显的变化，只是这种感觉还不明朗。在此之前，欧陆哲学就是现象学，英美哲学就是分析哲学。1994 年去伯克利学习，在那里工作了一年，读了很多的书，也去课堂听课，同时还同那里的教授、学生有一些交流，这个时候我自己对于西方哲学出现的一些变化开始有了一个清晰的认识。后来，我在《现代之后》这本书中将我自己对这种变化的理解表达了出来。这个变化，现在有人说是政治哲学转向。

2008 年参加韩国第 22 届世界哲学大会

在那本书的上半部"政治与历史"中，我首先讲了政治哲学的问题，介绍了我所认为的一些最重要的问题；在下半部"现代与后现代"中，我主要探讨了现代与后现代的一些争论。这是基于我自己的一个理解，西方当代哲学，英美哲学的新变化是 70 年代后政治哲学的兴起，而欧陆哲学的新变化则是现代和后现代之间的争论。《现代之后》这本书把我从 20 世纪 90 年代初开始的近十年的思考表达了出来，同时这本书也产生了相应的影响。很多学生要了解西方哲学的现状，从中文文献大致只能通过这本书来获得。2000 年之后，我所做的工作就比较专门了，几乎都是在政治哲学正义理论这个框架之下。这其中有关于个人的研究，像《罗尔斯》这本书；有整个政治哲学的研究，像《现代西方政治哲学》《何谓正义》这些书；还有关于专题的研究，像《正义与善》这本书。最近一些年，我发表了关于分配正义问题的一系列文章，受到了学术同行的关注，同时也引发了学术界的一些讨论，大家也意识到了这是一个很重要的问题。

张：您是国内最早以政治哲学作为主要研究方向的学者，当时您是如何敏感地捕捉到这个方向的？

姚：这是因为我自己一直以来对这个领域感兴趣。你比如说，20 世纪 80 年代末到 90 年代初我做的意识形态理论研究，这个研究的最重要的、最大量的内容就是西方马克思主义。在意识形态领域中，最有建树的人物当属葛兰西、卢卡奇，以及法兰克福学派的马尔库塞、哈贝马斯。那个时候通过研究意识形态理论，我开始接触这些人物。从现在的视角看，他们本质上也是一种政治哲学，他们所做的工作其实就是马克思主义的政治哲学。他们剖析当代资本主义社会，继承了马克思哲学的批判维度。在这个意义上来讲，他们其实也是政治哲学。所以我后来的工作，是从这里出发延续而来的。

书名

现代之后——20 世纪晚期西方哲学

作者

姚大志

出版社

东方出版社

出版日期

2000 年 12 月

　　但真正开始对政治哲学做专门的研究，肯定是同我在伯克利做的工作、读的书密切相关的。罗尔斯的《正义论》之前也读过，但是我发觉国内学界对罗尔斯《正义论》这本书的理解有失偏颇。《正义论》的中译本在 20 世纪 80 年代就出版了，国内也有很多人读过，但是在国内它被视为一部伦理学著作，人们也都是从伦理学这个角度来阅读和理解罗尔斯的《正义论》的。我在伯克利回过头来再读罗尔斯的《正义论》时意识到不是这样的——这主要不是一本伦理学的书，而是一本政治哲学的著作。它不仅仅是一部政治哲学的著作，它还为政治哲学开启了一个新的纪元。在有了这个想法之后，我觉得这种政治哲学同中国社会目前的状况有高度的相关性，中国社会确实需要某种正义理论。所以从 1995 年回国之后，就非常明确了，我自己无论是在会议上，在课堂上，包括所写的文章主题，都完全转移到政治哲学，集中到正义理论上来了。特别是现在中国社会面临着变化，面临着所谓转型，在这个时候，正义理论能够为我们提供某种参照，甚至某种指导。所以近 20 年来，我把自己所有的精力都用在对这个领域的研究上来了。

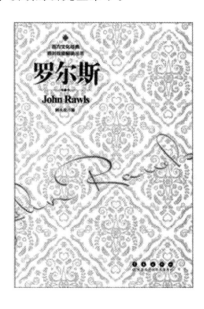

书名

罗尔斯

作者

姚大志

出版社

长春出版社

出版时间

2011 年 11 月

　　我说一件事情你就清楚了。外国哲学每年都有年会，1996 年的会议是在桂林开的，会议的主题是新实用主义，主要讨论罗蒂。那时外国哲学协会的会长是涂纪亮先生，他知道我刚从美国回来，就希望我能在会上发言，讲一讲。因为我自己对新实用主义没有什么兴趣，所以我也没有给大会提交论文，也没想做发言。但是涂先生坚持让我讲，我就跟涂先生说，没问题，但我对新实用主义不感兴趣，我要讲我感兴趣的东西，我认为有意义的东西。这个东西就是政治哲学。所以那个会上我就做了一个发言，他们都讲实用主义，只有我讲了我认为现在美国，乃至整个西方出现的一个新的趋势、新的潮流——政治哲学的兴起。那也许是国内学术会议上第一次有人讲政治哲学。会后讨论下一年的外国哲学年会在哪里开，当时邹铁军老师也在，我们就说，我们吉林大学来办吧。当时的秘书长是贾泽林先生，贾先生就问我主题是什么，我就说，主题就是政治哲学。所以1997 年的 8 月，吉大在吉林省抚松县的仙人桥主持召开了主题是政治哲学的会议。这是中国第一次专门的政治哲学的会议。外国哲学的会一般大家都争着抢着发言，主办方往往为了安排谁发言而非常苦恼。但那次会上发言的人很少，很冷清，就那么三四个人讲。当时国内最主要的一些大学都有教师来参加这个会议，尽管大家当时都不太了解，但大家都意识到了这是一个重要的问题。这样一来，后来的几届外国哲学年会，几乎都是讨论政治哲学了。每一次会议上罗尔斯都是主角，不论会议的主题是什么，大家都开始关注政治哲学了。

参加国内学术研讨会

国外访学

张：您刚才谈到了自己出国访学的经历，在伯克利加利福尼亚大学和哈佛大学留学期间，发生过哪些有趣的事情和您至今难忘的经历？

姚：1994 年，我在伯克利学习，我所属的研究所所长在了解了我的学术工作后，跟我推荐了两个人的课程。一位是历史系的教授马丁·乔伊，他是英语世界的欧洲战后思想的专家，对法兰克福学派、法国存在主义都有非常深入的研究。另一位就是伯纳德·威廉姆斯，他所教授的主题与我的兴趣相符。但后来我去上他的课时，人少得出乎我的意料。因为他在当时已经是非常有影响的道德哲学家和分析哲学家了。那个时候最有影响的分析哲学家几乎都在伯克利：像戴维森，他的课听的人很多，甚至会有些资历很深的教授坐在前排；像塞尔，他的课都是在大的阶梯教室，他讲心灵哲学一般都有几百人去听课；相比之下，威廉姆斯的课却在一个十分不起眼的小教室，只有六七个人围坐在他身边。我觉得很奇怪，同样都是很有影响的哲学家，相比之下听威廉姆斯课的却非常非常少，现在回想起来也依然觉得很有意思。特别是后来 2004 年去哈佛，桑德尔讲正义理论的课程，平均每年大致有 700—900 人修他的课。那个时候哈佛学院每一届大致有 1300 名本科生，他的课堂人尤其多。再回想起威廉姆斯的课程，你就会发现，人少不能说这门课程不重要、不好或没有价值。特别是最近一些年，无论是中国还是西方，都有很多人关心威廉姆斯，做他的研究的人也越来越多。我 1994 年去伯克利的时候，国内几乎没有人知道他。直到当时我们东亚研究所的所长魏克曼（美国最好的汉学家之一）给我介绍了威廉姆斯，我才知道了这个人，了解了他的工作，知道了他的重要意义。实际上，在 20 世纪 60 年代之前，整个道德哲学和政治哲学都是功利主义一统天下，改变这种局面的最主要的两个人就是罗尔斯和威廉姆斯。他们两个从 20 世纪 60 年代开始批评功利主义，使大家认识到功利主义有很多缺陷，也促使当代在道德哲学领域里，越来越多的人开始从康德的道德哲学中寻求思想资源。

至于留学期间的难忘经历，我到伯克利去，首先对那个学校感觉很好，至今我也认为它是一所很好的学校，我非常喜欢伯克利。我刚才说我去过两个最好的学校，最好的公立大学和最好的私立大学，就是伯克利和哈佛。从我个人的角度来讲，我更喜欢伯克利。那个学校非常有意思，学校南门附近有个小广场，几乎每天都发生各种各样的事情。那里的学生思想非常活跃，包括老师也是这样。那里经常有各种各样的讲座，各种各样的报告会，各种各样的课程。整整一年的时间，我都在那里学习，非常得忙。从早晨出门就去课堂听课，下课又去图书馆找书看，一直到晚上回来。现在想来什么最难忘？我想最难忘的应该就是当时那种状态。这可能跟年纪有关系，因为那个时候精力充足，可以非常努力地工作。当时晚上要读从图书馆找回来的书，一书包的书，读得很快很快。可能有十本书，其中五本晚上都要翻过一遍。为什么呢？因为要决定哪些第二天是要复印

在哈佛大学访学交流

的。所以我在伯克利的时候复印了好多好多的书。就是这样，从早晨到晚上，满满的都是工作。现在很怀念那个时候，原因也在这儿，那时候有那种热情，也有那种能力来学习。在伯克利时，我听课、听讲座、办公都在不同的地方，所以我天天在哲学系、政治学系、东亚研究所三个地方来回转。相比之下，后来到哈佛的时候，就没有在伯克利时那么充沛的学习精力了。

张：西方哲学经历了历史的沉淀，已有过多次主题的转换。您认为近年来当代西方哲学有什么值得关注的重要变化和发展趋向？具体到政治哲学领域呢？

姚：大变化就是我在《现代之后》这本书里所说的，英美世界开始转向研究政治哲学，欧陆哲学则聚焦于现代、后现代的争论。近些年来，欧洲大陆也开始关注政治哲学，政治哲学成为了全世界关注的焦点。宏观上来看，20世纪70年代以来西方哲学的最大转变就是从传统的理论哲学向实践哲学的变化。这是一个总的格局，20世纪七八十年代后，实践哲学越来越受到关注，这方面的新成果也越来越多。以关于权利的研究为例，20世纪70年代就是一个分水岭。70年代以前，关于权利的著作寥寥，但70年代后出现了越来越多的文献，总数甚至达上千本。从这就可以看出一个整体上的学术变化。70年代之后，人们越来越关注这些主题，研究的人员越来越多，研究也越来越深入，也出现了各种各样的分化。相比之下，人们对于传统的理论哲学的热情衰退了。近些年来，理论哲学也鲜有那些产生很大影响的著作了。这两个实际上是一件事情的两个方面。因为只有研究深入了才会出现很多重要著作。罗尔斯发表《正义论》后，出现了大量的回应文献，像诺奇克、德沃金、沃尔泽的书，同时也获得了自由主义、社群主义和共和主义的共同关注。很多人认为非常有意思、非常重要的学术著作都在这个阶段发表出来了。但是，传统哲学的一些领域，比如分析哲学、现象学，在20世纪70年代后有重要影响的著作却寥寥无几。所以70年代之后，欧洲能够在全世界产生影响的哲学家，其实主要就是福柯、哈贝马斯。

在德国参加学术交流会议

具体到实践哲学，20世纪70年代以来，大家关注的都是政治哲学，争论也都发生在这个领域，也就是我们现在熟知的自由主义、社群主义和共和主义。至于新的方向，我自己觉得，今后道德哲学可能会受到越来越多的关注。政治哲学这个领域通过30多年的讨论，它所涉及的问题已经非常广了。政治哲学有没有一些新的领域呢？就是说现在大家比较关注的一些新的趋势呢？也有一些，这就是全球正义的问题，这个领域最重要的两位研究者，一个是博格，一个是贝斯。近些年还有一些较年轻的学者也开始对这个领域感兴趣。这是一个重要的转变：原先大家关注正义问题都是在国内正义这个层面，但近些年来全球正义开始得到越来越多的重视。

实际上，道德哲学与政治哲学也高度相关。比如最近一二十年，在政治哲学领域得到广泛讨论的运气平等主义的问题。在运气平等主义的讨论当中就涉及到了一个问题，就是怎样来理解人和行为之间的关系。通常我们认为，人没法对运气负责，而只能对自己的选择负责任。自然天赋和家庭环境作为一种运气，都是我们不能左右的。那么运气平等主义就要做出一个区分：如果你处于不利地位应该归咎于运气，那么国家就应该给你补偿；如果你需要为此负责，那么国家就不应该给你补偿。运气平等主义所做的这种关于运气和责任的区分，实际上涉及道德哲学的一个很重要的问题，就是人对自己所做的事情到底有没有责任，如果有，是在什么意义上有。这实际上就是道德哲学上人到底有没有自由的问题。如果人没有自由，人所做的事情都是决定论的，那么运气平等主义要求人为自己的行为负责的观点就很难站住脚了。这方面会有很多很有意思的问题。

学术建议

张：您先后在很多重要学术刊物上发表了很多有重要影响的文章，能否从您的切身经验出发，谈谈您对哲学系的青年学者和在读学生有些什么具体的学术方面的建议？

姚：对于青年学者和哲学初学者来说，首先，我觉得最重要的事情就是他们应该把自己的精力放在那些实质的、重要的哲学问题上来。这个建议的核心就是你关注什么样的学术问题。哲学学科讨论的问题有很多，我自己的切身经验来讲，你比如政治哲学领域，讨论的问题非常多，进入这个领域也有很多途径，可以从罗尔斯入手，也可以从斯特劳斯入手，还可以从阿伦特入手来学习政治哲学。但是，如果要我来提供建议，那么我会建议大家从罗尔斯入手来学习政治哲学。为什么呢？因为这涉及我说的"实质"这个词的意思。当代政治哲学的框架就是罗尔斯塑造的。你只有从他入手，才能够理解当代政治哲学在争论些什么问题。但如果从斯特劳斯入手，你会误解当代政治哲学。

书名
无政府、国家和乌托邦

作者
［美］罗伯特·诺奇克

译者
姚大志

出版社
中国社会科学出版社

出版时间
2008 年 4 月

　　第二个建议，就是无论他们想要研究什么问题，他们都必须站在前沿这个高度来加以研究。你研究的问题可以是很古老的问题，可以是哲学史上的问题。你可以研究康德，也可以研究亚里士多德，只要是根据你的兴趣所做的研究，都很好。但是在研究康德、亚里士多德时，你要站在今天的这个高度来研究他们。这就是说你要做的研究要有前沿性。你的前沿性来自于哪里？来自于你感兴趣的主题在近期所产生的最新的研究成果。你只有站在这些成果之上，站在今天这个学术水平之上，你才能做更好的研究，即使你研究的对象很久远。前沿性指的是你做学问的方式和态度，而不是你做学问的那个主题。

　　第三个建议，就是在写文章的时候一定要注意清晰，一定要清晰地思考问题，清晰地将文章表达出来。而文章清不清晰，与你考虑得是否清楚直接相关。我个人认为，你写的文章不清楚，是因为你没有考虑清楚。在写文章时，清晰是很重要的，但是这一点有的时候又很难做到。只有先想清楚然后才能够清楚地表达出自己的想法。这就是我想对青年学者和哲学初学者说的一些自己的切身体会。

吉林大学哲学系自 1958 年建系以来，培养了一批又一批"爱智求真敢问真"的学者，他们走向全国各地，为开创和繁荣我国的哲学社会科学事业筚路蓝缕、笔耕不辍。今适逢吉林大学七十华诞，本平台特开设《吉大七十·哲林人物》栏目，刊登一系列吉大哲学优秀系友专访。忆往昔峥嵘岁月，叙今朝母校情深，展未来踌躇满志……

行者的追求

——访邹诗鹏教授

邹诗鹏，男，1966 年生，湖北恩施人，湖北民族学院中医专业毕业后，在家乡一基层卫生院工作 4 年。1990 年考入吉林大学哲学系，先后

获哲学硕士（1993 年）、博士学位（1999 年），导师均为张维久教授。1999—2001 年在武汉大学哲学系从事博士后研究，系国内首批哲学博士后，曾任教于东北师范大学政治系（1993—1999 年）、华中科技大学哲学系（2000—2005 年），并任系主任等职。2002 年 2 月任教授。2003 年下半年赴美访学研究。2005 年 6 月调入复旦大学哲学系。现任复旦大学哲学学院教授，国务院学科评议组成员，教育部长江学者特聘教授，教育部重点研究基地复旦大学当代国外马克思主义研究中心研究员，副主任，全国经济哲学研究会副会长。

研究领域：生存论、唯物史观、社会政治理论、马克思主义理论史、国外马克思主义及其激进左翼理论前沿、社会理论与现代性、当代精神文化分析、民族国家问题研究。近期主要研究兴趣：当代虚无主义、唯物史观与启蒙、古典社会理论与现代性、空间转向与激进社会理论研究前沿、中国道路与中国社会现实分析、中国多民族国家问题研究。著有：《实践—生存论》《生存论研究》《人学的生存论基础》《全球化与存在论差异》《激进政治的兴起》《转化之路——生存论续探》《国外马克思主义研究报告》（2007 年、2008 年、2009 年）、《Rethinking Marx》（Washington, D. C., 2007），《Communication Across Cultures：the Hermeneutics of Cultures and Religions in a Global Age》（Washington, D. C., 2008）。另在《中国社会科学》《哲学研究》《新华文摘》《学术月刊》等发表或转载重要论文 150 余篇。

采访时间：2016 年 9 月 14 日
采 访 人：刘茜（以下简称"刘"）
采访对象：邹诗鹏教授（以下简称"邹"）

结缘吉大

刘：邹老师，您好！非常感谢您能在百忙之中接受采访。我很荣幸能代表吉林大学"反思与奠基"网站和《哲学基础理论研究》编辑部对您进行采访。在您的个人履历中，有一个特别的细节，就是您曾习医并行医多年，随后才转入哲学专业学习。您能否为我们讲述一下，是什么原因让您由医学投身到哲学的研究中的？

邹：噢，"痛说家史"啊！这是我早年的经历，考入吉林大学硕士生以后，师生们还时常提起，刘福森老师还送我一个外号"小大夫"，在当时就传开了，很有趣。每个人进入哲学的方式都不一样，不同代际也不一样，一代人可能会有一种基于时代背景的相似性，常常也是一种谈资，但对后来者未必一定有太大意义，就当一种趣闻吧。我是在 20 世纪 80 年代较为浓厚的启蒙思想氛围下对哲学发生兴趣的——我常常戏称自己是 80 年代"文化热"的"牺牲品"。我在大学读的是中医大专，高考体检以及录取时运气实在不佳，因此在大学时期即在想着如何改变命运，在大学期间以及大学毕业后，我的兴趣实际上已经从对中医理论的学习转移到了哲学的自学，并接触过不少哲学著作，从《自私的基因》《存在与虚无》《精神分析引论》到《存在与时间》《形而上学》《小逻辑》《精神现象学》《历史的观念》，其中大多没能读懂也不太可能读懂，但感到里面大有究头，连带着思考中国的历史与现实。跟我现在已经开始对中医展开哲学性质的自觉与体悟截然不同，当时是一门心思想从临床医学转为较为悠闲的专业哲学工作。但在当时，要从一介乡镇"小大夫"转为专业哲学研究工作者，谈何容易！只好硬着头皮考研，而且那个时候中国的大多数基层单位对考研并不支持（也较难想象能够成功考取），要费很多周折。我这个人，一旦定下目标，便会矢志不移地去做，其间确实吃了很多苦，经过了不少折腾与磨难，还报考过中医学史专业的研究生，但未遂。不过运气总还不错。1990 年，在我被明确告知只有最后一年考研机会之时，终于考取了我所心仪的吉林大学哲学系硕士生。如果不是吉大，我无法设想此生该是什么样的生涯。我清楚地记得，当时吉林大学哲学系的邹铁军教授（这位令人尊敬的先生现已去世，我是通过联系他报考吉林大学的）给当时还在山区工作的我发了一封电报，只有简单的四个字"已被录取"。可以想象我当时的激动心情！这四个字意味着梦想成真，意味着我居然可以有足够的时间精力从事我梦寐以求的哲学研究了，安能不兴奋？如此兴奋劲，此前的人生中从未有过，此后的哲学职业生涯里，虽也有收获与喜悦，间有波澜和挫折，但与此经历相比，也多属平淡。就个人命运而言，毫无疑问，我有太多感谢，但理应把最重要的感激献给吉林大学哲学系，亦当努力有所回报！

这就是我当初的转行之路。我以为读哲学专业是很奢侈的，我自己十分珍惜。所以，在进入吉大学习哲学专业之后，对于不少看低哲学或断言哲学不是一个好专业的观点，我从内心是完全不以为然的。在我看来，问题真得弄清楚：到底是哲学专业不好呢，还是我们这些从事哲学的人把哲学弄成了不好的专业呢？

师生情谊

刘：您在吉大求学期间师从张维久先生，曾有文章这样评价张维久教授，"著名哲学教授张维久先生""……在治学与科研工作上，在哲学系与现代哲学所的创建上，均作出了重要贡献"。那么，在您的印象中张维久先生又是怎样的一位老师？您在老师身上学到的受用终生的是什么？

邹：吉林大学哲学学科名师辈出。我在那里读书期间，正是高清海先生后期那一段思想成果迭出、影响巨大的时期，在学问及其做人方面，毫无疑问我受到了高清海先生的影响。我并非高先生"正室"弟子，但在对我的培育及教化方面，先生却用心甚多，也是得其亲炙，那时候我经常登门讨教，常常一连数个小时而不倦。至于博士论文，更是直接凝聚着他的心血，且得其嘉许，也是实实在在的导师，所以学界一些同人也把我认作高先生的博士生。

20世纪八九十年代，吉林大学哲学系集中了一批优秀的先生。高清海、舒炜光、邹化政、车文博、张维久先生均是国内具有重要影响的哲学家，而孟宪忠、邴正、孙正聿、孙利天、姚大志、王天成、李景林、刘少杰、葛鲁嘉等后辈学者的崛起，则令国内学界瞩目。1991年风华正茂的孙正聿老师回到哲学系执教，应是吉林大学哲学学科快速发展的一种标志。继高清海先生之后，孙正聿、孙利天、贺来等继续引领吉大哲学特别是马克思主义哲学学科的发展。

关于张维久先生，我很愿意多说几句。先生对我本就有知遇之恩。当年硕士生面试时，因我系外专业考入，当时决定录取时，导师组是存在一些顾虑的，是张维久先生定夺决定录取我并亲自带我，而我在工作几年之后再次师从他攻读博士，师生情笃。今天年轻一代的同学对这位老先生不是那么了解。张维久先生生于 1933 年，与高清海先生先后就读于中国人民大学研究生，二人是十分要好的朋友和同事，保持终生友谊。在人民大学期间，张先生读的是商品学，回到吉林大学以后因学科调整到哲学教研室，在刘丹岩先生的指导下工作和学习。他也是吉林大学哲学学科的开创者之一，创系过程十分艰难，张先生应是目前唯一健在的哲学系建系元老了。先生长于马克思主义哲学原著及马克思主义哲学史的研究，他的著述及文章并不多，但有着深厚的马克思主义哲学史及其原著的素养，我近些年来做马克思主义理论史及其原著研究，同先生那时给我们打下的学养基础是很有关系的。张维久先生曾担任吉林大学现代哲学研究所所长，吉林省哲学学会会长。张维久先生为人宅心仁厚、开阔大气、公道正派，是一位高明的倾听者与对话者，更有很高的实践智慧，用现在流行的话说是情商甚高，在这些方面我自感也得到他的一些教益。张先生在学界拥有很大的影响，也有很好的口碑及人缘。20 世纪 80 年代末至 90 年代初的相当一段时间，吉大马哲博士点以高清海先生为主，张维久先生为辅，但这个"辅位"十分的必要且重要。事实上，主要是通过他的努力，吉林大学马哲博士点才得以度过 20 世纪 90 年代初的那一段艰难时期，很不容易。而在博士生培养方面，当时基本上也是高清海与张维久二位先生同时指导，张维久先生 1992 年评为博士生导师，是最后一批国务院评聘的博士生导师，而在此之前，他已经担负起博士生的实际的指导工作。所以，在相当长一段时期，凡是高清海先生的博士生，同时也都是张维久先生的博士生，即使是在张维久先生自己带博士生的时候，这种合作模式也没有改变过，我们都是这一培养模式的受益者。如此培养模式，在现如今已经成为了美谈。现在张维久先生常居北京与长春两地，其身体硬朗，心胸豁达，思路清晰且仍健谈。是的，他仍然抽烟，显然受到师母的管束，弟子们会不时地去看他，分享师生情谊和快乐时光。宋代诗人陈潜心写有一诗，其中有云"福备宜高仁者寿"，适合送给敬爱的张维久先生。

学术探索

刘：您是生存论研究方面的专家，在这个领域著述颇丰，影响也较大。能否为我们谈一下您有关生存论研究的缘起及其思路？

邹：这主要也要感谢吉林大学哲学系的研究基础及其创新传统。当时，在高清海、张维久、孙正聿等先生的指导过程中，同时也在同胡海波、田海平、贺来、徐长福、马天俊等学长、好友及其同学的闲聊及其交往砥砺过程中，我感到生存论转向问题值得研究，这也是关涉当时实践观、主体性、人学、价值论以及文化哲学等领域的深层次问题，而且也是我非常感兴趣的现代性问题的学理根源。此后的十年间，我一直在系统清理当代哲学的生存论转向，并结合对马克思哲学的存在论革命及其本体论变革的理解，提出马克思主义哲学的存在论即实践生存论，实践生存论作为一项理论创新，既渗透到诸如主体性、人学、价值哲学、文化哲学以及实践哲学诸领域，还拓展到美学、文艺学、文化理论以及教育学等学科，形成了较大的学术影响。2000 年，我跟随张曙光先生在华中科技大学展开了较系统的生存哲学研究，这一研究在当时被看成是马克思主义哲学及其哲学基础理论研究的一种创新尝试，算是这一时期涌现的人学、价值论、生存论研究范式之一种。我自己有关生存论的研究也仍在深化中，大约 2003 年左右，我开始从生存论阐释中国文化传统及其流变。在我看来，生存论与存在论，正是中西文化传统的存在论差别所在，面对西方语境中的生存论转向，东方传统尤其是儒家传统应当有足够的理论自觉，并积极地推进中华文化传统的现代阐释与转化，马克思主义中国化，作为中国文化传统现代转化的最积极的方面，也当从生存论维度进行阐释。

生存哲学或哲学生存论研究，是世纪之交在中国形成的新的研究领域。事实上，正是随同国内一批志同者的艰辛探索与努力，生存论研究这一一度边缘且陌生的领域，终于成为国内哲学研究的"显学"。这的确要感谢一些哲学前辈特别是高清海先生的大力支持，也要感谢同人群体的相互激励；而若干批评，也对深化和开放本领域的研究起到了积极作用。

刘：听老师们讲，您总是追求学术理论的开拓与创新，且总是能够站在学术研究前沿。从简介中能够看到，您目前正在从事多个领域的研究，看上去铺得很开，你从吉林大学毕业之后，去过武汉，然后又去了复旦大学，能否就这些年您所取得的成就作一个介绍。

邹：我愿意做一位行者，多为劳绩，不愿谈所谓"成就"。

我 1999 年离开长春去武汉，先在武汉大学哲学系做博士后研究，后调往华中科技大学。在开展哲学生存论研究的同时，也协助欧阳康与张曙光二位先生创办一个专业哲学系，后担任系主任等职。在 2005 年调入复旦大学哲学系（复旦大学哲学系 2006 年升格为复旦大学哲学学院）之后，我的研究又发生一定的变化，具体地说是从生存论研究向更宽的论域拓展与深化，这一变化是内在的，而不是形式的转变，而且也算是在吉大期间形成的一些问题意识以及学术论域的延续和拓展。

我有自己的学术判断。总的说来，当今中国，哲学社会科学研究大有可为，大体说来，在西方当代人文社科学术多已满足于现代性及其理性化沉淀下的规范模式时，当代中国则因其复杂的内、外部境遇及其现代文明建构任务，哲学理论研究更为多样、滞重而艰巨，也给中国的哲学理论研究者提出了更高的要求。我个人则努力追求以学术理论的方式呈现时代的深度、丰富性及其历史自觉，激发理论想象，推进学术理论的创新与创造，反躬内省，拒绝自满，追求超越与自我超越，格局要够，研究要实。大约十五年前，我便很不愿意陷入某种已经模式化的生存论话语系统中，而是致力于相应的拓展与深化，其中现代性问题研究的特征特别自觉，可以说是一个总的抓手。你看到我目前的研究领域有些宽，但其实都是有序的。具体而言，我目前的研究主要在如下四个方面展开。

第一个方面是深化哲学生存论研究，开展虚无主义的专题研究。2013 年出版专著《转化之路——生存论续探》，此著揭示现代生存论何以不同于存在（BEING）传统之生成（BECOMING）传统及其渊源，揭示生存论何以构成唯物史观的理论环节，阐释马克思主义中国化与中国传统的现代转化之间的内在关联。虚无主义则是生存论在实践及实际层面的拓展，是我这些年投入较大的研究领域，目前国内一批同人也在致力于这一问题的研究。近些年我在这方向发表了一些论文，引起了不少关注，今年即将出版一部虚无主义研究的专著，敬请方家批评。第二个方面是展开思想史理论史以及社会政治哲学视域中的马克思主义哲学研究。在这一方面，已出版《激进政治的兴起——马克思〈德法年鉴〉时期政治与法哲学批判手稿的当代解读》，并即将出版专著《从启蒙到唯物史观》，前后发表了一批重要论文，并主编《思想史视域的马克思主义研究丛书》，目前已经出版 6 部著作，有《青年马克思与启蒙》《唯物史观与历史主义》《重释人的解放》等。国内一批同人也在致力于本方向的研究，比如张盾先生就很具有代表性。目前，社会政治哲学及其思想史视域的马克思主义哲学研究，已经成为国内马克思主义研究及其人才培养的重要方向，也是我所在的复旦大学马哲学科发展的重点方向。在这一方向上，我们欣喜地看到，国内一批青年学人正在成长起来。第三个方面是国外马克思主义及其激进理论前沿方面的研究。到复旦大学之后，我及一批同人承担了学科重大项目"国外马克思主义研究年度报告"，研究过程中我们对国外有关前沿有了较为全面而深入的把握，并形成了一些重要的研判，最近几年来我致力于研究国外马克思主义及其激进左翼理论前沿的若干主题，如新帝国主义、空间转向、身体理论、生命政治学的兴起、斯宾诺莎复兴等主题，如此前沿性的研究，对于提升基础理论及其现实问题的研究总是有益的。第四个方面是展开中国道路的研究。对于当代中国哲学学人而言，都有必要以自己的方式研究中国问题。我探索的问题主要包括：中国道路的文明性质；中国道路与中国实践哲学；中国道路与世界历史逻辑的重建；当代中国社会思想状况分析；中国精神的历史形成及其现实呈现；当下中国社会建设与制度文明建设。目前特别致力于探讨现代中国多民族国家的重建问题，这里面值得探讨的问题甚多，还需要真正意义上的跨学科研究与哲学性质的探讨，也就越做越有意思，当然也的确感觉到精力有些顾不过来。

学术建议

刘：听上去您现在的学术面铺得确实够宽的，研究的强度也蛮大，你对以后的学术生涯还有什么考量？另外，我们注意到，您曾先后在多个时期同时担任行政、教学与科研的领导工作，你是如何兼顾和协调的呢？因为目前在很多高校教研、科研和行政的"三重任务"似乎成为了部分高校青年教师们职业发展上的"拦路虎"，而苦于无力协调？你能否在此方面给青年教师们一些建议？

邹：是啊，我与同事孙向晨院长开玩笑，说我一直在打洞，打游击。向晨回说：没事，等打到一定程度就通了。这话当然有理，但打不打得通还得看火候，还有就是运气。目前还得打洞，而且尽可能打深一些，让后来人继续做的时候有一定的基础，而不是狼藉一片，因此还须用力用功且要得法，不过已经有一些豁然之感了，因此就总有一些欣悦感。因为要全力以赴，所以就要尽量少做无谓的折腾，我致力于做尽可能大气开阔的学术，但尽量选择小众的生活，也尽量少迎合时语，学术生命总是有限的。当然，在诸多方面，其实还是可以培养后来者来做的，我在研究生培养上就特别上心，碰到好的苗子，培养个十年八年，总可以做出不错的学问来。

至于行政、教学与科研三重任务的协调经验，我的确钦佩那些能够很好协调这三者关系、且学术做得像模像样的学者，他们不仅作出了很大的贡献，也付出了特别的辛劳，但我自己却没有这种能力。在我的经历中，实际上是尽可能避免陷入科层化且越来越繁杂的学科建设与管理事务，除早年在基层医院做过一些行政管理工作外，在我的学术职业生涯中只有五年左右的时间在兼做院系管理工作，其他时间大都集中于科研与教学主业。现在所兼做的一点协调组织工作，主要而言是学科性质的，谈不上分心，复旦的学术传统还是比较注意保护学者的专业志趣的。

从早年一介中医转入哲学门，迄今已有 26 年，诸多艰辛与劳绩，系于感念。对于前路，我仍然选择力行，行者应无疆，这一时代的哲学恐怕也有必要超越其看上去确定无疑的大学及其学院化视域。与此同时，一个人恐怕还应当做所在年龄应该做的事情，年过五十，自然知道"有所为，有所不为"的道理，无为亦为行。面对学术传承，更当选择清醒与谦卑：
后来者必定会走得更远！

寄语吉大

刘：今年是母校建校 70 周年，请您为吉大以及学子送上几句寄语。

邹：感恩吉大！

　　读经典、读世界这本大书，但最重要的文本或许就是你自己，此文本
的解读方式是践行：认识你自己，实现你自己。——与吉大学子共勉！

吉林大学哲学系自 1958 年建系以来，培养了一批又一批"爱智求真敢问真"的学者，他们走向全国各地，为开创和繁荣我国的哲学社会科学事业筚路蓝缕、笔耕不辍。今适逢吉林大学七十华诞，本平台特开设《吉大七十·哲林人物》栏目，刊登一系列吉大哲学优秀系友专访。忆往昔峥嵘岁月，叙今朝母校情深，展未来踌躇满志……

从主体性哲学到公共性哲学

——访郭湛教授

郭湛，1945 年 10 月生，黑龙江海伦人。哲学博士，中国人民大学荣誉一级教授，享受国务院政府特殊津贴。现任教育部社会科学委员会哲学学部委员、学部秘书处秘书长，中国辩证唯物主义研究会副会长，被授予北京市优秀教师和全国模范教师称号，曾任《中国人民大学学报》主编、中国人民大学马克思主义哲学研究中心主任。

郭湛教授 1964 年考入吉林大学哲学系本科哲学专业，1969 年毕业。曾先后在黑龙江省伊春地区师范学校、伊春教师进修学校、中共长春市委党校任教。1978 年考入中国人民大学哲学系，1981 年硕士研究生毕业，获哲学硕士学位。1983 年留校任教，1984 年起为在职博士研究生，1989 年获哲学博士学位，1992 年起任中国人民大学教授，主要研究方向为马克思主义认识论、历史观和文化观。在中国人民大学，先后参与了萧前教授等主编的《辩证唯物主义原理》《历史唯物主义原理》，李秀林教授等主编的《辩证唯物主义和历史唯物主义原理》的编写或修订工作。主要著作有：《中国现代化之哲学探讨》（主编之一，人民出版社 1990 年版）、《人活动的效率》（人民出版社 1990 年版）、《思维世界导论——关于思维的认识论考察》（主编之一，中国人民大学出版社 1992 年版）、《哲学与社会》（中国人民大学出版社 2000 年版）、《主体性哲学——人的存在及其意义》（云南人民出版社 2002 年版）、《哲学素质培养》（主编，中国人民大学出版社 2003 年版）、《马克思主义哲学中国化教程》（第一主编，人民出版社 2008 年版）、《社会公共性研究》（主编，人民出版社 2009 年版）、《面向实践的反思》（武汉大学出版社 2010 年版）、《简明哲学原理二十四讲》（主编之一，中国人民大学出版社 2016 年版）等。在《中国社会科学》《哲学研究》等学术刊物上发表论文百余篇，其中有十余篇被《新华文摘》全文转载。

采访时间：2016 年 7 月 29 日
采访地点：郭湛教授办公室
采 访 人：刘铮（以下简称"刘"）
被采访人：郭湛（以下简称"郭"）

结缘吉大

刘：郭老师，您好！很高兴代表"反思与奠基"网站以及《哲学基础理论研究》编辑部对您进行采访。您于 1964 年考入吉林大学哲学系念本科，能否为我们讲述一下，您是如何与哲学结缘，又是因何缘由考入吉林大学哲学系的呢？

郭：半个世纪以前，我在小兴安岭伊春读高中时，就对艺术和文史哲类学科有兴趣。当时有位政治课杨老师是中国人民大学国政系毕业生，他讲哲学条理清晰，引人入胜，使学生接触到一些"大道理"，引导我们进行初步的理论思考。我们班同学曾在教室墙报上，争论物质生活和精神生活关系问题，记得我的文章题目是《大论坛下的小议论》。我喜欢读书和思考，边读书边做笔记，也注重写作，每天的日记是一篇有题目的短文。但那时我更喜欢感性的形象和表达。高考前我曾报考过美术专业，到哈尔滨、佳木斯两次参加绘画考试，但没有成功。正式参加高考时，我依次报了中文、历史、哲学三个专业。也许是因为报哲学专业的考生太少，即使是第三志愿，也很难得，我被吉林大学哲学系录取了。

师生相聚

来到长春，进入大学，最大的感觉就是"大"。当时的吉大基本没有围墙。哲学系所在的文科楼就在斯大林大街西侧，下课就可以走到大街旁去。大学与城市连为一体，学校与社会息息相关。回想起来，这种感觉对于大学生非常重要。立足社会，报效国家，服务人民，这不就是大学的宗旨吗？大学的生活清新自然而又积极向上，同学们朝气蓬勃，老师们亲切热情。除了校园里、课堂上的活动，我们还了解了老师的家庭生活，看到他们平时工作的温馨的书房。这一切，我耳濡目染，不知不觉喜欢上了大学的工作和生活方式。毕业时我没有能够在大学工作，但时隔十年我在中国人民大学研究生毕业，留在哲学系任教，在那里工作三十多年至今，圆了我当年在大学工作和生活的梦。

难忘记忆

刘：作为吉大哲学系建系之后最早的几批本科生之一，我们的读者渴望听到您为我们讲述在吉大求学的那段时光里，与老师和同窗之间，与吉大哲学系之间发生过的，您至今难忘的事情。

郭：20 世纪 60 年代我读大学时，本科学制是 5 年。五个年级本科生在一个系里，层级分明，由一个教职工群体来教育和管理。这里的老师来自各方，包括本系培养留校的毕业生，其中有多位来自中国人民大学。吉大哲学系老师的教学是一流的，使我们大开眼界。高清海老师给我们讲西方哲学史，张维久老师给我们讲马克思主义哲学，车文博老师给我们讲心理学，等等。课堂上老师们的音容笑貌，同学之间的切磋讨论，回想起来似乎就在昨天。吉大哲学系老师的科研也是一流的，看他们的著作文章，带我们进入学术殿堂。记得我们曾参加过哲学系教师的学术讨论会，听到熟悉的老师们精彩的发言，理解他们各自不同的观点和论证，领悟哲学的思维和表达。对于我们这届学生，严格意义的大学生活其实只有两年，但它给予我们的学术训练，却使我们受益终身。想到母校，总是充满着感恩之情。

校园也不总是平静的。1966 年春夏之交，"文化大革命"爆发了。我们班同学刚从吉红屯农场劳动回到长春，就看到了满校园的大字报。各级领导干部乃至许多老师都受到"批斗"。渐渐地我们也都参与其中，经历了许多"史无前例"的事情。从此以后，直到毕业离校，我们再也没有正规上过课。很多年后，人们称"文化大革命"为"大革文化命"，它对整个中国文化包括大学教育的冲击是灾难性的。我们作为当时的"红卫兵"，参与了这场"大革命"的全过程。从"大批判""大串联""文攻武卫"到"大联合""再教育"，等等，我们都经历过了。每个人的身份都经常发生戏剧性转换，早上还是"批判者"，晚上就成了"批判对象"。我们在读社会这本大书的同时，也在读一些能够看到的书。有些马克思主义哲学经典著作，我就是在那时仔细阅读的。实践和理论中的问题使我们困惑甚至迷茫，而不断的思索和尝试也记录着我们的成长。1970年夏天，当我们班三十几个同学延迟一年毕业离开吉大时，每个人背包里都有自己的收获，说不清是苦辣还是酸甜。

吉大毕业后，我回到小兴安岭林区，在伊春师范学校任教讲哲学，受到学生欢迎。在课堂上，我无形中也像吉大哲学系的老师那样，力求深入浅出讲明道理，清晰准确分析问题。我的学生比我小不了多少，有的甚至比我年长，容易沟通，相处融洽。我们在教中学，在学中教，教学相长。这时，我越来越意识到，在吉大哲学系受到的哲学思维和表达的训练，是我从事哲学教学的坚实根基。遗憾的是，我在吉大的专业教育并没有全部完成。仰望着林海中参天的大树，我渴望着有机会能够继续专业学习深造。

学术探索

刘：您本科毕业工作近十年后考入中国人民大学继续求学，跟随萧前、李秀林、夏甄陶等老师们学习，您的硕士论文就发表在《哲学研究》上，题为《论实践的效能、效果和反馈》，您的博士论文《人活动的效率》在学界至今影响颇深。您对于中国社会现代化过程中人的活动的效率和人的主体性的发展研究最具创新意义，有较广的社会影响。您将您的学术眼光聚焦于人活动的效率和人的主体性的发展上，其中包含着怎样的学术历程和契机呢？

郭：1978 年 10 月，我来到人民大学哲学系读研究生，再一次找到了母校的感觉。这里也是高清海等老师的母校，我师从的老师萧前、李秀林就是高老师当年读研究生班时的老师和同学。这里特别重视马克思主义哲学基本理论与当代中国重大现实问题相结合的研究。我刚留在人大哲学系任教，就参加了萧前等主编的《历史唯物主义原理》的编写。后来又参加了萧前等主编的《辩证唯物主义原理》和李秀林等主编的《辩证唯物主义和历史唯物主义原理》的修订，参加了萧前等主编的《马克思主义哲学原理》的编写。我的硕士论文和博士论文都是面向当代中国发展实践的，受到社会和学界的重视。我能有这样的成果，学术根基还是在吉大哲学系打下的，是吉大哲学系老师教导我做人、做事、做学问。我的学术人生的第一个扣子，就是在吉大老师指导下扣好的。此后在我的人生道路中，时常得到吉大老师和校友的真诚帮助，令人难以忘怀。

青年时期照片留存

人们常说，哲学是思想中的时代。每一代人在哲学发展中的贡献，就在于发现和回答了自己时代提出的理论问题。我到人民大学后的三十几年，正值中国改革开放和现代化建设大发展时期。这个时期从"实践是检验真理的唯一标准"的大讨论开始，哲学的观念变革成为社会变革的先导。在确立了检验真理的实践标准的基础上，我们把中国现代化实践特别是经济建设放到中心位置，怎样实践的问题随即凸显出来。如何提高实践的有效性，增加实践的效能、效果和效益，就成为实践哲学关注的大问题。我的硕士论文提出，实践、效能、效果和反馈构成辩证循环，是实践运动的基本规律之一。而实践的有效性即投入与产出的比率，就是实践的效率。我的博士论文进一步回答了这个问题，夏甄陶老师作序的《人活动的效率》于1990年在人民出版社出版。就在这一年，人民出版社还出版了李秀林、陈晏清、李淮春、郭湛主编的《中国现代化之哲学探讨》，我写了这本书的"导论 现代化与中国"。

与同窗好友合影留念

中国通过市场经济实现现代化的过程，呼唤人的主体性的发展。20世纪八九十年代，我国哲学界出现实践唯物主义和主体性研究高潮，这是与当时经济和社会发展要求相适应的。但这时西方发达国家已进入"后现代"阶段，开始反思现代性，批判主体性，甚至出现了"主体性的黄昏"的说法。中国向何处去？如何看待主体性，又成了问题。针对这些困惑，我写了《主体性哲学——人的存在及其意义》，作为"哲学理论创新丛书"之一，2002年在云南人民出版社出版。我强调人的主体性在中国现代化进程中的重要意义，同时也指出这种主体性向主体间性、共同主体性即公共性的发展。2008年，我在《中国社会科学》上发表论文《从主体性到公共性——当代中国马克思主义哲学的走向》，《新华文摘》、"人大报刊复印资料"等随即全文转载。在中国乃至世界越来越成为命运共同体的时代，主体性基础上的公共性日益凸显，我们需要一种面向未来的公共主义发展观。2009年，人民出版社出版了我主编的《社会公共性研究》。另外，作为《主体性哲学》的姊妹篇，我正在着手做一本《公共性哲学》。我相信，继人的主体性之后，社会公共性正在成为哲学社会科学关注的中心。

书名

主体性哲学——人的存在及其意义（修订版）

作者

郭湛

出版社

中国人民大学出版社

出版时间

2011 年 1 月

学术建议

刘：您曾作为十八届中央政治局第十一次集体学习的讲师，曾获得全国模范教师称号，由您主编或参与编写的著作曾多次获得国家级人文社会科学研究优秀成果奖。"师者，传道授业解惑也。"作为我们的前辈、老师，您能否为我们这些即将走向教学岗位，从事学术研究的学生们提一些学术与教学研究的建议呢？

郭：作为一名哲学教师，我曾在各式各样的课堂，包括在中南海怀仁堂小会议厅讲过课。我想对教师这个职业的后来者说，这是个崇高的职业，肩负着文化传承和创新的双重使命，值得终生为之。我早年有许多爱好，有过对造型艺术和文学与史学的向往。艺术的形象思维与哲学的抽象思维看似完全不同，但我的体会是"两极相通"。感性与理性相辅相成，形象思维能够启迪抽象思维。我的论文中经常使用图示来表达范畴关系，一目了然，这些图都是我自己动手制作的，小时候学画画的技巧有了新用途。对于哲学来说，万事万物都可以成为加工提炼的素材，人文科学、自然科学知识皆可启发我们思考，参与理论论证。我曾专门写文章论证的哲学假说方法，就是借鉴自然科学假说方法的。教师在解学生之惑的同时，也在促使自己直面自身的困惑。当我们以学术的研究解开自己的困惑，对大胆的假设作出小心的求证后，学术研究的成果就诞生了。当然，我们要比照前人他人的同类研究，力求在此基础上有所超越，这就是创新。新的时代充满了新的问题，依据自己的兴趣和能力有选择地予以研究，以学术方式加以尽可能充分的论证，我们就会有思想理论上的贡献。

书名

人活动的效率（修订版）

作者

郭湛

出版社

中国人民大学出版社

出版时间

2014 年 1 月

寄语吉大

刘：今年是吉大七十周年校庆。您正当古稀之年，作为吉林大学最为资深的校友，请您赠与吉大和吉大学子几句寄语。

郭：我的母校吉林大学是一所真正的大学，七十年已拥有杰出的贡献和难得的辉煌。不仅是因为坐落在常春之城中高耸的大楼，更是因为各个学科雄踞学海潮头的学者大师。但最为根本的还是学校的每位教师和众多学生，是他们刚健有为、自强不息、扎扎实实的努力，确保了吉林大学更加美好的明天。祝福吉林大学成为中国和世界一流大学，祝愿吉大学子学业有成、事业发达、利国利民！

吉林大学哲学系自 1958 年建系以来，培养了一批又一批"爱智求真敢问真"的学者，他们走向全国各地，为开创和繁荣我国的哲学社会科学事业筚路蓝缕、笔耕不辍。今适逢吉林大学七十华诞，本平台特开设《吉大七十·哲林人物》栏目，刊登一系列吉大哲学优秀系友专访。忆往昔峥嵘岁月，叙今朝母校情深，展未来踌躇满志……

哲学进入时代，哲学回归生活

——访杨魁森教授

杨魁森，1944 年生，吉林省长春市人。吉林大学哲学基础理论研究中心专职研究员，吉林大学匡亚明特聘教授，博士生导师。曾任吉林省哲学学会副理事长兼秘书长，吉林省哲学社会科学规划专家组成员。

1966 年毕业于吉林大学哲学系，并留校任教。1996 年评为教授，1999 年选为博士生导师。长期从事马克思主义哲学研究。从 80 年代后期开始，选择和确立了一个比较明确的研究方向：当代哲学与社会发展，即把当代哲学研究的最新成果应用于阐释当代社会发展的最新问题。这种研究关注两个前沿性：一是当代哲学的前沿性理论，另一个是当代社会发展的前沿性问题。围绕这个方向，多年来相继形成三个研究专题：社会发展理论、当代社会思潮、商品经济文化。主要研究方向：当代哲学与社会发展、生活世界理论。先后出版了《哲学与社会主义》《马克思主义与现代思潮》《当代哲学与社会发展》《哲学与生活世界》等 7 部著作，在《中国社会科学》《新华文摘》《哲学研究》及其他国内核心期刊发表了《商品经济的哲学透视》《物化的时代》《哲学就是生活观》等 60 多篇高质量的、有影响力的学术论文。

采访时间：2016 年 9 月 15 日
采访地点：杨魁森教授家中
采 访 人：于涵（以下简称"于"）
采访对象：杨魁森（以下简称"杨"）
文字整理：王倩

结缘吉大

于：杨老师，您好！很高兴代表"反思与奠基"网站以及《哲学基础理论研究》编辑部对您进行采访。您于 1961 年进入吉林大学哲学系学习，1966 年毕业后留校任教至今。能否为我们讲述一下您因何与哲学结缘，并且一直从事马克思主义哲学的研究？

杨：我高中就读于长春一中，当时高中部的教导主任车文博是吉大哲学学院的老师，我的高考志愿也是车老师帮忙填写的，所以就进入了吉林大学哲学社会学院，就读马克思主义哲学专业。虽然开始时我自己对文学更加感兴趣，但是在吉大哲学学院的学习生活，也使我对哲学产生了浓厚的兴趣，并一生从事马克思主义哲学。现在回想起来，这既是我的职业同时又成为我的思想信仰，成为我人生价值的导向。而且我这一生不论从教学、科研还是理论宣传方面都没有离开过马克思主义哲学。

现在的很多学生都认为马哲没什么，包括我当年带的很多博士生，他们的博士论文很多都是从古希腊或者德国古典哲学的康德、黑格尔等开始讲起，讲到马克思时就没有什么实质性的内容了。这个现象让我很纳闷，经过跟学生交流，发现他们认为马克思也没什么太丰富的东西可写。这使我明白，学生对马克思的思想了解的过于肤浅和薄弱，由于了解的过少，所以就会认为马克思没多少思想。所以我认为马哲专业的教学应该从三个方面来进行，第一个方面就是马克思主义哲学原理方面的基础学习；第二个方面就是马哲史的学习，而马哲史方面可学习的内容就非常丰富，包括从马恩以后，马克思哲学究竟发生了什么变化，马克思哲学的本质是什么，它究竟要解决什么问题，它涉及马克思哲学中的辩证唯物论、历史唯物论以及其他许多方面的问题，这都是非常关键的问题。很多人并没有真正地搞清楚。另外还包括马克思以后的发展阶段，比如说：西马、后马等，它们的主要内容以及发展概况，这些都是需要掌握的。包括这几年好多博士论文涉及哈贝马斯、鲍德里亚还有东欧的一些哲学家以及研究马克思的人，这些都是值得研究的丰富的内容。也就是说马克思主义哲学发展过程中一些重要的哲学家和哲学思想等；第三个方面应该就是现实问题，即当代重大理论的实现问题，这也正是马克思关注的对象，哲学界前几年的张一兵教授曾经提过"回到马克思"的思想，这个在哲学界也形成了一股潮流，大家都回过头去研究马克思原本的思想，这个当然是很重要的，但我觉得马克思主义哲学中更重要的还是走进当今时代，是进入而不是靠近！一方面要回过头去读马克思，看马克思真正讲了些什么；另一方面就要把马克思当代的意义领悟清楚，所以我认为我这一辈子研究马克思哲学都没有研究透彻，直到退休之后我仍然觉得在马克思哲学的研究上很多问题也只是开了个头，只是精力有限，我没能完成的事业就要你们来继续研究了。

难忘记忆

于：20 世纪 60 年代您进入吉林大学哲学系学习，时至今日已有 50 余年，校园已发生翻天覆地的变化，校园生活也不似从前。追忆过去，您能否为我们回顾一下您那个时候的大学生活？

杨：我认为一个人在一生中大学阶段是最宝贵的时光，大学生活对人的熏陶，包括知识教养等，这真的是一个非常关键的时期，所以大学生活应该很充实地度过。相比较现在的大学生活，我认为我们那个时候的大学生活更加丰富。那个时候，大家学习都非常认真，就是说所有人对待学习都是一心一意，没有一心二用的；其次，大学生活也非常丰富，让我印象最深刻的课外活动就是打篮球。当时在吉大，文科楼后面有几个篮球场，文科生都在那儿打篮球运动，我们当时为了下午能打会儿篮球，都是上午就拿着小黑板去占篮球场，小黑板上甚至还写上了下午几点到几点该场地被占用等。当时的篮球赛是相当精彩的，一个寝室几乎人人都能打篮球，人人都渴望上场打球；第三，就是那个时候我们会看很多的课外书，特别是小说、历史书籍等，当时的阅读面挺宽，阅读量也挺大。所以在大学，我们都是充分吸收营养，乐于读书和学习。毛泽东有句很形象的话描述当时的大学生活："大学生到了图书馆，就像牛进了菜园子一样，可劲儿吃菜。"我们当时基本就是这样的状态，这才是真正的大学生活。我认为在大学时代，学生不必过早地把精力都分散到别的事情上去，主要还是应该学习，等你在参加工作以后，大家就会发现以后很难有机会再像大学时那样全心全意读书，相反会有很多机会做别的事情，比如做生意什么的。因而，大学时期，就应该安静地真正地读几本书，好好修炼自身。所以我感觉自己当时的大学生活还是非常充实的，对于我的一生还是会起到很大的作用。

另外，我也特别想提一提吉大的学术传统。吉大的传统就是读书风气特别浓厚，就像过去即便在"文革"期间，吉大也总是书声琅琅，我们教学的内容比较深刻，更加注重的是培养学生的学术研究能力。直到现在，吉大与全国的大学比较起来，搞学问的风气还是更正一点，读书风气浓郁。学生相对来说还是比较专心学习的，但是吉大唯一让我感到有缺陷的地方，就是咱们的资料相对少一些。当时高清海老师讲欧洲哲学史，但是不懂外语，所以基本靠北大那些学者翻译的书籍来进行研究，但是高清海老师就有能力把这些资料做一个融会贯通的理解，这点是我们都非常敬佩的。学术研究就是各有各的风格，吉大的风格就是出思想家，但是缺少学问的根据，也就是缺少研究古文献、原著等的学者。但实际上来看，无论是搞思想还是搞资料研究，这些都各有各的特点。而我个人认为哲学还是应该坚持以思想见长，这也是自高清海老师之后，我们吉大的优势所在，就是要不断地提出一些新的思想。在这点上，我认为高清海老师是非常值得敬仰的，我们哲学系也受他的影响非常大。他在哲学研究方面，总是不断地提出新思想新思路，不断地否定自己超越自己。这些都是高清海老师无可替代的特点，也塑造了吉大哲学的意蕴和传统。

学术探索

于：2004 年，您在《学习与探索》上发表了一篇名为《哲学就是生活观》的文章，并被《新华文摘》2004 年第 15 期转载。您在文中提出的"生活世界哲学"理论引起了学界的广泛关注，能否在此给我们简单介绍一下您的"生活世界观"呢？

杨：2000年之后，哲学界都在讨论哲学应该去向何处，以及在新世纪应该如何发展马克思主义哲学，当时提出过各种各样的说法，包括生存论哲学对我而言印象比较深刻，对我提出"生活世界观"有一定的启发。但我主要还是根据我所了解的马克思主义哲学来建立我的哲学观。当时我发表过一篇文章《拓宽马克思主义哲学研究的新视野》，主要讨论新时期究竟研究马克思的什么内容，我这一生的主要研究方向都是马克思主义哲学，所以对马克思哲学有比较深入的理解。经过广泛的资料阅读和分析，我感觉到马克思哲学实际上就是唯物史观，是关于人的学说。后来受生存论的影响，我感觉马克思哲学主要就是现当代关于人的生存方式和生存本质的一种探讨，关注人的生存状况以及未来的走向。由此，在2004年时，我就提出了"生活世界观"理论。主要强调的是当代哲学的主题应该是生活观。我当时浏览过很多西方的哲学理论，比如说胡塞尔的现象学等，但是我并没有采用他们的理论，而更多借鉴的是他们关于哲学转向的思想，是把哲学的研究对象从世界转向人类生活，哲学研究的重点和主题确实转向了生活世界，这个我认为是很有道理的，也能够使哲学更贴近于现实生活。近十几年来，由于商品经济的发展，哲学渐渐被边缘化，甚至于失去原有的生命力。就哲学本身而言，它不能成为主流学科，这一点是非常肯定的。但是哲学在新时代仍然有生命力的原因就是它在一定程度上仍然能够适应人的需要，所以现代哲学的发展必须考虑社会需要什么样的哲学，真正地把哲学转向生活，跟生活密切联系起来，这样哲学才能焕发出它应有的生命力。

于：老师，您刚才提到商品经济下人类面临的生存矛盾问题。并且您在《当代哲学与社会发展》一书中也大篇幅地讨论了这一问题，那么，您具体是如何展开对这一问题的追问和探索的？

杨：在 20 世纪 90 年代，我的主要研究方向就是商品经济时代的社会矛盾与人类的生存问题，发表了十多篇文章。从哲学的角度研究商品经济，实际上也没有离开马克思主义哲学，研究的基本出发点就是马克思的历史发展三阶段，从自然经济到商品经济再到未来的产品经济。而商品经济这个中间的阶段可能就是人类面临的一个相当长的历史阶段，这个时代的人的特点就是"以物的依赖性为基础的人的独立性"，它相对自然经济来说，人就相对独立出来了，个性也得到了分离，但它的独立性与自主性又是依赖于物的交换，所以这就造成了人的生存矛盾。有的老师曾对我提出质疑，认为我是在肯定商品经济，而他们都在否定商品经济。我认为我并不是简单地肯定或者否定商品经济，而是从两面、两重性的角度来分析商品经济，商品经济既是人类历史上必经的阶段，比如说中国发展的是社会主义，也需要回过头来发展商品经济，这是人类历史必经的发展阶段。但另一方面，商品经济又有它深刻的生存矛盾，可以说是依赖性与独立性之间的矛盾，这也是商品经济阶段最基本的矛盾。1999 年我曾经发表过一篇文章《物化的时代》，这里面对商品经济的分析比较全面和透彻，主要涉及四个方面，第一个方面就是以"经济的社会形态"表现的社会特征；第二个方面就是以"人的物化"表现的人的发展特征；第三个方面就是以"剩余劳动"表现的劳动特征；第四个方面就是以"经济必然性"表现的规律特性。而所有的这些都是根据马克思的思想来概括和总结的。另外就是商品经济阶段面临的生存矛盾，实际上西方很多学者都深入分析过这些矛盾，人现在能够创造越来越多的财富或者消费越来越多的财富，但是越来越不知道自己要干什么，这就是一种整体性的迷失感。现在我们依靠先进的生产工具和先进的科技，可以创造越来越多的财富，但你创造这么多财富主要是干什么？有一种可能是，我就是去消费、占有，所以完全就是消费型的或者是享乐型的生活方式；另外一种是对商品社会的一种厌恶，想回到自然状态，这就形成了一种封闭式的生活，想要与世隔绝但隔绝不了，所以精神比较苦闷。在商品经济下有各种各样的生活形态，存在很多问题，经济学达不到那样的高度，他们对商品经济的研究只是一种量化的、描述性的东西，但是研究哲学的人又不愿意承认这是个实证的问题。而马克思的很多哲学都是经济学的走向，所以在马克思的哲学中，已经有很多关于商品经济的描述与研究，每个人都应该认真思考在这样的历史阶段选择怎样的生活方式。

书名

当代哲学与社会发展

作者

杨魁森

出版社

中国文联出版社

出版时间

2004 年 5 月

于：对历史思维方式的建构问题的探索是您的学术研究生涯中很重要的一部分，2014 年您与程彪老师合著《思的事情》一书出版，书中系统、完整地表述了"历史思维方式"这一学术范畴。您能否简单介绍一下历史思维方式研究的理论意义？

杨：随着历史意识的兴起，现代哲学实现了自身的生活世界转向并把哲学主题定位于人的自我理解。而在探讨这一哲学主题的过程中，现代哲学逐渐超越了传统哲学的科学思维方式，建构起一种关于人的自我理解的历史思维方式。作为关于人的自我理解的思维方式，历史思维方式有着独特的内涵：它以人的现实存在的历史性为基础，以自我反思性为基本原则，并具体体现为一种独特的历史理解过程。现代哲学所建构的历史思维方式是关于人的自我理解的思维方式，它不能脱离人的自我理解这一现代哲学主题而形式化为一些抽象的方法或方法论原则。

而关于历史思维方式的当代建构问题，我认为并不止于对"历史意识"的呼吁和阐扬，也并不止于标出历史思维方式的某些基本原则，而更在于立足当前人的现实存在，剖析和揭示其独特的历史性内涵，从而推进当前人的自我理解。这或许才是历史思维方式的当代建构对于我们探讨和创建当代中国哲学的最大启示。当代中国哲学的创建必须立足于当代中国的现实存在，努力实现中华民族的当代自我理解。

寄语吉大

于：今年是吉大建校70周年，作为吉大的老校友，同时也作为吉大的资深教师，您有没有什么特别的话想对母校和学子们说？

杨：我想对母校说的是，一所大学最重要的就是"大学精神"，吉大的精神一直都是读书、研究风气浓郁，我希望母校能够继续坚持自身的特色，在未来能够培养出更多的人才。有句话说的很形象，说大学培育出的人才好比优质土壤，大学的作用就是输送人才，源源不断地改良社会这片"土地"。一个社会的长期发展在于人才，而大学的职责主要在于此。

我想对学子说的是，希望大家珍惜大学生活，静下心来努力学习和读书，即便是在比较浮躁的经济时代，学生们还是应该明确自身的主要任务，学好自己的专业知识，这样在进入社会之后才能有更长远的发展。最后祝愿母校和学子们都有美好的前途和未来！

吉林大学哲学系自 1958 年建系以来，培养了一批又一批"爱智求真敢问真"的学者，他们走向全国各地，为开创和繁荣我国的哲学社会科学事业筚路蓝缕、笔耕不辍。今适逢吉林大学七十华诞，本平台特开设《吉大七十·哲林人物》栏目，刊登一系列吉大哲学优秀系友专访。忆往昔峥嵘岁月，叙今朝母校情深，展未来踌躇满志……

移动的地平线：从我思之我到交互主体

——访王振林教授

王振林，女，1956 年生，哲学博士，现为吉林大学哲学基础理论研究中心研究员、吉林大学哲学社会学院教授，博士生导师，外国哲学教研室主任，中华全国外国哲学史学会理事，中国知识论学会理事。曾先后到

加拿大西蒙·弗雷泽大学、美国伯克利加利福尼亚大学、亚利桑那大学做访问学者。主要研究方向为：现代西方交往理论、西方伦理道德哲学。出版专著：《解析与探索：哲学视域中的主体际交往》《人性、人道、人伦—西方伦理道德问题研究》《现代西方交往理论研究》，公开发表学术论文近 70 篇。

访谈时间：2016 年 9 月 8 日
访谈地点：王振林老师家中
访谈人：毛华威（以下简称"毛"）
采访对象：王振林教授（以下简称"王"）

结缘吉大

毛：王老师您好，很荣幸能代表"反思与奠基"网站和《哲学基础理论研究》编辑部对您进行访谈。能否谈谈您是如何与吉大结缘，又是因为什么而选择哲学专业的？

王：选择吉林大学哲学系应该说是不得已而为之。1975 年，我正在河南省驻马店平舆县下乡。那一年国家分配给平舆县的外省大学名额只有 7 个，其中 5 个留给当地的青年，郑州二中、四中合计 500 多名知识青年仅占 2 个名额。7 所大学，其中还有两个大学，由于学科的要求不要女性，而剩下的 5 所大学，吉林大学哲学系因其地理位置与学科特点，竞争相对较小，保险系数大。所以，当县教育局的干部找我谈话时，我当即表态：只要能上大学，我不怕天寒地冻，吃高粱米，啃窝窝头，但是，提到哲学专业，我还是有些茫然。因为自小喜欢文学，当时又借调在县文化馆帮忙，所以，心仪的专业是文学。

1975 年 10 月，刚从河南那场特大洪水中幸存下来的我，惊魂初定，便踏上了北去的列车。从北京中转，登上去长春的列车，到达长春的那天是 10 月 15 号下午。当我坐在学校的接站车上，贪婪地捕捉着一掠而过的街景时，一路的疲惫、忐忑便荡然无存了，心灵开始骚动，对新生活充满了憧憬。

人不是"孤岛上的鲁滨逊"，而是社会的动物，因而当新人聚集在一起，且彼此之间逐渐熟稔起来时，每个人的信息便有意无意地在一个群中四散开来。这些信息首先对我产生的心理效应就是"自卑"，因为第一，我没有时代所要求的政治身份；第二，我对哲学既无兴趣更加无知，而我的同窗侪辈中有的还是学校的政治教员。不过，那时我虽然"自卑"但却不失"自尊"，因而它所产生的能量不是"自轻自贱"而是"自强自立"。我希望通过自己的方式提升自己，所以，我珍惜来之不易的机会，抓紧时间恶补。不论"开门办学"到工厂、部队与农村，还是在校学习，心无旁骛，读书，一门心思地读书与学习。事实证明：这种方式没有改变我的政治身份，但却确定了我的职业生涯。其实，当赵仁光老师征求我是否愿意留校时，我也非常惶恐，因为三年期间，每当政治学习，我既紧张，又从不发言，因为我根本不知道怎么说，说什么，如此笨嘴拙舌的我，偏偏就留校当了吉林大学哲学系的老师。

难忘记忆

毛：自您留校任教后，在吉林大学工作了近40年，您能否为我们讲述一下您在吉大哲学系工作期间，令您至今难忘的事情？

王：首先难以忘怀的是留校谈话。大概是1978年7月份的某天下午，在当时文科楼的二楼西方哲学教研室内，由高清海老师主持（后来得知：我留校是高清海老师的主张），车文博老师、邹铁军老师参与，同我正式进行了留校工作谈话。中心内容是留校后再给我三年时间学习，其中两年到校外文系学习英语，一年去北大进修现代西方哲学，条件是我要从事现代西方哲学专业，不能半途而废；学完后，也不能离开吉林大学。20世纪70年代末，渐渐兴起出国潮，去外文系进修的人员越来越多，英专慢班根本进不去，即使英专一年级快班也很难进。最后，经过高老师反复与教务处沟通，只能进二年级的78级快班。这个班的生源基本分为两部分，一部分是中专英文教员，一部分是英语附中的毕业生。上下课期间，老师与学生、学生与学生之间的交流几乎全部用英语，虽然以前上初高中时也学过四年英语，但那时学的英语，更多的是革命用语，同时也是哑巴英语，所以，初来乍到深感格格不入，很受刺激。后来高老师知道情况后，劝我退出，来年跟英专新生慢班。当时虽然年轻，但时间金贵。所以，凭着一股子热情，没有桌子，搬个椅子坐在过道的最后面；下课时没有机会听录音（每班只有一架录音机），就趁学生们吃饭时间听；早起晚睡，背诵、精读课文，泛读、朗读英文读物。经过几个月的拼搏，便渐渐跟上了教学的步伐，直到 1980 年 5 月，收到教育部委托河北大学在保定举办的"现代外国哲学研究班"入学通知为止。

"现代外国哲学研究班"实际上属于短期培训班，初衷是挽救由十年"文革"所造成的现代外国哲学的断代。所以，生源来自于各高校的青年教师，老师则都是从各大院校与中国社会科学院请来的专家，如杜润芝、江天骥、徐崇温、罗克汀与葛力等。虽然只有短短几个月，但是，能够集中聆听操着不同口音，讲解不同流派老师们的课程，的确是受益匪浅，为我开启了新的研究领域。

吉大求学期间师生合影

其次终生难忘的是师生情。按照现下的师生关系论，与我直接相关的有三位导师：启蒙导师高清海，硕士生导师邹化政，博士生导师张维久。高清海老师不仅是曾经教过我们"西方哲学史"与"形式逻辑"的任课老师，同时也是我成家、立业的长者与引导者。张维久老师对我学业上的严格要求，和在生活中的宽厚仁慈，形成了我们之间亦师亦友的师生情谊，在此就不赘述了。重点谈谈我的硕士生导师邹化政先生吧。因为与邹老师是一个教研室的，后又师从于他，所以，与他相知、相处的时间比较长、比较多。最初知道邹老师时，是上学期间在图书馆看书。他那时是右派分子，负责清扫图书馆。或许是心绪不佳，或许是不会清扫，更或许是急于读书，他扫地的方式异于常人，与其说是扫地，不如说是扬灰。他所到之处，尘土飞扬，自习的学生唯恐躲之不及。如果遇到不开眼的，他就会坐在那里不动，用扫把杆敲其椅背。每每打扫完毕，他都会躲在图书馆的一个角落里，聚精会神地阅读着从书上撕下来的断笺残篇。后来，他右派摘帽后，我们同为一个教研室，再后来，我有幸成为他的硕士研究生。我们那届研究生共计五位，是邹老师招得最多的一届，所以，所有的专业课：诸如康德三大批判、黑格尔大小逻辑、精神现象学、人学原理、西方伦理学史与辩证法史等全都由他一人来上。邹老师上课，我们绝对不敢怠慢，因为他常常是讲着讲着会突然停下来，让学生依其思路继续往下推演，如果回答正确，尚可，反之，那可就不好过了。所以，我们那时几乎没有星期天，课前都要尽心研读康德、黑格尔的著作，以应对邹老师的提问。邹老师虽然课上严苛，对自己的学生铁面无私，但是，课下则犹如未脱稚气的慈父，逢年过节，会亲自下厨为我们做饭，对前来求教的学生，也总是来者不拒。邹老师退休后，曾专门为我的一个学生，从头到尾地讲解了一遍西方哲学史。有道是：师者，所以传道授业解惑也，邹老师可谓这个行当中的翘楚。

学术探索

毛：近40年来，您在西方道德哲学、现代西方交往理论等领域投入了大量时间和精力，取得很多有影响力的研究成果。请结合您的切身经验谈谈您的学术探索经历。

王：对西方道德哲学感兴趣，萌生于听邹老师的西方伦理学史课。我的《人性、人道、人伦——西方伦理道德问题研究》一书，无论从理论的逻辑架构，还是文本中的有些内容，都深受邹老师思想的影响。至于对现代西方交往理论的研究，则始于20世纪90年代初，其中起到关键作用的是读了弗莱德·R.多尔迈的《主体性的黄昏》一书。书中关于现代西方哲学的理性与主体的论述，点燃了我对交往理性与交互主体性问题研究的热情。起初主要集中在对德国哲学家：胡塞尔交互主体性理论、海德格尔的共在理论、伽达默尔的语言理解理论和哈贝马斯的交往行动理论的研究。后来因为读博是马克思主义专业，我又扩展到对马克思主义交往思想，以及对马克思主义的交往思想与哈贝马斯交往理论之间的比较研究，完成了博士论文，也出版了《解析与探索——哲学视域中的主体际交往》一书。随着研究视野的不断拓展，2015 年年底，出版了《现代西方交往理论研究》一书，书中不仅涉及德国哲学家的交往理论，同时也包括法国及美国哲学家的交往理论。

书名

人性、人道、人伦——西方伦理
道德问题研究

作者

王振林

出版社

中国社会科学出版社

出版时间

2011 年 6 月

国外访学

毛：您曾三次出国访学，能否谈谈您在出国访学期间发生过的趣事和难忘的经历？

王：第一次访学是 2000 年，目的地是加拿大西蒙·弗雷泽大学哲学系。由于我是中国大陆第一个到该校哲学系进行访问的教授，所以，硬件待遇与系里的老师一样，不仅有自己的办公室，还有出入资料室、复印室和办公用品仓库的钥匙与便利。我租住的房子在校园内，离我的办公室非常近，大概 5—6 分钟的路程。所以，除了吃饭、睡觉，基本都在办公室，这样，既有与系里的同事交流的机会，也可快速与他们熟悉起来，同时，还方便找书、读书，复印资料。当时，要融入新的群体，首先遇到的最大问题是语言交流障碍。我虽然在外文系进修过，但搁置近 20 年，听说能力都很差。除了上学校为国际留学生办的外语培训班外，课下最好的办法，就是找人说话。在系里、课堂上，与同事、学生、秘书，没话找话，错了也不怕，反正我是外国人；在校园内、公园里，寻找机会，与迎面而来的，看上去较为面善的人打招呼，然后攀谈。这种方式非常奏效，从打招呼到交流，慢慢结识了不少人。大约 2 个月后，加拿大著名逻辑学家詹琼斯·雷的学生大卫来该系授课，他委托大卫能够照顾我这个外来学者，从此我便有了"专属"的外语老师与交流者。他不仅带我参加由学校、系里主办的学术活动，也邀我参加同事、家人的家庭活动。这样，他不仅帮我提高了口语交流能力，也为我能够较为深入地了解西方文化给予了极大的帮助。所以，当我到期去学校国际留学生交流处辞别时，我的外语交流能力大大出乎办公室秘书的预料，再加上我们在校园内也会时常碰到，所以，她表示西蒙·弗雷泽大学需要我这样的学者，因而反复劝我找马丁主任谈谈，希望我能再留一年。

国外访学期间与国外导师合影

第二次是 2007 年到美国伯克利加利福尼亚大学哲学系作访问学者。这所大学给我留下的最深印象是学术活动非常多，层次也很高，特别是在 5 月到 8 月放假期间，几乎每周都有 1—2 次，甚至 3 次学术活动。请来的主讲也不限于美国国内学界，而是来自世界各地的名校名家，以及学生。讨论会也非常热烈，先由主讲发言，然后有专人评论，最后大家提问并讨论。当然，该校的研究生教学方式也令我受益匪浅。另外值得一提的是该校的教学实验基地：加利福尼亚大学植物园。莫大的山谷里，来自世界各地的植物满山填谷，几乎每个品种下面都有标牌，令人感叹怎么才叫办大学。总之，加利福尼亚大学是一所非常活跃的大学，趣事、难忘的事很多，不能一一列举。第三次是 2014 年到美国亚利桑那大学作为期一个月的高访，时间短，任务简单，就不说了。

学术建议

毛："师者，所以传道授业解惑也。"作为我们的老师，您能否为我们提一些读书、学习或者学术研究方面的建议？

书名
现代西方交往理论研究

作者
王振林

出版社
中国社会科学出版社

出版时间
2015 年 12 月

王：读书最好是带着问题读，做到有的放矢，同时，也要做笔记，做到手到眼到。围绕问题，去查找与收集相关资料；以问题为点，从原著、研究材料中去解析、综合它的逻辑演绎与思想内涵，由点到线。由问题的点出发，形成思想的逻辑线索，且使思想观点明确与丰满起来，在阅读的过程中，也要动手将表达问题实质的名言、警句、段落及出处记下来，根据问题的不同层面给予归类。实际上，在你阅读并记下某段话时，常常会有感而发，那么，就把你的感悟也随时记下来，这样，当你写作时，既可以有据可查，而你的那些读后感，也可以起到事半功倍的效果。围绕问题看书，那么，发现问题就尤为重要。毋庸置疑，要关注那些具有本质性的、前沿性的重大问题，但对学生，特别是跨学科的学生而言，要把问题悟透、做好，建议扬长避短，依兴趣选题，且选题不要过大，最好小题大作。当然，每个人都有各自的学习方法和习惯，我这个建议仅供参考。

吉林大学哲学系自 1958 年建系以来，培养了一批又一批"爱智求真敢问真"的学者，他们走向全国各地，为开创和繁荣我国的哲学社会科学事业筚路蓝缕、笔耕不辍。今适逢吉林大学七十华诞，本平台特开设《吉大七十·哲林人物》栏目，刊登一系列吉大哲学优秀系友专访。忆往昔峥嵘岁月，叙今朝母校情深，展未来踌躇满志……

在爱的途中不断学习

——访樊志辉教授

樊志辉，1964 年生，辽宁凤城人，哲学博士，先后就读于吉林大学、南开大学；中国哲学专业、宗教学专业博士生导师，刚刚就职于上海师范

大学哲学与法政学院；原任黑龙江大学研究生学院院长、黑龙江大学哲学学院院长、黑龙江大学中国近现代思想文化研究中心主任、黑龙江省哲学学会常务副会长、中国现代哲学学会常务理事、中国宗教学会理事。代表作有《台湾新士林哲学研究》《内在与超越之间》《牟宗三思想研究》（主编）、《马克思哲学与中国现代哲学的展望》《中国当代伦理变迁》（合著）等；在《哲学研究》《哲学动态》《新华文摘》等学术期刊发表或转摘论文 70 余篇；主持和参与国家社科基金项目、教育部项目多项。近年来致力于中国现代哲学、基督宗教与比较哲学、形而上学与后实践哲学的探索。

采访时间：2016 年 7 月 18 日
采访地点：樊志辉教授办公室
采 访 人：刘诤（以下简称"刘"）
被采访人：樊志辉（以下简称"樊"）

结缘吉大

刘：樊老师，您好！非常感谢您能在百忙之中接受我的采访，很荣幸能代表"反思与奠基"网站和《哲学基础理论研究》编辑部对您进行访谈。老师，您是在 1983 年考入吉林大学，至今已有三十多年。那么您因何缘由选择哲学系的自然辩证法专业？又因为何种机缘而进入吉林大学求学呢？

樊：学哲学对我来说是阴差阳错的一件事。选择学哲学，是受我们成长的那个时代的影响。接触哲学是和那个时代的政治思潮、社会政治运动联系在一起的。我们很小的时候会接触一些和哲学有关的东西。我在小学的时候，《毛泽东选集》四卷我就都读过，读过《共产党宣言》，虽然读不懂。小学的时候还读过《费尔巴哈论》，也读不懂。你们现在很难理解那个时代，那个时代是全民政治化，全民学哲学的时代。那个时候书籍匮乏，马恩经典及其注释本是主要的精神食粮。最初读《费尔巴哈论》的解读本，特别是恩格斯关于黑格尔的那句"凡是存在的就是合理的，凡是合理的就是现实的"，那句话的解读，印象深刻。20 世纪 80 年代那个时候我比较喜欢哲学，但是从来没有想到把哲学作为一个职业。我是1983年读大学，至今已经三十多年了。高考的时候，我是理科考生，也根本没想学哲学。填报志愿的时候，我报的专业基本上是理科专业，如计算机、自动化、化学等，但是我第一志愿选择了哲学系的自然辩证法专业。吉大哲学有个专业叫自然辩证法，现在没有了，后来就改名叫科技哲学。吉大的自然辩证法是在全国第一个开本科专业的，1982年招生，1983年是第二届。我记得我报吉大的专业里面，我选了三个专业：吉大的自然辩证法、计算机和化学。为什么报吉大的自然辩证法专业，因为我在中学的时候读过恩格斯的《自然辩证法》。也许现在学哲学的人很少去关注恩格斯这本书了。《自然辩证法》这本书是恩格斯写《反杜林论》的副产品，他是要寻求对《资本论》的补充，《资本论》完成了马克思在社会领域的规律性的把握，所以也可以算是社会领域的辩证法，他要完成辩证法的一个全过程，就是自然辩证法。后来在西马的论述里面不承认自然辩证法，这是另外一回事儿。但是恩格斯当年有这本书。我们当年念中学读这本书读不到这么深的层次，只觉得哲学很了不起。我们那届报自然辩证法的同学都是理科成绩中相当高的。

难忘记忆

刘：那您能否为我们讲述一下您本科四年在哲学系的学习经历呢？让我们的读者对于哲学系历史的了解通过您的讲述而变得更加丰满。

樊：当时在吉大，高清海老师还在上本科课，舒炜光老师、邹化政老师也都在上课。吉大哲学系这三位先生对我们所有学哲学的人来说，是一个灵魂的塑造。虽然我的硕士和博士不是在吉大读的，但是这三位老师对我的影响是根深蒂固的，后来对哲学真正理性意义上的喜欢，和这三位老师是联系在一起的。我们专业当时是用了大约一半时间学哲学，另外一半时间学自然科学的基础理论。我们学自然科学的宽泛程度超出如今许多人的想象。内容包括：高等数学、概率论、非欧几何、抽象代数，学过理论物理学、电磁学、热力学、量子力学，学过普通生物学、分子生物学、遗传学，学过地球科学。基本上都是自然科学基础理论。虽然具体内容如今都忘得差不多了，但自然科学的训练还是十分有意义的。

刘：当时的哲学系会开这些自然科学的课吗？

樊：这是专门为自然辩证法专业开的课，但哲学那部分的课程要比哲学专业少。我们专业的哲学类课程进行了课时压缩，省出近一半时间学自然科学。自然辩证法的本科专业的同学毕业后大部分都没有做本行。包括我本人，后来在攻读硕士、博士学位的时候就改专业了。

求学历程

刘：您从吉林大学本科毕业之后就去了南开大学攻读硕、博学位，并从此转入中国哲学专业的学习与研究，能否为我们讲述一下您转换研究方向的缘由，还有这一阶段的求学经历呢？

樊：没错，我后来换到了中国哲学专业，也是很偶然的。1987 年大学毕业，到辽宁师范大学工作，讲授自然辩证法（理科研究生的公共课）。我们当年在吉大学习的时候，是中国思想界一个特殊的时期。

20 世纪 80 年代初期，中国思想界开始一场新的启蒙，这和 80 年代中国的整个思想状况有关。那个时候中国的思想界重新讨论中国文化的方向问题。中国文化今后的方向应该怎么走？往哪里去？西化论也好，文化保守主义也好等又重新出现。在这样一个背景里我们就开始关注文化问题。不仅关注西方文化，也关注中国传统文化。当然我们在大学里受的最基本的教育还是马克思主义哲学教育，虽然我学科学哲学，大学里相对来说西方的东西学的多一些，卡尔纳普·弗里克·维特根斯坦这些学的多一些，但是标准的哲学教育还是以马克思哲学为主。所以我们在本科阶段，像《1844 年经济学哲学手稿》《德意志意识形态》《反杜林论》《哲学笔记》《唯物主义经验主义批判》等经典书都是认认真真地读下来的。

工作三年之后，1990 年我决定考研究生，报考中国哲学专业。这个决定和 80 年代末中国社会的政治文化氛围有关，也和我个人的精神状况有关。我当年报的是中国人民大学的东方哲学研究。但我最终没有在中国人民大学读书。这是命运的阴差阳错所致。

我当年的成绩过了国家线，复试通知要寄到单位。我当时的单位叫辽宁师大，复试通知却寄到了沈阳师范大学（当时叫沈阳师范学院）。中国人民大学的工作人员将地址上画蛇添足地写上"沈阳、辽宁师范大学"，而沈阳师范大学在沈阳，辽宁师大是在大连。复试通知邮到了沈阳师大，沈阳师大一看查无此人，转到辽宁师大，我接到通知的时候很晚了，都已经六月份了。我坐火车到中国人民大学一看，复试和体检都已经结束了，研究生就要读不上了。返程时，我坐火车先到了天津，顺访一下在南开大学读研究生的同学。在南开了解到中国哲学专业没有招满，于是我就调剂到南开读中国哲学。在南开大学我师从周德丰教授、方克立教授攻读中国哲学专业的硕士学位和博士学位。

学术探索

刘：据我所知，您硕士论文是做新儒家思想研究，博士论文是做基督教哲学的中国化研究。您是国内学界最早对于台湾新士林哲学进行研究的学者，您能否就此为我们讲述这些年来您学术研究的发展脉络吗？

樊：我自己的学术研究过程不断变化。说得好听叫"拣尽寒枝不肯栖"，说得难听叫好高骛远、浅尝辄止。科技哲学（自然辩证法）学了这么多年还教了很多年，但没做出什么成就。发过的文章现在看来只能叫习作，是没办法拿出来见人的。以后又改学中国哲学，硕士博士是中国哲学专业，但是严格意义上还主要是硕士阶段在学。硕士阶段我的研究对象是现代新儒家。论文选题"唐君毅哲学研究"。唐君毅是现代新儒家的重要人物。我的硕士论文之所以做他是因为当时没有任何一篇硕士论文研究过他，当时国内的书籍还很少，我研究的是唐君毅的超越唯心论思想。

超越唯心论谈了一个很重要的东西就是超越性对人是如何可能的。我们人有自己的内在性，但是超越性是怎么可能的？你怎么会想彼岸问题？康德三大批判只解决了：认识是怎么可能的，道德实践是怎么可能的，合目的性活动是如何可能的。而超越性是如何可能的呢？这是真善美之外的"圣"的问题。当年我读唐君毅的著作，就做了这个题目。如果我顺着做唐君毅这个路子做，我很可能在新儒家的研究领域里成就会比现在大一些。儒家的良知论就触及到人的超越性的问题。儒家是就人的道德性来探究人的超越性。我在那个时候就关注这个问题。我的硕士论文某种程度上还主要是文献的整理。当时我就想顺着唐君毅这个问题继续做，硕士还没毕业的时候我就跟导师谈我想读博士，继续探讨这个问题。方克立老师问我，读博士有没有题目可做？我就跟他谈论一个问题，超越性是如何可能的问题，是我关注的问题。但这个问题到现在我还没有解决。（刘：您所关注的问题一直都很超前，放到现在也是大有研究的问题。）方克立老师当时就同意了。带着这样的思考我就考上博士了。博士入学之后，思考一个阶段以后发现这个问题太大，中国的儒释道、西方的基督教各有自己的传统，难以找到切入点无法处理。超出一个博士论文能处理的范围。其实现在想起来倒也不是不可以做，但是在我当时那个年龄是没有办法处理这个问题的。由于我的专业是中国哲学，只能在中国哲学内做这个问题，而不是要去处理西方哲学的问题。所以我就想在中国哲学里面处理一个和宗教有关的问题，博士论文选题就锁定在天主教哲学的中国化上，具体来说就是研究台湾新士林哲学。这个研究对我来说是有一个极大的改变，包括对哲学的理解。不是说台湾新士林研究本身的重要性有多大，也不是说我当年研究本身的成果有多好，而是我由此改变了对中国学界的哲学生态、哲学资源的一个理解。

我们经常忽视一个问题，就是在哲学史中时间最长的那一段就是欧洲中世纪的基督教哲学和中国隋唐的佛教哲学，而在我们哲学教科书里占的篇幅却最短。我就一直思考为什么在人类思想中存在时间段最长的最有智慧、思考最深刻的那批人，却被我们的哲学史书写一笔带过。本来我博士毕业之后准备去欧洲读神学，由于一些很现实的因素没有去成。我博士毕业以后本是留在南开大学哲学系任教，已经把手续都办完了，也是因为一些具体的现实问题，又回到了大连。此后有过几次去国外读神学的机会，也都错过了。1999 年我调到黑龙江大学哲学系，到今天已经 17 年了。目前我已经辞去黑龙江大学教职，到上海师范大学任教。

刘：您近年来将学术目光聚焦于中国现代哲学、形而上学和后实践哲学的研究之上，您能否为我们讲述一下您在这几个问题上的研究与看法？

樊：2000 年前后，我在思考作为一个共同体的当代中国哲学界的现状与未来。我们今天哲学思考经常是被所谓的学科建制（8 个二级学科）切割。以至于哲学专业内部隔行如隔山。各有自己的问题，自己的话语方式，哲学从业人员经常在为自己的从业做合理性辩护，并互相贬抑。21世纪初我曾经写过几篇不太大的文章，谈论汉语言哲学。我把所有用汉语书写的哲学称为汉语言哲学。以至于我很少会一般意义上使用中国哲学这

书名

台湾新士林哲学研究

作者

樊志辉

出版社

黑龙江人民出版社

出版时间

2001 年 1 月

个概念，因为我们的中国哲学里面一般不处理西藏、伊斯兰哲学等问题，严格来说它们也算中国哲学，是中国的哲学。但是我们为什么不书写它们，因为它们不是汉语书写。我们做马哲的有多少去把德语都学了一遍？读的依然是翻译过来的马克思的东西，书写依然是汉语书写，问题及其语境依然是中国的语境，所以我把它都称为广义的中国当代哲学或汉语言哲学。我现在思考的问题是：在现代语境与处境下，汉语言哲学的真实性和限度性在哪里？我以为这是中国当代哲学的一个重要问题。最近 10 年时间在黑大哲学系开一门课程，叫中国当代哲学，就是 1949 年以后的中国哲学思想，即对 1949 年以后的中国思想做一个历史和逻辑的梳理。2013年我的这个课题获批为国家社科基金重点项目，我带领我的团队（我的同事和学生）在做这一工作。计划完成三本书：一本书是总论，第二本书是对 1949 年以后中国哲学界争论的问题做一个汇编，第三本书是对1949 年以后中国哲学家的思想成就作具体的整理。这种研究打破今天的学科界限，把当代中国哲学界作为一个整体在思考。工作是计划用 3—6年的时间，项目已经做了 3 年的时间，再打算用 3 年的时间把这个项目做完。另外我计划用一段时间把我原来做的牟宗三研究项目做完，写一本《牟宗三研究哲学批判》的小册子。

刘：您对于中国哲学界的看法与独到的眼光，确实对我们在学习和研究过程中思想和眼界的拓展有很大启发，您近年来还致力于形而上学与后实践哲学的研究，您如何在多年的中国哲学思想研究的基础上展开对于后实践哲学的研究呢？

书名
牟宗三思想研究

作者
樊志辉

出版社
黑龙江大学出版社

出版时间
2012 年 11 月

　　樊：我曾经在 2000 年左右写过一组文章，涉及所谓的实践哲学和后实践哲学。改革开放以后中国学界关于实践唯物主义、实践本体论以及实践哲学的讨论，不仅关涉马克思主义哲学的自我理解的问题，更关涉我们时代的自我奠基问题。实践哲学通常可以在两个意义上理解：一是亚里士多德意义上的，和理论实践哲学相区别，这个哲学是有关政治哲学、伦理学甚至是有关宗教意义上的理解。二是延续近代以来的主体性原则。以实践概念推进近代以来的主体性的内涵：思、意、欲、绝对精神。实践既涵盖又超越近代以来主体性内涵。对实践如此理解隐含着一个实践的自我奠基预设，以为找到了实践就找到理解所有问题的钥匙。但是这个里面隐含了一个极大的危险：即实践的自我奠基和实践的僭越是一样的。实践可以为自己确立合理性根基吗？这个问题我们没有真正反思，我们通常都会认为我们理性的根基在实践里面，然后实践的根基是自明的。如果实践的根基是自明的话，我们凭什么会用一种实践质问另一种实践？我们凭什么把历史区分为善和恶，正义和不正义？我们凭什么指责那些东西，实践的自我奠基里面是否隐含着某种巨大的悖谬在里面？这个问题和我当年谈论超越性是如何可能的是结合在一起的，这是最为关键的理论问题。这个问题我现在还没有把它解决，我现在想对当代中国哲学思想进行系统的梳理，弄清中国当代思想的真实性和边界性在哪里？中国思想的盲点在哪里？哲学的思考都是带有特定视角去看问题，但哲学家的视角却经常不被反思，被视作不证自明的。哲学反思的意义在于通过对自己和他人思想盲点的反省来扩展自己的视域。思考中国当代思想界的问题在哪里，就是要看到现在为止我们是不是还没有最真实的触及我们时代的关键问题。

高老师去世之后，吉大哲学系曾经编过一个纪念集，是高老师的弟子们纪念高老师的。其中有我的一篇纪念高老师的小文。文中谈过一个观点，认为中国哲学今后如何发展就在于如何消化高老师的哲学。这句话里面我既包含着对高老师的肯定（强调高老师哲学在中国当代哲学发展中的坐标意义），实际上也指出了另外一个问题——就是我们今后能不能真实地消化高老师的哲学。高老师的哲学是中国当代哲学可以超过但不可绕过的一个坐标，如何消化它是我们今后一个较长时期的重要任务。我当年提出后实践哲学的理念就是要力图消化高老师的哲学。最近我也在翻邹老师的东西。邹老师有三本书，一本是《〈人类理解论〉研究》，研究洛克的；一本是《黑格尔哲学统观》；一本是《先秦儒家哲学新探》。邹老师晚年有一个哲学大全性的东西，王天成老师在整理，还没有出版。邹老师思想的一个很重要的向度就是把马克思、西方传统和中国传统做一个批判性的结合。我个人认为当代中国思想界在思考的深度上，比邹老师高的人好像不多。这并不是说邹老师许多观点都能得到认同，而是强调他的思考问题的径路的独特性。

刘：几乎每位老师在为我们讲课的时候都会提到邹化政老师，但是我们这一代对他的了解已经很少了。

樊：虽然我不在邹老师门下读书，但是应当说吉大哲学给了所有吉大哲学人以某种哲学气质。我对哲学问题的把握，包括后来在南开读哲学，跟着导师去抓问题，特别是做中国现代哲学和中国当代哲学，背后都有吉林大学哲学教育的背景。这是一个既有偶然也有必然的因素，偶然是选择某个专业方向具有偶然性，但这个偶然性里面包含着内在的必然气质，决定具体去做什么和怎么做。我现在很少去处理一个哲学家的问题，比如说继续去谈熊十力的问题，牟宗三的问题，这个可能是和吉大哲学传统有关。我愿意去处理一些虽算不上是哲学基础问题但是和哲学基础问题有关的一些问题。

书名

马克思哲学与中国现代哲学的展望

作者

樊志辉

出版社

黑龙江大学出版社

出版时间

2011 年 11 月

刘：那么在您看来，什么问题才是最真实的哲学问题呢？我们又该如何面对这一真实的哲学问题？

樊：对于我们今天这个时代来说，最真实的问题也许就在于，传统的天道形而上学（是指在古典社会，整个社会是有一套天道形而上学或者说是宗教来安排社会秩序）崩溃以后，我们应该怎样重新安顿我们的人心秩序和社会秩序。也许单靠哲学不可能完成这个任务，但是哲学要对完成这个任务做一个奠基性的工作。就是对任何一种关涉人心秩序和社会秩序安顿的话语体系加以批判性地反思，质问其话语体系的根基在哪里，是否靠得住。当思想话语仅仅是个体性话语，可以将之理解为个体习性的言说和诉求，需要给予同情和理解。当话语体系是具有意识形态诉求的主义话语，就需要反思和质疑。我们今天时代的哲学思考根本性的问题就在于许多主义话语的根基没有经过真正地反省与批判。不论这种主义话语来自于多么强大的背景：传统的也好，西方的也好，马克思的也好，对哲学家来说没有一种思想传统是可以不经过被反思就被认可的。因此我们需要重新查找我们这个时代那个自明性的根基到底是什么？有没有自明性的根基？如果有，它是什么？如果没有，那么一个没有共识的时代，人怎么才能生活在一起。这个问题就是哲学思考中的很重要的问题。

学术建议

刘：希望您能给我们这些即将要做学术研究并且日后从事哲学教学工作的学生，提一些学习和学术研究的建议。

樊：我的建议既包含着别人经验也包含着自己教训。我认为真实的做好哲学研究有两点需要注意：

第一是聚焦哲学问题。哲学研究需要聚焦问题。无论是一个时代还是一个文化传统，都凝结有自己特定的问题。哲学思考必须紧扣问题。从精神传统上看，中国的儒道释、西方的基督宗教各有自己的问题意识。从历史断代看，西方的古希腊、中世纪、近现代；中国的先秦诸子、两汉经学、魏晋玄学、隋唐佛教、宋明理学、明清实学、近代启蒙都各有自己的问题意识。紧扣问题意识来思考哲学，是哲学的关键。如果找不到哲学的问题所在，就不要做哲学。

第二个是发挥哲学想象力。哲学研究既是理性的工作也是充满想象力的工作，缺乏想象力，哲学思考很难有大的创造。想象力和我们的理性活动是结合在一起的。哲学想象力的发挥既依赖于对自身传统的深度挖掘，也依赖于对自身传统的超越。要深度挖掘自己所在的传统，就要对自己所在的传统有一个同情地理解，既不是简单地盲从也不是简单地拒斥，要深入到这个传统里最真实的问题里去深度挖掘自己的传统。对我们中国学人来说，不仅要深度挖掘中国人自己的古典传统，还要挖掘百年来西方启蒙思潮进入我们的文化集体里来所形成的文化新统（文化新统也是我们的传统）。另外还要超越传统的限制，超越传统的限制就必须深入了解传统的他者，因此我们必须学会跨界。跨界不是要求我们成为百科全书式的人物，而是要在别人的思想里面找到自己的参照系和坐标。要学会跨界，才能了解我们思考的限度在哪里，边界在哪里。才会在跨界思考的界限中激发我们的哲学想象力。一般来说思想的想象力都在内部的深入挖掘、内部的矛盾碰撞中产生，以及在内部和外部的矛盾和碰撞中产生，才找到那个最真实的问题在哪里。这个过程没有什么有效的办法，只能是阅读。所以我们说这个两种方式代表了两个阅读倾向，一个是带着问题意识对最最核心的经典进行经典阅读；第二个阅读我们把它称为散漫的，漫无目的的阅读，散漫的阅读是可以扩展你的视野，不被你自身所在的学科、所做的课题等倾向所阻挡的。

其实我这样一个说法，也是源于吉大的哲学传统，从邹老师的研究可以看出这一点。高老师晚年曾经谈过中华民族要有自己的哲学。在 2000 年复旦大学开的一次关于哲学本体论的会议上，休息期间我和高老师聊天，我曾经问过高老师一个问题，就是马克思的思想传统有一个背后的解释学视域，是来自于西方近代以来的启蒙思潮和西方的基督教传统。中国同样面临启蒙思潮，但是背后的基督教传统中国没有，这样一来，在中国解读马克思就面临这一个视域转换的问题，怎么办？高老师说了这样一句话："立足于中国自己的传统。"其实如果立足于基督教的传统，马克思主义就是一个颠倒的基督教。在中国讲马克思主义是否还要把基督教背景引进到中国里来。这个说法放到政治格局里，和马克思主义中国化有关系。但是放到纯粹学术领域，就要在中国思想背景里研究马克思主义。我们不仅要关注马克思主义在西方思想背景里所背负的那个传统，其实也可以把马克思主义和中国自己的思想传统做结合。这个是十分关键的问题。

书名

中国当代伦理变迁

作者

樊志辉、王秋

出版社

中国社会科学出版社

出版时间

2012 年 3 月

寄语吉大

刘：我代表"反思与奠基"网站和《哲学基础理论研究》编辑部对您再次表示感谢，最后在七十周年校庆之际，请您给予吉大和吉大学子几句寄语。

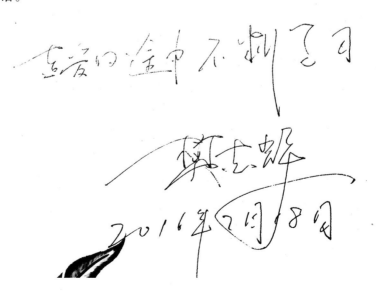

樊：我在黑龙江大学给 2002 级本科学生做了 4 年班主任。今年他们毕业十年聚会。在他们聚会的座谈会上曾经给他们的一个寄语，表达了我对生活、对哲学的一个态度，就是"在爱的道路上不断学习"。哲学被我们通常理解为所谓的爱智慧，其实我们更多的是看重它"智慧"的层面，很少看重"爱"的层面。"爱"其实是一个心理意向。我们很看重智慧，也以为"爱智慧"不过就是喜欢智慧。"爱"是需要承担，爱和自由意志有关系，人天生就是需要爱的存在，但是在爱的旅途上人是不会爱的，因此人需要智慧来滋养爱，爱和智慧才成为一体。哲学思考就是在爱的智慧上不断跋涉的过程，就是在爱的途中的不断学习。这里学习是在汉语语义脉络中使用的。西语语义中学习的概念经常用"learn"或者是"study"。汉语里学习的概念，"学"是一个词，"习"是一个词，学习这个概念，如果非要用英文说是"learn to practice"，是"学着做"，是学的一个基本的含义。"习"是鸟在空中盘旋，把学了的东西做出来，就是"学习"。中国人讲学以成人，学着去把人做出来。人是一个生成的存在，不是一个限定性的而是不断生成的。不断生成的过程就是学的过程，在不断生成的过程中，就是我说的在爱的途中不断学习的过程。

祝吉林大学越办越好！

愿吉林大学的哲学传统不断发扬光大！

吉大七十

哲林人物

吉林大学哲学系自 1958 年建系以来，培养了一批又一批"爱智求真敢问真"的学者，他们走向全国各地，为开创和繁荣我国的哲学社会科学事业筚路蓝缕、笔耕不辍。今适逢吉林大学七十华诞，本平台特开设《吉大七十·哲林人物》栏目，刊登一系列吉大哲学优秀系友专访。忆往昔峥嵘岁月，叙今朝母校情深，展未来踌躇满志……

回忆我在吉大哲学系求学的时光

——访高全喜教授

高全喜，上海交通大学凯原法学院讲席教授。江苏省徐州人，1962年生。先后就读于南京师范学院（今南京师范大学）中文系和吉林大学哲学系，1988 年毕业于中国社会科学院，获哲学博士学位。曾先后任职于中国社会科学院研究生院、法学研究所，任教于北京航空航天大学法学院、人文与社会科学高等研究院，任研究员、教授和北航高研院创始院长。2016 年转聘上海交通大学凯原法学院，任讲席教授。研究方向为宪法学、中西立宪史、法理学（法哲学）与政治哲学。

    30 年来在国内外出版的学术专著有：《自我意识论》（上海学林出版社 1990 年版）、《理心之间——朱熹与陆九渊的理学》（生活·读书·新知三联书店 1992 年简体版和台湾锦绣出版社 1992 年繁体版）、《法律秩序与自由正义——哈耶克的法律与宪政思想》（北京大学出版社 2004 年版）、《休谟的政治哲学》（北京大学出版社 2004 年版）、《论相互承认的法权——〈精神现象学〉研究两篇》（北京大学出版社 2005 年版）、《现代政制五论》（法律出版社 2008 年版）、《从非常政治到日常政治》（中国法制出版社 2009 年版）、《立宪时刻——论〈清帝逊位诏书〉》（广西师范大学出版社 2011 年版）、《政治宪法学纲要》（法律出版社 2014 年版）、《政治宪法与未来宪制》（香港城市大学出版社 2016 年版）、《The Road to the Rule of Law in Modern China》（Springer Heidelberg New York Dordrecht London 2015）等十余部。

    在国内外学术期刊发表的专业论文主要有：《"宪法政治"理论的时代课题》《论共和政体》《格老秀斯与他的时代：自然法、海洋法权与国际法秩序》《现代政府政体论意义上的行政体制改革》《宪法与革命及中国宪制问题》《变法图强与保守的现代性》《政治宪法学的兴起与嬗变》《中国自由主义的政治成熟》《协商与代表：政协的宪法角色及其变迁》《论宪法的权威》《论公民》《论国家利益》《政治宪法学的政治观》《On Rule of Law and Religious Organizations in China》《Revolution, Reform & Constitutionalism：The Evolution of China's 1982 Constitution》等数十篇。此外，还主编：《政治与法律思想论丛》《法政思想文丛》《现代立国法政文献编译丛书》六卷集、《大国》与《大观》学术丛刊、《北航高研院法政文丛》《北航高研院通识教育文论》等近十种，一百余部。

采访时间： 2016 年 8 月 10 日

采访地点： 高全喜教授家中

采 访 人： 刘诤（以下简称"刘"）

被采访人： 高全喜（以下简称"高"）

结缘吉大

刘：高老师，您好！很荣幸能代表"反思与奠基"网站与《哲学基础理论研究》编辑部对您进行访谈。您是 1983 年从南京师范学院（今南京师范大学）中文系本科毕业，继而进入吉大哲学系攻读西哲研究生，您是因何缘由转换专业，走上学习哲学的道路呢？

高：这个说起来是和当时那个时代有关系的。我们是"文革"结束之后的所谓前三届大学生。由于时代的原因，这拨大学生在气质、经历、对知识的渴望、对思想的追求、对社会的思考等方面，都与现在的大学生是完全不同的。这三届里头，可以说是以 78 级为主。77 级由于特殊情况，和 78 级只差半年时间，后来 79 级也有一些这方面的特征，但无疑是以 78 级为中心，旁及 77 和 79 级。这一拨大学生，由于积淀了这么多年，情况非常独特，他们属于有生活经历，有人生追求，喜欢思考的一代。又赶上当时改革开放即将开始，在那么一个思想开放、民智启蒙的时代，很多人都选择了文史哲专业。我一开始就没有考虑过学习自然科学，肯定要报文科，文学是首选。

在那个时候，所谓的社会科学、"大文科"都还七零八落，很不完备。经济学当时是有一些，而政治学、法学、社会学等现在所谓的社会科学，都还没建立起来，都被放到政教系或者马克思主义、科学社会主义、马克思主义政治经济学、国际共运史这些学科之下。比如法学，只是在几个专业类的政法学院才有，正式的教材都没有，临时编的教材还都是内部资料文献，不能外泄的。这样的话，当时大家心目中的"文科"，就还是传统的"文史哲"，而这三者之间也基本上是一种文史哲不分家的情况，在对思想、知识、理论问题的探讨上，同学们共同分享着一些基本的思想品质和追求。

就我所在的南京师范学院来说，它的中文系还是非常好的，当时有一些研究中国古典文学、文论的知名学者。学了文学之后，受时代风气的影响，我也对理论产生了兴趣，很快就从对文学一般知识——比如文学史、现代汉语、古代汉语——的学习，进入到了对（文艺）理论的学习。而从文艺理论再进一步追溯它背后的支撑理论，就追到了美学。当时也是美学正热的时候，李泽厚他们这一批学者所展开的美学争论，其实已经不单纯是狭义的美学了，包含了很多思想史、哲学的内容。所以，从大学二年级的时候，我就开始读美学的东西，再往上追就发现，当时的一些争论从源头上说大部分是来自西方哲学家。这样，我就进入到了哲学，开始读古希腊的哲学、马克思的哲学，尤其是当时关于马克思《1844 年经济学哲学手稿》中有关人道主义问题、异化问题的研究。经由这些问题，我又逐渐对法国启蒙思想有了兴趣，读了一些作品之后，又觉得这些理论还是不解渴，于是大概是在大学三年级就逐渐开始读德国哲学的东西。当时和我一起读的几个同学，本身都不是学哲学的，有的学地理、有的学文学，也有学生物的。先是读《小逻辑》以及张世英对《小逻辑》的讲解，后又觉得黑格尔还有更深的东西，就开始读《大逻辑》，然后读他的《哲学史讲演录》《美学讲演录》，再后来读《精神现象学》，虽然读不懂，但就是反反复复地读。也读了狄德罗、伏尔泰、卢梭、康德的一些著作。那时候读书，也没有什么实用性的目的，都是出于理论性地探索问题，用当时的话说，叫"探索真理"，纯粹就是对理论问题感兴趣，而且觉得纯理论问题很重要。所以，对于中文系的课程，我基本上是对付，有时候还逃课。主要的精力就是反反复复地读这些哲学经典，同道之间还相互讨论，争得不亦乐乎。现在看来，当时争论的很多都是无厘头的问题，但这是一个过程。当然，除了哲学之外，政治经济学，比如马克思的《资本论》《剩余价值学说史》等，亚当·斯密的《国富论》；中国思想史，比如侯外庐、任继愈的《中国哲学史》等也都读。

这样，到了快毕业的时候，就面临着工作问题。想继续深入地学习，那就得考研。当时考研很难，大部分人放弃了，一些同学选择考中文类的。不过，当时我所在的班级很有读书的风气，虽然是中文系，但是大家对纯粹的文学却都不怎么感兴趣，或者说都过了那个阶段，所以我们班几个要考研究生的同学都不是考中文系，最后有三个考上研究生的，一个是我，考到了吉林大学西方哲学史专业，还有一个考到南京大学的中国思想史专业，第三个是考到了中国人民大学的语言学专业。就我来说，由于对理论问题的关切，导致了我从中文专业转向了西方哲学史。当然，我那时候对马克思主义哲学已经不感兴趣了，所谓西方哲学主要就是西方哲学史，特别是西方古典哲学专业，此外还有现代西方哲学专业，不过招生名额很少，好像只有复旦大学、北京大学才招，一般的西方哲学史招人还相对比较多些。

刘：您于1983年考入吉大哲学系攻读西哲研究生，师从邹化政老师，您是因何机缘进入吉林大学哲学系的呢？

高：当时报考研究生，不像现在有电子通信、网络什么的（这么便利）。当时是每个大学出一个招生目录，然后每个省在某一两个大学设一个考研的办公室，这些印制的小本子就都放在那里。各个城市各个大学想考研的学生，从系里拿到表格后，就去翻这些招生目录，然后再报名。我记得江苏省的这个办公室是设在南京大学。当时可能只有五六个学校能招西方哲学史研究生，包括社科院、北京大学、中国人民大学、南京大学、吉林大学，可能还有厦门大学。说实话，我最想考的是北京大学，当时招两个，吉林大学是招五个。我记得当时我翻着这些招生目录，内心犹豫了半天，考虑到北大招人太少了，而且我又是跨专业，和西方哲学的老师也没什么交流，考上的可能性太小了，所以最后就选择了吉林大学。

后来证明这个选择是对的。如果考北大，两个人肯定是考不上的。而吉林大学呢，考试时我一看题目，就感觉我的选择是对的。考题中，我印象有关于大陆唯理论和英国经验论的方法论的区别，这方面我读过笛卡尔、培根、贝克莱、斯宾诺莎的一些相关著作，这就用上了。还有一道题是考德国哲学，关于康德或者黑格尔的非常专业的一个题目，我正好也读过黑格尔的《小逻辑》。几道题目中，至少有两三道是我自己认真读过的著作中的题目。从吉林大学当时出的这些考题来看，它并不看重那些泛泛的哲学知识，这些题目显示了当时像邹化政老师、高清海老师他们对经典著作的重视，这正是我的强项。因为我反反复复地读过一些西方哲学史的名著，对西方哲学史下过功夫，而那些马列主义一般的哲学概论并不是我的特长。据说我考的成绩还不错，最后是录取了，也很庆幸，这就给我提供了一个契机，可以接受一个哲学系的正式的专业学习了，为此我要感谢吉林大学哲学系。

在 1983 年，我考入吉林大学哲学系，跟随邹化政老师攻读西方哲学史专业的研究生，这是我系统学习西方哲学的开始。在到吉林大学哲学系之前，我在南京师范学院中文系学习，上的课都是文艺类的，哲学多是自学的，虽然也听过一些西方哲学史的课程，但哲学主要还是作为一种兴趣和爱好。我记得我还到南京大学哲学系听过一些哲学史的课程，尤其是研究黑格尔比较知名的萧焜焘教授的课程，还有孙伯鍨教授关于马克思早期哲学的课程。但那毕竟是跑到别的院系、学校蹭课，没有在哲学系系统地学习哲学，尤其是学习过中西方哲学史。所以，到了吉林大学跟着邹化政老师，这才算是从个人的自学转换到了一个较为专业的、基础性的、经典文本的学习。这一点，现在看来，是非常值得追忆和庆幸的，没有这个过程，我对西方哲学的理解可能会走向另外的道路。

那时候教授还很少，邹老师也还是副教授。但在我跟他学习的这两年半时间里，我感觉他确实是当时在西方哲学史——尤其是黑格尔研究领域——非常有独创性的哲学家，是这方面硕果仅存的有着自己真正思想的哲学家。虽然现在看来他的思想也有一些短板和偏差，但他的确有自己独特的思想性的品质，这在当今的一些哲学家、哲学教授那里是消失殆尽的。这是我所看重的，在吉林大学学习期间最有意义的东西。到目前为止，在我的学术生涯中，我虽然转换了不同的研究领域，涉及文学、哲学、政治学、法学、史学等不同的学科，但是自己那种思想性的、哲学性的基本功的奠定和发轫，是在吉林大学这两三年跟随邹化政老师而确立下来的。后来到中国社科院跟着贺麟先生读德国哲学，虽然受益匪浅，但那是在原先的基础上境界上的更加广博、宏阔的扩展，以及思想感知和专业知识等方面的更大充实、丰富和完善，基础是在吉林大学打下的，或者说是在吉林大学完成"打桩"的。

　　刘：为什么说在吉林大学哲学系的学习，对您的思想和哲学功底具有"打桩"的意义呢？

　　高：那时候哲学系虽然不多，全国也有那么二三十个，而吉林大学的西方哲学史教学和研究却是很有特点的。尤其是邹化政老师，他是一个有着独特思想体系的哲学家，他的哲学体系主要来自他对黑格尔哲学的独创性理解。我跟他学习，虽然未必完全接受他的哲学体系，但是他思想中的方法论，尤其是他对德国哲学原著的理解和思考的深度，都是当时其他一些知名大学的西方哲学史教授们所无法达到的，我受益匪浅。

　　我在吉林大学这两年多的学习，听其他老师的课很少，只偶尔听过高清海老师（马克思主义哲学）、车文博老师（西方哲学、心理学）、舒炜光老师（科学哲学、自然辩证法）等人的几次课，其他时间就是跟着邹老师上课。他的课很有特点，基本就是在他家里，一上就是一上午或者一下午。这些课主要是讲原著，他给我们讲过黑格尔的《逻辑学》《精神现象学》，康德的《纯粹理性批判》《判断力批判》，还讲过西方哲学史、中国哲学史等，大体上就上过这几门课，一学期上一门。像这样的上课方式，我们需要自己先去阅读原著。邹老师的讲法也很有特色，他不是一段一段的句读式的讲法，他是自己演绎。他对这些原著都非常熟悉，烂熟于心，但他是按照自己的一套理解来演绎的，比如原著这一段的中心思想是什么，与前后部分是怎么联系的，这种联系又与他自己对哲学的理解有什么关系。换句话说，他是先有了自己对哲学的系统性思想，然后再在这个系统中把这些经典著作放在适当的位置，在这个前提下，一节一节地讲解原著，比如《纯粹理性批判》，序言是怎么回事，导论是怎么回事，第一章感性论是怎么回事，第二章知性论是怎么回事。这样的一种讲解，就不只是客观知识的介绍，而是有他发挥性的具有深度的讲解，他完全是按照自己的逻辑把原著贯穿起来，讲的是原著中那些复杂概念的内在逻辑推导。这样就迫使我们在上课之前必须要细读原著了，否则就不能理解他讲的东西。在课程一开始，他都会就哲学应该是什么、哲学史应该是什么、哲学史发展的几个阶段、某个哲学家以及某本著作在其中的位置，等等，讲解自己的看法。通过这些，使我们对西方哲学史有了一个大致的理解之后，他才开始具体讲这本书的内容。这时一个学期一般都过了三分之一或一半的时间了。这样的一种讲课方式，就使得每一门课都不可能讲完。因为原著都很厚，有的原著讲了三分之一，一半都没有讲完，但是在邹老师看来，其实授课目的已经达到了，因为他不是说要把原著作为知识从头到尾地给你讲一遍，他只不过是通过原著的一部分，讲到哪儿是哪儿，把原著的内在精神、内在逻辑以及逻辑的演变展示出来。至于原著中的那些书本知识，你要是愿意学，自己去阅读去理解，你要是不愿意，你大体上也已经掌握了基本的东西。我记的上课笔记，到现在都还完整地保存着，装订了好几本存放在我的书架上。正是这样的讲法，邹老师使我们对于德国哲学，尤其是康德和黑格尔，有了非常深入的理解。什么叫哲学？思想性的哲学与知识性的哲学是不同的，很多大学的哲学课教的是知识，至于这些知识内在的逻辑关系却是阙如的，而邹老师教给我们的恰恰就是这种内在的、思想性的逻辑联系，至于知识则是次要的。这是我在吉林大学获得的使我终身受益的东西。

当然，现在回过头来客观地看邹老师三十年前这样一种教学方式，可以说，他确实是一个原创性的哲学家，但那又确实只是思想性的东西，还不是学术性的东西。因为虽然他在新中国成立初期和高清海老师在中国人民大学受过苏联专家一年的培训，在黑格尔哲学方面有过一些苏联风格的知识训练，也大量研读过马克思主义著作，阅读过当时翻译过来的一些苏联的、西方的对于黑格尔的研究著作，但是我们知道那个时期，翻译是非常有限度的、片面的，绝大部分都要经过马列这个谱系的过滤，邹老师对英文和德文也不是非常熟悉，这就使得他的哲学思想缺乏现代学术性的支撑，不太符合现代意义的学术规范。但即便如此，不能否认，我们现在依然能够感受到他的思想的逻辑的力量。学术性的东西是可以进一步处理的，但思想的东西一旦缺乏，单靠学术是弥补不了的。我觉得自己受邹老师影响最大的，就是他的思想逻辑的穿透力，后来再也没有老师对我有过这么深入的影响，而多是知识性与学术性的学习。虽然现在我不做哲学了，但是这种内在的逻辑和思想性的力量，对于我做任何的研究——无论是我现在的宪法学研究、中西立宪史的研究，乃至法政制度的研究，都是少不了的。所以，我仍然十分怀念邹化政老师，也非常怀念三十年前那两年半的时光。

难忘记忆

刘：能否为我们讲述一下您在吉大求学的那段时光里，与老师和同窗之间，与吉大哲学系之间发生过的，您至今难忘的事情？

高：这两年半的时间里，我主要是在邹老师要求下，深入地把黑格尔、康德的几本著作做了反反复复地阅读，交往很少，其他老师的课程，我也不感兴趣，几乎不去听。那时候也没什么学术会议，也没有发表论文的要求，而且邹老师在哲学系也是比较边缘的，我除了上课、读书之外，也没有太多事情，和系里也没什么往来。每年每学期除了例行的报到注册和课程统计之外，也没人组织春游啊、聚餐啊什么的，说起来，也没有什么难忘的事情。那时候不像现在，校外的经济社会交往几乎没有，我也没有参加同乡会之类的活动，校园之外，不认识任何人，和外部几乎没有任何联系。加上我年纪又小，而且不是吉大的本科学生，又是南方过来的，相对来说与他们还是有隔膜的。要说难忘的事情，就是在跟随邹老师的学习中，经常熬夜，春夏秋冬在教室里头，读书学习，确实也很寂寞。放假不回家，就是看书。看书到底为了什么，也不知道，也不去探讨，就是认真读书。学习生活非常简单，没有外部的事情裹挟着你，也没有更多的欲望，一切非常简单。生活也很清贫，就是靠学校发的研究生助学金生活，每个月几十块钱，但是够吃。吃的也就是咸菜、馒头、玉米楂子，中午有一顿带点腥荤的菜，大家都是如此，也没什么特别的。就是这样，一天一天过去了。要说难忘的事情，那就是求学过程中的简单、寂寞，现在回忆起来，又觉得非常美好。

学术探索

刘：您从1985年开始，师从贺麟先生，提前一年读博，您是当时中国社科院最年轻的博士，您是因何机缘进入中国社科院继续学习哲学的呢？

高：我在读大学的时候就对《精神现象学》感兴趣，所以到研究生的第二年开始准备毕业论文时，我就选择了《精神现象学》作为硕士论文的选题。那时国内研究自我意识的文献材料很少，主要就是黑格尔的论述，外文资料也很有限。那时社科院哲学所从苏联翻译了一些关于黑格尔研究的论文集，与自我意识有关的资料，王树人老师有两篇文章，贺麟先生有一些著作和论文，还有一些在我看来比较独特的作为《精神现象学》辅助文献的德国浪漫派的东西，最后就是歌德的《浮士德》。由于我本科是学文学的，所以从一开始就关注歌德的《浮士德》与精神现象学的关系，这一对比性的研究在西方也有人做，如卢卡奇有过这方面的论述，但我当时并不知道，只是从直觉上感觉《精神现象学》与《浮士德》两者可以放在一起来研究。最后草稿写了有五万字，当时也是很长的了。

我报考贺麟先生有一定的偶然性，起因于我在《光明日报》上看到的中国社会科学院研究生院的一份招生简章。简章中说哲学所的几位老先生要招收博士生，其中就有贺麟先生。当时中国社会科学院研究生院由于正在建校舍，所以比普通高校晚半年招生。于是我就给贺先生去了一封信，询问像我这样正在写毕业论文的学生可不可以考。贺先生很快就给我写了回信，说我可以考试。按照当时的学制，我在吉大的学习其实还没有结束，于是我在征得吉大哲学系同意之后参加了考试，并被录取，等于是提前半年考取了社科院的博士研究生，跟随贺麟先生研究德国的古典哲学，1988 年以研究《精神现象学》自我意识问题的论文——《〈精神现象学〉中的自我意识论》获得哲学博士学位。

书名

立宪时刻：论《清帝逊位诏书》

作者

高全喜

出版社

广西师范大学出版社

出版时间

2011 年 7 月

刘：您在博士毕业之后的十几年时间里，有近十年只参与美术界的一些活动，相当于暂时退出学界。之后就将您的思想重心转向了法政领域，您是因何缘由在沉寂许久之后将您的学术研究转移到政治学和法理学的？

高：我上学的时候，对于法学的了解还是很少的。10 多年前，大概是 1998 年前后，我才开始涉足法学，现在我的主要研究方向是宪法学、中西立宪史、法哲学与政治哲学。这一学术转向固然是基于我的人生取向，但缘起还是由于我的一场病。1988 年底我留在中国社会科学院研究生院工作，1989 年"六四"之后，社科院出台了一个规定，要求社科院没有参加过工作的或工作不满两年的年轻人都得到基层去锻炼。于是我们一批人就到了河北省保定地区接受社会锻炼，我被分到了易县的县委宣传部。正是在这个时候，我得了一场重病，当时直接就被送到了北京的医院，而且在医院一住就是四五年。出院后，我一直在家养病。这样前后大致有十年的时光过去了。在这十年期间，我独自读书思考，基本上脱离了学术思想界，其间只是偶尔参与一些美术圈的活动。虽然我的心没有死，但更多的是有关人性的神学和艺术思考，在知识上和兴趣上都与当时的社会变迁和思想潮流相隔绝。10 年间，没有去过一次书店，没有读过一篇专业论文，也没有参加过一次学术会议。英语和德语也几乎全部遗忘。

大概在 1998 年，当我恢复健康重新工作以后，我开始重新思考人生的去向。按理说我的哲学基础是很好的，跟随贺麟先生研究德国古典哲学，早在 20 世纪 90 年代就在生活·读书·新知三联书店和台湾锦绣书局出版过有关黑格尔与宋明理学的两部专著。有贺麟先生作我的导师，我做哲学研究本是顺理成章的。但我是属于果敢、笃实、意志力比较强的人。我感到鸦片战争以来，中国的社会制度虽然不断变化，但并没有实现真正富有成效的变革。我们还远没有建立起一种优良的政治与法律制度，从而使得人民获得自由、民主与幸福，使得国家真正地强大起来。我觉得在未来的伟大变革中，纯粹的哲学研究不可能担当起至关重要的作用，至少在我关切的问题方面，情况是这样的。于是，我就毅然改变所谓的专业方向，开始对法学、政治学、政治经济学，尤其是宪政理论，产生了浓厚的兴趣，大量阅读这方面的书籍，一步一个脚印地重新学习。这样慢慢就促成了专业上的转向。恢复工作后，我先是在社科院的研究生院工作，2005 年调到了法学所，2008 年到北航法学院和高研院任教，今年已经转到上海交大法学院工作。

刘：您自从 1998 年开始真正涉足法政领域之后，后来居上，您是如何将您之前从事多年的哲学研究与法政研究相结合的呢？

高：我自学术转向以来一直都是在法学院工作，但我做的并不是部门法，我没有受过系统的法学院专业教育，对于具体的法律实务工作也无甚兴趣，我比较关注的是法学的基础理论，一般称之为法学理论或法理学（法哲学）。这是我比较感兴趣的部分，这些部分与哲学是密切相关的，我的优势也恰恰是在这个地方。我在社科院期间，也给硕士生和博士生开过黑格尔、康德的法哲学课程。这些哲学家在认识论、本体论之外都涉及了社会构造部分，法哲学在德国的思想谱系中占有着十分重要的位置。我正是从这个角度从哲学领域进入了法哲学的研究。

但是，我感觉仅仅从哲学的角度进行研究是不够的，因此我又力求从法学的角度进入。由于我没有受过系统的部门法的训练，但是从法学的角度进行研究就要求我对部门法要有系统的知识，如果没有的话，只是哲

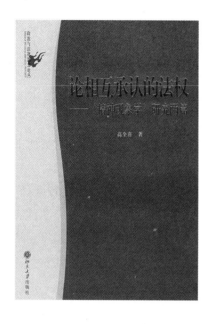

书名

论相互承认的法权

作者

高全喜

出版社

北京大学出版社

出版时间

2004 年 12 月

学的路径不能称之为法学理论的研究。我花了大量的功夫来深化自己在这方面的知识储备和学习。由于我有哲学的功底,与那些专门从事法理学研究的人员相比,在哲学思辨和方法论上就能够更胜一筹,我这些年出版的一些学术著作基本上都是在法学与哲学的结合点上突破的。在掌握了部门法的基础知识之后,再依托哲学上的优势,使我能够找到一个新的学术增长点。由于我一直在法学所、法学院任教,浸润在法学的学术环境中,在交往、学习和观察的过程中,法学的专业知识自然也是水涨船高,所以,这个专业的转向对于我来说其实还不是最大的挑战。

对我来说更大的挑战,是从欧陆的法哲学路径到英美法思想路径的转型。在我从哲学转向法学的研究过程中,我也逐渐放弃了欧陆法哲学中理性主义的研究路径,转向了英美经验主义的研究路径。这对我来说算是一个比较大的挑战,因为我以前在吉林大学和社科院哲学所受到的主要是唯理主义的、德国哲学的、体系化的哲学训练。通过研究法学,我的思想开始形成一个重大的逆转,我逐渐看到了欧陆哲学中的短板和问题,并独自在学习和研究中试图开辟出一条英美经验主义的法理学路径。在这里,我一方面要感谢吉大留给我的这样一个欧陆哲学训练的"桩",但另一方面,这些年我又依靠自己的探索,从头开始打下了另一个英美经验主义法政哲学的"桩"。我感觉到吉林大学给我打下的欧陆思想的"桩"是利弊

书名

从非常政治到日常政治——论现代的
政法及其他

作者

高全喜

出版社

中国法制出版社

出版时间

2009 年 11 月

参半，吉林大学哲学系的思想传统过于欧陆化，经验主义的传统十分微弱。但在当今世界的思想潮流中，实际上仍然是以英美的经验主义为主导的。在吉林大学学习时我并没有意识到这个问题。我的导师邹化政先生受制于他们那个时代以及知识所限，虽然做出了如此大的成绩，但在中国的思想界和哲学界还是默默无闻，其中的一个原因可能也主要是其研究路径上的问题所致。

关于我在法政思想以及中国宪制史方面的研究，这里就不多说了，大多与纯粹的哲学关系不深，但即便如此，我仍然要说，任何一种法治与宪制的思想以及实践，都需要一种哲学的指导，我所幸在早年能够考上吉林大学哲学系，能够跟随邹化政老师攻读黑格尔和康德哲学，感受到那种纯粹思辨的哲学思想的芳香以及孤苦，现在每每念及此，我都会感慨良多，感铭于心。

寄语吉大

刘：今年是吉大七十周年的校庆，请您赠予吉大和吉大学子几句寄语。

高全喜·肖像

高：我想对吉大学子们说的是，路是自己走出来的，大学的学习只是为你提供了一根拐杖，但如何走，全靠自己的努力。你们与我们的时代不同了，道路肯定也会不同，但用现在一句流行的话——不忘初心，还是必要的。

母校 70 年校庆，我们作为曾经受惠于她的学子，当然是恭贺与祝福她。不过，就我来说，心目中的吉林大学还是过去的那个风雪妖娆的素装更为美好，更为使人难忘。

吉大七十　哲林人物

　　吉林大学哲学系自 1958 年建系以来，培养了一批又一批"爱智求真敢问真"的学者，他们走向全国各地，为开创和繁荣我国的哲学社会科学事业筚路蓝缕、笔耕不辍。今适逢吉林大学七十华诞，本平台特开设《吉大七十·哲林人物》栏目，刊登一系列吉大哲学优秀系友专访。忆往昔峥嵘岁月，叙今朝母校情深，展未来踌躇满志……

用心做学问

——访王南湜教授

王南湜，陕西凤翔人，生于 1953 年 7 月。1976 年毕业于华南理工大学化工机械系，在从事了数年技术工作后，于 1982—1983 年期间在吉林大学举办的助教进修班开始修习哲学。1986 年于中央党校理论部获哲学硕士学位，1989 年于南开大学哲学系获哲学博士学位。现为南开大学哲学系教授，博士生导师。学术兼职有：教育部学风建设委员会委员，中国辩证唯物主义研究会常务理事，中国人学学会常务理事。1998 年入选国家教育部"跨世纪优秀人才培养计划"，1999 年获国务院颁发的政府特殊津贴；2002 年获宝钢优秀教师奖；2007 年获天津市劳动模范称号；2007 年获天津市优秀教师称号；2009 年获教育部"全国优秀博士学位论文指导教师"奖。

出版专著十余部：《人类活动论导引》（1993 年）、《从领域合一到领域分离》（1998 年）、《社会哲学》（2001 年）、《复调文化时代的来临》（2002 年）、《后主体性哲学的视域》（2004 年）、《追寻哲学的精神》（2006 年）、《马克思的实践唯物主义》（英文版，2011 年；土耳其文版，2011 年）、《辩证法：从理论逻辑到实践智慧》（2011 年）、《中国哲学精神重建之路》（2012 年）、《马克思主义哲学中国化的历程及其规律研究》（2012 年）。出版译著 2 部：《马克思主义与哲学》（柯尔施著，1989 年）、《知识与想象的起源》（布朗劳斯基著，1989 年）。另在《中国社会科学》《哲学研究》《学术月刊》《天津社会科学》等期刊发表学术论文百余篇。

学术专著入选"国家哲学社会科学成果文库"1 次（2011 年），获教育部人文社会科学优秀成果二等奖 1 次（2006 年），获中国图书奖 1 次（2002 年），获天津市社科优秀成果奖一等奖 2 次（2002 年、2006 年），荣誉奖 1 次（2004 年），二等奖 1 次（1996 年）。

采访时间：2016 年 8 月 29 日
采访地点：吉林大学匡亚明楼二楼会议休息室
采 访 人：牛俐智（以下简称"牛"）
被采访人：王南湜（以下简称"王"）

结缘吉大

牛：王老师，您好！很荣幸能够代表"反思与奠基"网站和《哲学基础理论研究》编辑部对您进行访谈。我们知道，王老师当年学习的是化学机械专业，是什么机缘导致您后来选择从事哲学研究呢？

王：这个好像不算是一开始就有意识的选择，当然也可以算是选择。最后"选择"搞哲学，有一系列特殊原因。还应当从我爷爷说起。我爷爷敬佛，当时是我们那里比较有名的佛教活动家，号称"王善人"，经常到外边给人讲"善书"。在我稍大一些时候，他外出讲善书也带着我，在各个地方周游。由于听众多是没有文化的农民，所以所谓讲"善书"，多半是讲佛经中那些因果报应的文学故事，警醒人们要去恶行善。这样的佛经故事听多了，对我有一定影响。其实当时对我有吸引力的东西和宗教没有多大关系，主要是文学的东西。由此我便喜欢上了文学，一心想着以后要学文学专业，然后专门搞文学创作。

但等我到了上大学的年龄的时候，正值"文革"期间，因为家庭成分偏高，没机会上学。幸运的是，我父亲是个中医，他医治好了当时一个乡领导的怪病，所以我就作为"可以教育好的子女"，有了上大学的机会。这个机会来之不易，不敢错失。为了保险起见，我听从一位中学时候老师的建议，选了距离家乡最远的广州的学校。这个学校现在叫华南理工大学，当时叫广东化工学院。由于我们陕西人一般不愿出远门，报那么远的学校的人很少，所以就被录取了。毕业后我被分配到新疆的一家化肥厂。这个工厂由于设计得不适合当地的生产条件，所以连年亏损，半死不活，后来下马了。我闲着没事，也就搞了一些所谓的文学创作。但朋友们看后觉得我这个人毫无文学天赋，搞不了文学，因为我在讲故事时老想追问事情后面那个原因。这显然不是文学的态度，而是科学的态度。朋友们安慰我说，虽然搞不了文学创作，你还可以搞文学研究、文学理论嘛。于是，我就开始读一些文学理论和美学方面的东西，后来读了李泽厚的《批判哲学的批判》。这算是初步接触了哲学理论，但也就懂了一点皮毛。

后来厂子下马，我去喀什市政府当秘书。但不习惯秘书的工作，想离开机关，换个地方工作。后来有一个偶然机会认识了当时喀什师范学院政教系的主任，他曾是李达的学生，在中国人民大学哲学系研究生毕业后留校做过吴玉章校长的学术秘书，后来支边去了新疆。这老先生是市政协委员，市里开政协会时，我在接待，于是就认识了。当时也不知道天高地厚的，在休息时就跟人家聊起李泽厚的《批判哲学的批判》，还有康德哲学。老先生说你是学理工科的，还懂得哲学，我们这正缺一个教自然辩证法（现在叫"科学技术哲学"）的，干脆到我们这来吧。我当时正为市政府不批准我离开而烦恼，听后自然喜出望外。以老先生的声望，调动自然不成问题，于是，我就顺利地"逃"到师院去了。

到了师院以后，按照专业我是搞自然辩证法的。但去了不到两个月，当时有一个咱们吉大的助教进修班的名额，是马克思主义哲学的。老主任说，要不你去学一学吧，反正你没有学过哲学，现在闲着也没有别的事。于是，在1982年春天，我便来到了吉大，学了一年哲学。当时助教进修班的课本来就不少，但我还是挤时间去听了高老师、邹老师给研究生开的课。听得最多的是邹老师的课。邹老师同时开的课很多，我记得两个学期加起来有六七门，主要是讲德国古典哲学，我都听了。所有的课，我都认真做了笔记。最后等到我回新疆的时候，背回去的听课笔记居然有二十多本。你们看，其实这也不是一开始就做好的选择，而是被派来学马克思主义哲学的。但不管怎么说，直到这时，我才算是开始正式接受了哲学教育。

1983年春天回新疆后，系主任又给了一个机会考中央党校的研究生。得力于吉大一年的学习，居然考上了。当时蒋南翔当中央党校第一副校长，他的教育理念是要把中央党校办成普通国民教育，也就是变成普通大学。为落实这一点，给我们授课的老师基本上都是聘用北大、人大、北师大和中科院的教授。感谢蒋南翔校长这一理念，使我们有幸能够听到当时一大批一流学者们的授课。记得是张岱年先生讲张载《正蒙》，汪子嵩先生讲亚里士多德的《形而上学》，任继愈先生讲佛教哲学，黄楠森先生讲列宁的《哲学笔记》，齐良骥先生讲康德的《纯粹理性批判》，张世英先生讲黑格尔《小逻辑》，王太庆先生讲唯理论和经验论。也记得高清海老师在京开会期间给我们做过专题讲座。此外，还请过钱学森、宋健、郝柏林、许国志等著名科学家给我们讲最新科学进展。就这样，我们上了整整两年课。这也算是把我缺失的哲学基础课给补上了。当时中央党校强调要打下扎实哲学史基础，特别重视德国古典哲学学习，这一点也和咱们这个吉大的传统很相似。但我这个基础最初还是在吉大打下来的，当时背回去的二十多本笔记本有空的时候就拿出来翻一翻。我在中央党校的硕士论文也还是按照吉大的这个传统去做的。我做的题目是《资本论》的辩证法问题。我把它理解成一个正反合，从普遍到特殊再到个别这么一个结构。这也可以说是仿照邹老师的那个思辨传统去研究《资本论》。后来博士论文做的实际上也是在这个传统里面，是想从实践这个概念出发来建构起一个马克思主义哲学体系来。后来发现这个构想无法完成，所以我的博士论文最后只是用实践概念把马克思主义的这些重要范畴都重新解读了一番，最后并没有构成一个辩证法体系。但不管怎么说，这些都是在吉大种下的思维方式。从吉大出去以后，很长时间没有再回过这里来。大概是从1993 年开始，在吉大参加过几次会以后，到这里来的就比较多了。1999年以后几乎每年都到这来参加博士答辩，我估计至少有十四五年吧。这里经我主持答辩的博士恐怕差不多有近百人吧。

书名

从领域合一到领域分离

作者

王南湜

出版社

山西教育出版社

出版时间

1998 年

难忘记忆

牛：看来王老师跟吉大真的很有缘分。您在吉大学习的过程中，有哪些人或事给您留下深刻印象呢？

王：印象最深的首先当然是高老师。当初读高老师的文章，就感觉气势非凡，到吉大后听他讲课也是感到气场强大，感染力极强，无人能比。高老师为人为学，一直都是我的榜样，对我后来的研究进路有很大的影响。我们那一批人，一开始写的东西大多都是跟着高老师走的，可以说是"照着讲"的，高老师走了以后，还留下了"哲学遗嘱"，这就需要我们"接着讲"。在高老师70岁生日时我曾经写了一篇文章来纪念。文章的题目是《启蒙及其超越——高清海思想发展轨迹》。我把高老师的思想轨迹归结为"启蒙及其超越"，也就是说，从20世纪80年代的启蒙到90年代对启蒙的超越。我记得在吉大参加答辩时把文章拿给高老师看，高老师也认同了我对他的思想发展轨迹的描述。这当然是高老师对我的鼓励。文章在刊发时，一开始有一个"谨以此文恭贺高清海老师七十华诞"的题注，但因为当时高老师处境的缘由，刊物方面怕给高老师惹更多麻烦，就把这个题注给删掉了。高老师的思想中，最不被人所理解的是他晚年所提出的"类哲学"。"类哲学"提出来后，一直遭到批判，反对的人多，赞成的人少，尤其是老一辈学者多不赞成。在写那篇文章时，我自己对他的"类哲学"也不理解，尽管虑及高老师当时的处境，只是委婉地提了一下自己的保留意见，没有完全展开。一直到高老师去世多年之后，当我自己的研究遇到困难，最后走向对马克思哲学做一种近康德阐释时，我才体会到高老师如此致思的缘由，也才悟到"类哲学"的深刻内涵，也才感到高老师远远地走在了我们前面！这也就是在高老师去世十周年的纪念会上，我所说的近年来关于"类哲学"所领悟到的。我觉得，高老师在晚年之所以提出"类哲学"，就是要在当今历史背景下，为中华民族重建价值理想奠定哲学基础。再后来，我又进一步认识到，其实，在中国马克思主义哲学发展史中，一直有一个未被彰显的传统，那就是从张岱年先生的价值论到冯契先生的"智慧说"，再到高老师的"类哲学"这样一种致思倾向，都是想在被阐释为决定论体系的马克思主义哲学里面加入价值论这一维度。这是一个很重大的问题。但是后来张、冯二位先生没有完成，高老师也没有完成。如果他的生命再延续十几年，他的成果有可能为中国哲学的发展作出更为重大的贡献。所以，我们需要接着讲，把这个东西继续发扬出来。

再一个印象特别深刻的就是邹化政老师。在助教进修班时，我听他的课最多，对我思想的影响也非常大。他这个人是用"心"做学问的，他的生活的全部意义似乎都放在学术上了。他为学认真，人又性子急，经常为了学术问题，就像要跟人吵架似的。课间休息时卷烟抽，有时候争辩一个学术问题时很生气，手都发抖，无法把烟卷起来。邹化政老师除了学问，对其他的一切似乎都没有兴趣。有一次我去拜访他，聊学术的时候，他兴致勃勃，两眼放光；换话题后，他就不说话了，他的老伴只好赶紧帮忙打圆场。邹老师一口山东胶州半岛腔，说话还喜欢半文半白，刚开始我们都不大听得懂。他上课基本上是念讲稿，让他用口语讲，反而词不达意，更难懂。后来习惯了他那半文半白讲课方式，觉得像蓝公武先生译的《纯粹理性批判》的语言风格似的，也别有一番风味。

还有正聿老师，我在吉大进修时，和他并不太熟，后来一起开会比较熟了，最初的感受是他无论会议上的发言还是讲课，那气势之宏伟，声情之摄人，都给人留下了难忘的印象。特别需要提及的是，从2004年开始，我们都参加了"马工程"编写组，几乎每周都见面，除了编写组的学术讨论外，我们空闲下来，几个人海阔天空，无话不聊。那情景，现在想起来还历历在目，使人怀念不已。再还有孙利天、郉正、高文新、张盾，和他们也很熟，关系也特别好。在学问方面，利天的恬淡自然，郉正的渊博，文新的慷慨激昂，张盾的执着，他们的这些形象，都时时会出现在我的脑海之中。此外，年轻的一辈，如贺来，还有从这读完学位后去了外地的徐长福、邹诗鹏、马天俊，都是同辈中翘楚，且各人的学术进路各有特色，也都给我留下了深刻的印象。

我的印象中，吉林大学这里还有一个很好的传统，那就是老师们每周末聚会时都要议论一下学生的情况，观察搞学术的好苗子，然后重点培养。在这一点上，吉大对学生培养的精心，据我所知，是独一份的。这里有一大批学者都是经过这样的方式被选拔和培养出来的。记得第一次召开"马克思哲学论坛"时，有一次主办方宴请，与会者大概有三十人，坐两大桌，其中围着高老师坐的这一桌，包括我在内，竟然都是有吉大背景的。由此可见吉大培养学生之成效。

学术探索

牛：老师最近在对马克思作"近康德"阐释，能否给我们介绍一下研究成果和基本观点？

书名

追寻哲学的精神——走向实践哲学之路

作者

王南湜

出版社

北京师范大学出版社

出版时间

2009 年 10 月

王：这方面的基本想法，主要表达在《社会科学辑刊》上的两篇文章中：《马克思哲学的近康德阐释——其意谓与必要性》和《马克思哲学的近康德阐释——其可能性与限度》。后来《哲学分析》杂志也发表了一个访谈：《何为马克思哲学的近康德式阐述？》，介绍得可能更系统一些。

这方面我的想法是，以前我们对马克思的理解是法国唯物论式的，是决定论的体系，20 世纪 80 年代的教科书模式改革就是针对这个问题的。再后来，我们受卢卡奇阐释的影响，强调人的活动的历史进程。但卢卡奇的阐释进路是黑格尔主义的，他也不讳言说马克思是直接衔接着黑格尔的。他的阐释对于克服教科书体系的弊端来说，功劳可谓非同小可，对中国马克思主义哲学研究的推进有极其巨大的推进作用。但是，卢卡奇的阐释也有很多问题，后来高老师提出的"类哲学"我以为就是为了超越这种东西。高老师晚年提出"种生命"和"类生命"的双重生命说，认为"类生命"虽然奠基于"种生命"，但是它高于"种生命"。这意味着高老师晚年思想中引入一个二元论的东西。事实上，高老师在他晚年所写的书里面，也提到二元论的哲学家是最深刻的。我觉得高老师晚年是在反思如何在传统的决定论体系中打开一个缺口，以便能够留出空间建立一个价值体系。这是一个重要的变化，但是最后他没时间把这个系统地写出来。

我现在做这个工作也是对高老师工作的延续。当然一开始不是，后来发现，高老师的类哲学就是要做这么一个工作。后来利天教授在《创造中华民族自己的哲学理论——高清海先生的哲学遗嘱》文章中提到，高老师的哲学遗嘱是要重建中国人自己的哲学。我感受到高老师的目标就是重建中华民族的价值理想。被视为高老师的"哲学遗嘱"的文章中，特别提到我们中国人的酸甜苦辣，只有我们中国人能够深刻体会，而他人是无法真切理解的。他要用哲学反思的方式，构建出一个新的境界。我要做的也是这么个东西。而要做成这个东西，按照黑格尔的方式是不行的。因为黑格尔哲学也仍然是一个反过来的决定论体系，无非是物质决定还是精神决定的问题。在黑格尔那里，个人的自由就是一个被"理性的狡计"所利用的工具性的东西。如果人的能动性不能得到真正的确立，自由的东西就无法建立。康德便不一样。近康德阐释，就是要恢复康德的批判维度，从人这个主体出发，从我们追求的人类的幸福出发，不是把人看成绝对精神发展过程中的一个环节。我们看一下哲学史，以"批判"命名自己主要著作的也就是康德和马克思。康德有三大批判，马克思的《资本论》的原名便是"政治经济学批判"，更名为《资本论》后，仍以"政治经济学批判"为副题。由此可见两者之间的深刻渊源。批判的处境必然是一个不圆满的状态，因而才能够容许改变，也才能够容纳人的自由，进而容纳价值理想。这个问题的进一步展开，还有很多重大问题，做起来还是有难度的。要建构起来，还要有一个体系，还需要进一步的研究和思考。

书名

中国哲学精神重建之路：
马克思主义哲学中国化探讨

作者

王南湜

出版社

北京师范大学出版社

出版时间

2012 年 2 月

寄语吉大

牛：您对青年学子的学习有什么寄语？

王：我个人十分认同张载的"四句教"："为天地立心，为生民立命，为往圣继绝学，为万世开太平。"这样一种境界，应该是每一个中国学者所追求的境界。我们都有个人目的，但是只有基于此，才能做出大学问。一般做学问用脑子，而要做好，就需要用心来做。你的研究，要在心里过得去才行。这跟人品密切相关。

关于学习方法，要根据各人的情况分别对待。我学哲学属于"半路出家"的。学生们有"科班"出来的，有"半路出家"的。科班出身的学生一般都是功底扎实，受过严格的专业训练。但是他们容易死守，不易变通。因而要使他们开阔眼界，不断否定，寻找更高的东西。而开阔眼界的方法就是多读书，经典著作要反复读。半路出家的学生一般读书很杂，思想活跃，但其很多想法很可能只是想象的东西，缺乏确定性。他们需要刻苦的训练。做学问，眼界要高，但论证要严。

吉林大学哲学系自 1958 年建系以来，培养了一批又一批"爱智求真敢问真"的学者，他们走向全国各地，为开创和繁荣我国的哲学社会科学事业筚路蓝缕、笔耕不辍。今适逢吉林大学七十华诞，本平台特开设《吉大七十·哲林人物》栏目，刊登一系列吉大哲学优秀系友专访。忆往昔峥嵘岁月，叙今朝母校情深，展未来踌躇满志……

行路致远，不忘初心

——访邹广文教授

邹广文，男，蒙古族，1961 年出生于内蒙古自治区赤峰市。1983 年毕业于兰州大学哲学系，获哲学学士学位；1986 年毕业于吉林大学哲学系，

获哲学硕士学位；后于 1994 年在吉林大学哲学系获哲学博士学位。1986
—1999 年任教于山东大学哲学系；1996 年破格晋升教授职称。1999 年 9
月调入清华大学哲学系，任哲学系副系主任；2000 年 3 月起任博士生导
师。2001 年 8 月至 2002 年 8 月，受韩国高等教育财团的资助，在韩国成
均馆大学任访问教授。2010 年 8 月至 10 月，应邀赴哈佛大学哲学系做短
期访问学者。现担任山东大学、吉林大学、黑龙江大学、河南大学、北京
化工大学等高校的兼职教授。1996 年起享受国务院颁发的政府特殊津贴；
2005 年入选教育部"新世纪优秀人才支持计划"。

主要从事文化哲学与当代社会发展研究，代表性著作有《乡愁的文
化表达》（黑龙江教育出版社 2016 年版）、《当代文化哲学》（人民出版社
2007 年版）、《社会发展的文化诉求》（河北大学出版社 2005 年版）、《当
代中国大众文化论》（辽宁大学出版社 2000 年版）、《人类文化的流变与
整合》（吉林人民出版社 1998 年版）、《文化哲学的当代视野》（山东大学
出版社 1994 年版）、《文化·历史·人》（华中师范大学出版社 1991 年
版）。其中，《文化哲学的当代视野》获得山东省第 14 届社会科学优秀成
果一等奖。另外，在《中国社会科学》《哲学研究》《光明日报》《学术
月刊》《文史哲》《吉林大学社会科学学报》等报刊发表学术论文 200 余
篇。先后主持承担了多项国家社会科学重点课题、教育部社会科学课题。

采访时间：2016 年 7 月 28 日
采访地点：清华大学善斋办公室
采 访 人：刘诤（以下简称"刘"）
被采访人：邹广文（以下简称"邹"）

结缘吉大

刘：邹老师，您好！很荣幸能代表"反思与奠基"网站和《哲学基
础理论研究》编辑部对您进行采访。据我所知，您是在兰州大学哲学系
读的本科，1986 年开始在吉林大学哲学系求学，攻读了硕士和博士学位。

您当时为什么选报哲学专业呢？后来又是如何与吉大结缘呢？

邹：我是1979年9月入兰州大学哲学系学习，是恢复高考后兰州大学哲学系的第二届本科生。当时文史哲是热门专业，而法律、经济等应用型专业由于是刚刚起步。坦率讲我一开始对于哲学还不是特别的感兴趣，就我心中最钟情的还是中文系。但是教我们学习美学的高尔泰先生让我对哲学的态度发生了转变。高尔泰先生是国内"主观论美学"的代表人物之一，他侧重从人的视角来切近美学与哲学研究，对我以后的学术思考产生了重要影响。在他的美学课堂上，我第一次知道了马克思的《1844年经济学哲学手稿》，正好当时中国开始重视人道问题和异化问题的讨论，高先生在《哲学动态》上发表了一篇文章叫《异化现象近观》，至此我就开始了关注文化问题以及异化问题，而《1844年经济学哲学手稿》专门讨论异化问题，由异化问题到马克思的异化劳动到马克思对人的关注，是20世纪80年代初期国内哲学界讨论的非常热的领域。国内有很多非常有启发性的文章，这些文章实际上成了我哲学入门的起点。到了大四毕业准备考研时，因为我家在赤峰市，对东北文化氛围比较熟悉，就想考吉林大学邹化政教授的硕士。当时专门去图书馆查阅邹老师的资料，他的书很难找到，但我很幸运地找到一本匡亚明先生写的《马克思列宁主义理论的几个问题：论邹化政与修正主义》（上海人民出版社1959年段）。这本书是我最早了解邹化政老师学术思想的一个切入点。通过这篇文章我了解了邹老师在西方哲学领域，特别是德国古典哲学领域有自己特别独到的见解。所以我当时情绪很激动，就给邹老师写了一封信，主要是讲："我虽然没有读到您本人的论文，但间接地感觉到您对学术的这种分析的执着，我还是非常仰慕的，我想报考您的研究生，研究西方哲学。"邹老师很快给我一封很长的回信，大致内容是讲："欢迎你报考吉大，虽然你没有读过我的书，我的书确实很少，但是我现在有一些讲义，这些讲义我会委托我的学生孟宪忠给你寄过去。"过了不久，孟宪忠学兄给我寄了邹老师的几本油印讲义，虽然邹老师语言比较晦涩，但我读这些资料真可说是如饥似渴，他的关于康德哲学和德国古典哲学的讲义，把整个近代哲学的逻辑脉络分析得非常好，所以我那年如愿考到吉大去跟随邹化政老师研读德国古典哲学专业。

1986 年硕士毕业时全班同学与导师合影，后排右二为邹广文

难忘回忆

刘：您先后师从邹化政、高清海两位大家，您能否为我们讲述您在吉大求学的岁月里，与老师和同窗之间记忆深刻、难以忘却的事情？

邹：我觉得吉林大学是一个有哲学的哲学系，是鼓励人的思想创新的哲学系。吉林大学地处长春，位置相对闭塞，商业和旅游也没有得天独厚的优势。但这对于做学问而言也许是难得的优势，可以免于很多浮躁潮流的影响，恰恰是培养独立思考，静下心来读书的好地方。应该说，在吉大读硕士的三年时光对我后来的哲学研究有着决定性的意义，特别是邹化政老师根本上转变了我的经验式哲学思考，让我开始学着用自己的头脑去理解、去思考哲学。我读书时的吉林大学号称中国的"马路大学"，食宿等自然条件非常艰苦，但是过得却非常充实，图书馆—教室—宿舍三点一线成了不变的节奏。邹老师引导着我们徜徉在德国古典哲学的世界中乐此不疲。因为我是学德文的，所以当时读康德的"三大批判"是德文版和中文版对照着读，我的眼睛就是那时看近视的，吉大的读书生活夯实了我的哲学基础。三年硕士生活，我们有幸与邹化政老师接触得比较多。邹老师一生淡泊名利，甚至忽视生活小节，但是在对弟子的要求方面却是非常严格的。光是在教学方面，邹老师就亲自全程为我们讲授了《康德〈纯粹理性批判〉研究》《黑格尔〈逻辑学〉专题》《西方近代哲学专题》《〈资本论〉中的人学原理》等课程。邹老师讲课非常投入，完全忘我，是一个活跃在自己思想当中的人。记得是 1985 年 5 月，我陪同邹老师去了一趟山东曲阜，邹化政老师曾写过一本《先秦儒家哲学新探》，时任南京大学校长的匡亚明先生最先看到此书稿，在他去山东参加孔子的学术会议时，就邀请邹老师来山东就该书稿谈一谈，以促成书稿的出版。匡老当时也正在写一本书叫《孔子评传》，也想与邹老师一起商讨有关孔子哲学的相关问题。以此为契机，我陪邹老师来到了山东曲阜，在此期间我才真正了解邹老师和匡亚明先生之间的思想交流。见面时匡亚明先生说，请邹老师山东见面来其实也是在修正他自己的一些学术观点和对邹老师学术思想的一些看法。当时匡老已经是年逾八十的人，但是言语中传递出了对邹老师学术思想的热情鼓励和肯定。最后这本书是在黑龙江人民出版社得以出版的。我们这届学生可以说是从邹老师那里受益最多的。邹老师率真的为人、对哲学学术的一生坚守都是让我们永远难以忘怀的。

我 1986 年硕士毕业后到山东大学哲学系任教，系里安排我讲授《美学原理》课程，之所以教授此课，是因为我的硕士论文研究的是康德美学，题目是"康德的审美心理机能理论及其影响"，后来也在《吉林大学学报》上发表了。一直到 1996 年不知不觉间我在山东大学哲学系讲授了10 年美学原理课程。期间穿插讲授了《文化哲学》课程。

我读硕士期间除了听过几次高老师讲课和学术讲座之外，并没有和高老师有过私人交往。但是当时高老师撰写的一些书确是我案头的必备。高老师当时已经是吉林大学的副校长，参与学校的管理工作，很忙，而且正在主持编写教育部委托的教材《马克思主义哲学基础》一书。我们毕业时，高老师与我们那届毕业的 12 名研究生合影留念，并在研究生毕业会上告诫我们"为学为人，其道一也"，做学问首先要做好一个人，这句话我一直铭记在心。在我到山东大学工作之后，跟高老师的接触变多了。记得是在 1991 年 5 月，我的第一本书《文化·历史·人——文化哲学导论》准备在华中师范大学出版社出版，但是对于一个年轻学人来说出版学术著作是一项很神圣的事，我诚惶诚恐地给高老师写了一封信，希望高老师百忙中能够为我的书作个序，并随信寄去了几篇自己公开发表的文

**1997 年（左二）入选山东大学首届"杰出青年学者"奖励基金，与
时任校长曾繁仁（右六），副校长展涛（右五）合影**

章。想不到一个多月之后我就收到了高老师为我的第一本书写的"序
言"。在序言中高老师说我"不拘一地，涉猎广泛，这对于青年人的成长
实是有益。近年来常在杂志、报端见到他撰写的一系列文化哲学、美学文
章，今又有专著问世，我对他所取得的这些成绩感到高兴。爰写以上，聊
表'新松高千尺，蔚然尽成林'之祝愿。"当时读到高老师写的序言，字
里行间洋溢着老师对后辈学子的提携之情，直到今天想起此事仍然历历在
目、心绪难平。1992 年，在孟宪忠学兄的召集下，全国第一届社会发展
学术讨论会在北戴河召开。当时高老师和孟宪忠教授合写了一篇文章——
《中国需要自己的社会发展理论》，在国内非常有影响力，被《新华文摘》
全文转载。因为改革开放以后不能仅仅是要经济发展，社会发展也很重
要。从哲学观念变革角度来讲，社会发展问题的研究也是哲学观念变革里
面的应有之义。所以孟宪忠学兄就问我能不能在山东承办一次研讨会，后
来我在山东烟台主持召集了第二次全国社会发展学术研讨会，还把高老师
请去了，在这次会上，我有机会就一些困扰我的学术问题当面求教了高老
师，深感高老师一方面是一个非常慈祥宽厚的长者，但谈论起哲学问题来
却逻辑严密、丝丝入扣。

　　说到就读博士还有一段机缘。在我准备读博时，因为当时的吉大哲学

2001 年 6 月与高清海老师一起参加韩国学术会议

系还没有西方哲学博士点，邹老师主动建议我读高清海老师的博士，但阴差阳错一直拖了下来。1992 年邓小平南方谈话发表，迎来我国第二次思想解放，教育部在各高校试点培养论文博士，吉林大学哲学系的马克思主义哲学是试点单位。高老师主动通过孟宪忠学兄跟我打招呼，问我有没有兴趣？我受宠若惊，随后认真准备入学面试。当时报考论文博士其中有一些硬性条件，比如要求获得过省部级奖项啊，发表过一些有影响力的文章啊，教研工作不少于 5 年啊等，我刚好符合这些硬性要求。所以在 1992 年我幸运地成为高清海老师门下的第一个论文博士生。接下来就是在高老师的悉心指导下撰写博士论文，我的论文研究领域仍然是文化哲学，记得我的论文写作提纲面呈高老师大约一个月之后，高老师为我的论文提出了十几页的修改建议，当时还没有电脑，全是蓝色墨水手写，至今我还保存着这份弥足珍贵的手稿。

　　我感到高老师一生最主要的贡献就是坚持哲学观念的变革，创新哲学思考的路径。从哲学史上来看，任何一个伟大的思想家哲学家之所以伟大就是因为他提出了自己独特的表达自己理论体系、理论方式的哲学范式。比如柏拉图的"理想国"，康德的"绝对命令"，黑格尔的"绝对精神"，包括现代库恩的"范式"等。即要通过一个特定的概念范畴来表达自己

2004 年 3 月于高清海老师家中

创新性思想。在这个方面，吉林大学的创新方面始终是走在中国哲学界的前列的。不只是弄清楚经典作家怎么说，更要创新性地接着说，这就是我在吉林大学受益最大的地方，也是我为什么硕士毕业之后又回到吉大继续读博士的一个主要动因。

不知不觉间，当年我们求学时引以为豪的一代吉大哲学领航人都陆续谢幕了，但是他们所开启的哲学思考方式却深深影响着吉大乃至全国的哲学后人。近期，我正在着手主持编辑出版一本《邹化政学术纪念集》，邀请邹老师当年曾经授业过的专家学者，从各个方面去回忆、研究先生的为学为人。非常感谢的是，我的这一倡议得到了吉林大学老中青三代学人的积极支持。之所以要做这件事，就是感觉邹老师的书出版得比较早，年轻人即使找到读起来可能比较吃力，而有一本学术纪念集在手，对于后代学人全面了解邹化政老师的学术思想还是很有必要的。邹老师不能被遗忘，而且我认为唤起记忆对文化的传承也是很重要的。文集出版后，我们还准备借邹老师 2018 年逝世十年纪念之际，召开一次邹老师的学术研讨会，让大家围绕邹老师的学术思想畅所欲言，表达我们对邹老师的纪念之情。吉林大学留给我们的，绝不只是短短的几年在校期间的影响，更重要的是吉大对哲学的独特创新意识与坚守情怀，给每一位吉大哲学学子注入了一种社会情怀与使命担当，从而对个人的人生观价值观判断产生非常重要的影响。吉林大学对于我们而言，有一种归属感、家园感。

学术探索

刘：您从事文化哲学研究已经有近30年时间，那么您是如何走上文化哲学研究之路的呢？

邹：粗略算起来，我从事文化哲学研究已经有30年时间，同行和媒体时不时向我提出这样的问题："你是怎样走上文化哲学研究之路的？"面对这一问题，我起初并没有特别在意。最近在利用一个机会梳理自己的学术历程的时候，也向自己提出了这一问题。思考的结果是既有个人的原因，也有社会和时代的原因。就个人因素而言，作为一个哲学学者，我认同黑格尔关于哲学乃是"被把握在思想中的它的时代"的论述。在我看来，真正的哲学总是深深凝结和表征着人们在时代探索与实践活动中的思考和冀望。一味地沉迷于抽象的思辨乃是哲学研究的误区，关注并反思自己脚下的大地乃是哲学学者的重要使命。并且，在整个读书过程中，我本人就一直对文化问题比较关注。中国从改革开放以来就有文化热，因为文化是一个民族各种思想观念、意识形态最深厚的一个基础，文化问题直接激活了人们对中国社会各种问题的思考。

1986年暑期临近硕士毕业时，我在黑龙江省社会科学院的《学习与探索》杂志上发表了第一篇关于文化问题的研究论文——《东西方文化传统与人的现代化》，因此一定意义上可以说，我也算是新时期我国文化哲学研究的亲历者和见证者，我感受最深的就是中国的社会生活变革及与之相适应的时代精神，推动着哲学去反思文化。我们所做出的任何思考与论断，都是在这一大背景下展开的。一个民族的自信，最根本的还是文化自信。而且邹化政老师当时也比较支持我的选择，所以我就开始研究审美文化哲学这个领域了。此外，当时国内翻译出版了一本卡西尔的书《人论》，我看这本书时就思考他怎么认识人的，他说人是文化的存在，人是一种符号动物。他是从文化的视角来解释强化对人的理解。这个思路和我不谋而合，邹化政老师也强调哲学是人学，为此专门写了一部《〈资本论〉中的人学原理》的论著，可惜这本书到现在仍未出版。（刘：上课时常听老师们说，邹老师的手写讲课稿就有近百万字。)

就社会和时代因素来看，当一个社会发展较为平缓的时候，文化的作用往往不被人注意；而当一个社会出现急剧变革的时候，文化问题就会凸显出来。近30年无疑是中国社会发生剧烈变革的30年，文化的崛起并没有与经济的腾飞相同步，精神文化补给的缺失已经成为诸多社会问题的根源。作为一个从事哲学研究、从事社会文化建构的学者来说，这是我不愿看到的，但却是我必须面对并予以思考的。为了从哲学的层面寻找这些问题的解决之道，也是为了承担一个哲学学者的文化使命，我逐步走向了文化哲学的研究道路。

2003 年指导的第一届博士毕业，在清华大学工字厅前与

时任校长顾秉林教授（前排右三）合影

从当代中国文化研究的基本走向看，大体经历了一个由自发到自觉的过程；当代中国文化哲学研究的兴起，便体现了一种从学理层面系统思考文化问题的努力。回顾中国文化哲学研究所经历的从无到有的历程，可谓充满了艰辛与坎坷。不容否认的是，文化哲学园地在学界同人的辛勤耕耘下，已经成为我国当代哲学研究的一支有生力量，尽管尚不完全清晰，但文化哲学学科的整体图景正逐渐呈现于人们面前。同样不容否认的是，文化哲学研究无论从它的学科层次、研究规模及其对当代社会人文影响的深度和广度，与其他人文学科相比，仍显弱小和不足。事实上，每一位文化哲学研究者正是伴随着这样一种苦恼、忧虑和历史重负默默地进行着艰难的探索的。

哲学研究不能忽略人的存在，这要求我们要自觉站在人学的原则高度上，把人的在场作为讨论一切问题的前提。在我看来，马克思哲学思考的轴心乃是对人的深沉关注，即人的自由、解放与全面发展，因此研究马克思主义哲学决不能忽视"人"的视角。要试图从经验与超验两个方面入手为人与世界的关系问题寻找答案，从而树立了马克思主义哲学的人学阐释。我们知道马克思首先是一个革命家；其次才是一个理论家。他一方面积极参加革命的实践；另一方面锲而不舍地寻求并创造革命的理论。这就使其与那些如康德般一辈子没有离开过自己出生的小镇而潜心于理论建构的哲学家区分开来。马克思究竟是如何理解和把握"人"的问题，我认为他在《政治经济学批判》中的一句话或许更能够回答并有助于我们理解这个问题："人双重地存在着：主观上作为他自身而存在着，客观上又存在于自己生存的这些自然无机条件中。"这里说明了人的存在的二重性。就自然存在的角度看，人的生存趋于同质性，不同人的生活具有强烈的同质化倾向；就社会存在的角度看，人的客观意义上的生存建立在人的主观意义上的目的性存在之上，正是由于人对自我存在意义理解上的不同，造成了人们之间的个性差异。关于人的哲学思考必须从人的二重性存在展开，人的生活世界在逻辑上可以被区分为经验世界与超验世界，或者说人的现实世界与可能世界，而人的生活内容，就是在这经验与超验、现实与可能之间"上下而求索"，马克思哲学思考的核心同样也是在这两端间的张力结构中呈现出来的。

刘：人学观点是如何与文化哲学的建构相联系的呢？人与文化，哲学与文化之间又究竟是一种怎样的关系呢？

邹：从人的视角来看，哲学的本质可以被理解为主体自我意识，文化则是对人的现实世界的集中表达。哲学与文化的融合，是人类文化精神的崭新整合，而实现这一融合的关键则在于马克思的实践观点。前面我已经说过，人的生活乃是在超验世界与经验世界之间上下求索，那么究竟如何来沟通人的现实生活与超验思考呢，马克思给出的答案就是实践。一方面，人的实践创造并展开了人的社会生活；另一方面，人类生活中遇到的

2006 年在清华大学给学生讲课

各种问题以及由这些问题所引发的理论误解，都能在人的实践中以及对这个实践的理解中得到合理的解决。由于人的实践活动的介入，物质世界的客观性和本源性具有了属人的性质，客观的物质世界变得不再陌生；与之相应，人的主观世界也不再抽象孤立，而是寻找到了一种表达和展现自己的支撑点——文化，人的精神世界正是借助于文化的形式而现实地存在着。可以说，马克思主义哲学就是一种人通过能动改造世界的实践活动而实现自身自由而全面发展的哲学。

关于文化的理解，大致可以分为广义和狭义两种视域。从广义上看，文化指人类全部实践活动的创造物，即我们所遇到的一切被打上"人化"烙印的存在，皆为文化；从狭义上看，文化专指人类精神领域里的创造物，其中主要包括人文科学、社会科学、自然科学和艺术、宗教等。可以看出，狭义的文化表征的是人的精神世界，文化成为人追求自由、超越意识与人文精神的集中体现。人正是通过文化这种实践形式参与到现实世界的活动之中，并对其作出反应的。可见，我们以实践为前提，使"哲学"实现了向"文化"的历史性回归，这同时也成为文化哲学成长的开端。这里需要强调的是，文化哲学的建构，与马克思主义的实践论世界观所要

在哈佛大学铜像前留影

实现的哲学理想是一致的，马克思向来反对将哲学从历史的具体的文化现实中分离出去，去追求所谓的"彼岸世界真理"，相反，他认为在"真理的彼岸世界消逝之后，历史的任务就是确立此岸世界的真理"。文化哲学是实践哲学在当代的一种表现形式，是马克思主义哲学对当代人类文化生活实践的一种特殊的观念性整合。

人通过现实的实践活动沟通了经验世界与超验世界，将哲学的精神世界现实化为文化的形态，从而实现了文化与哲学的全新整合。在我看来，文化就像一条河，运行于传统和现代之间。传统与现代无法断裂，必然要带给人许多剪不断、理还乱的遐思。当代人类的文化命运，注定了文化哲学研究不可能在纯学理的层面上游弋，而必须把哲学思维的触角伸向现实的社会生活，思考人类的文化命运。

回顾 20 世纪以来人类波澜壮阔的发展史，现代性在科技理性的刺激下得到了空前凸显，但却带来了人类精神生活的匮乏，甚至还产生了种种与人们的幸福理念相抵触的文化困境，阻碍了人类实现其价值目标的种种努力。面对这种价值危机，面对这种人几近丧失其本色的社会形态，人们应当做出怎样的选择？这种人类存在意义上的呼唤最终促成了文化哲学的出场。而文化哲学的价值诉求，就是在马克思主义哲学实践的语境下，挖掘现代性的时代精神。具体来看，近代以来的科技理性精神在极大促进了物质文明进步的同时，也带来了诸多社会问题，如环境污染、技术异化、生态失衡等，而当代文化实践的重大使命就是对科学发现和创造的人文价值进行重新思考，即不能把人类的文明活动视为一种纯理性的知识化现象，而应当把人的自由和全面发展作为其追求的目的，努力弥合科学精神与人文精神的鸿沟，这是随着人类文化整合时代到来的一种必然趋势。这种融合标示了人的文化实践在确立人的理性思维和改造自然伟大力量的同时，还应展示人的尊严与价值，展示探索人的生命本体、探索人的全面发展以及人对环境的需求和适应能力的各种可能性。总的看来，当代文化哲学研究视野的确立从根本上说是现实人类实践意识的一种必然要求。

学术建议

刘：听说您是被破格提拔的副教授和教授，您曾说在当代中国进行哲学研究，一定要记住八个字："眼睛向下，境界向上。"作为一位前辈，一位名师，希望您能给即将从事学术研究和哲学教学的晚辈们提一些读书学习和学术研究的建议。

清华大学课堂上专心给研究生授课

邹：问学有先后，学无止境。所谓眼睛向下，这里的"向下"可以从两个方面来理解。其一，从时间上看，指当下，即当今时代；其二，从空间上看，指脚下，即我们脚下的这块土地——中国。在我看来，当我们在从事哲学研究时，一定要脚踏实地，时刻关注当代中国社会的现实实践，牢记自己是作为一个当代中国人在进行思考。我们脚下的这块土地是我们须臾不可脱离的哲思之源。就像古希腊神话中的大力士安泰，只要他同大地接触，就所向无敌；而当他一旦离开大地，便不堪一击，被赫拉克利斯轻而易举地杀死。

所谓境界向上，这里的"向上"，同样具有两重含义。其一，在一般意义上，指上升、提升。在进行学术研究时，一定要摆脱世俗功利的束缚，自觉守护一种求真精神，同时，还要从经验材料中提升出来，上升到一个理论的高度。其二，在特定意义上，指形而上。对于一般的理论研究而言，达到上一层面的提升已属不易，也基本可以满足需要。但对于哲学研究而言，则还需要进一步的提升，即要进入形而上的层面。20 世纪以来，拒斥形而上学成为哲学中的一个潮流，但我认为可以对形而上学的问题保持甚至拉开距离，但作为一种致思取向的形而上之思，则必须持守。否则，哲学将混同于一般的理论科学，文化哲学也将混同于一般意义上的文化研究或文化理论，从而丧失自己的既有品格，甚至导致自身存在的合法性危机。

代表性著作

就个人来讲，不知不觉也过了天命之年了，反而越来越感到无形中有一种恐惧感，这些年中国的学术，特别是西学与中学的交流越来越频繁。我们这代人对外国文献的消化吸收的迅速性不如新一代。所以我感觉学问是不断需要去激活思想的过程，从这个角度讲，最重要的还是要继承吉林大学的这个学术传统：强调学术创新。吉大的优势，就是要以独立的思想以及尽可能贴近中国的现实问题，去激活自己的哲学理解。比如说国内现在流行文本研究，这很有必要，但是文本研究从来都是为思想的激活服务的，不要本末倒置。如果没有思想，文本考据没有意义。诸如《德意志意识形态》究竟哪个字是马克思写的，哪个字是恩格斯写的等研究没有意义。我们要看的是该著表达一种什么样的思想、情怀、现实关切，这是我们研究文本的最核心的问题。文本研究是学术训练的一个基本功，但绝不是思考的学术训练的目的要求。要贴近中国现实，贴近时代去思考。今年上半年我的文章《马克思的总体性思想及其中国问题》就谈到学术的积累，学术的心得感悟，都是个人行为，是私人性行为，但是个人学术最后所表达的价值诉求是一个开放的、公众性行为。为什么说辩证法的本质是批判的，革命的？因为现实关怀一直是马克思思想著述的一个原动力。我所指导的硕士和博士，吉林大学和山东大学这两个学校的学生占近一半的比重。我觉得吉林大学这些年来的学术性格一直都能维护下来，就是独立思考，而且善于从马克思文本当中发现并激活现实实在的问题。

寄语吉大

刘：恰逢吉林大学70周年校庆，您作为吉大的资深校友，作为哲学系的杰出系友，请您赠予吉大和吉大学子几句寄语。

邹：谈不上是寄语，因为我也是从吉大哲学这个氛围当中成长起来的，我认为重要的还是要坚守吉林大学自己的学术特色和学术性格，进一步结合时代问题来推进哲学观念的变革，推动哲学思考的创新，找准自己的特色。我们强调越是民族的，越是世界的。但从另一个角度讲，越是有自己特色的东西，才能在学术界站稳脚跟。吉林大学近年来在这方面做得很好，人文学术是集约性的形象力量，吉林大学，代表一个整体的哲学团队。在哲学创新、哲学观念变革乃至在整个哲学视阈的研究中，都有深厚的积淀在里面。我个人更重要的还是把自己定位为一名吉大学子，在这个氛围中怎么把为学为人很好地统一起来，力所能及、稳扎实打。因为学术不像拧水管，哗啦一下就可以源源不断。我感到做学问需要"读书、思考、写作"三位一体，不读书就不可能深化对学术的思考，不思考就不可能真正理解这个时代，只有在读书与思考的前提下去诉诸笔端，才可能记录下好的、有价值的思想来。

吉林大学哲学系自 1958 年建系以来，培养了一批又一批"爱智求真敢问真"的学者，他们走向全国各地，为开创和繁荣我国的哲学社会科学事业筚路蓝缕、笔耕不辍。今适逢吉林大学七十华诞，本平台特开设《吉大七十·哲林人物》栏目，刊登一系列吉大哲学优秀系友专访。忆往昔峥嵘岁月，叙今朝母校情深，展未来踌躇满志……

以哲学反思哲学

——访马天俊教授

马天俊，1968 年 4 月 24 日生，黑龙江双鸭山人。1987 年考入吉林大学哲学系，1999 年在吉林大学获马克思主义哲学专业博士学位。现为中山大学哲学系副主任，中山大学哲学系教授、博士生导师，教育部重点研究基地中山大学马克思主义哲学与中国现代化研究所专职研究员。

主要研究方向为形而上学、知识论、修辞学，曾先后出版《真理的境遇》（1999 年）、《从生存的观点看》（2008 年）等学术著作，在《哲学研究》等期刊发表论文数十篇。

访谈时间：2016 年 8 月 28 日
采 访 人：董键铭（以下简称"董"）
采访对象：马天俊教授（以下简称"马"）

结缘吉大

董：马老师您好，很荣幸能代表"反思与奠基"网站和《哲学基础理论研究》编辑部对您进行访谈。能否为我们讲述一下您是因何选择哲学专业，又是如何与母校结缘的？

马：所谓选择，往往只是事后的概括，仿佛有一个自主的主体在自觉地行事。实际的过程往往是复杂的，包含不少谈不上远见的机缘性因素。只是当我们从后往前看，事情才像是清楚明白的，比如这个人最后终于去教书了，这时回头看，他应该在什么时候开始就"决定"要从事这个行业了。就我来说呢，中学的时候，并不是非常用功，但学习似乎有些方法，成绩还凑合。特别是别人有这种观察的时候，自己便也觉得真有什么方法的东西了，于是就抽空乱看课外书。一开始感兴趣的还不是哲学，首先是逻辑，似乎这种东西特别和方法有关。同时，触动我去看这方面书籍的，是当时的高中政治课，我觉得里面有些说法比较令人困惑，我不能理解这些话和话之间到底是什么关系。我自学了传统逻辑和一点现代逻辑，自觉头脑有些长进。说来有些讽刺，这种长进表现出来的结果却是我后来的政治课总是只能考 60 多分，始终上不去，主要是因为自己学了一点逻辑，头脑变清楚一点了，好较真儿，有的时候就算让我说一些高明的糊涂话也不太会说了，总之是人变笨了。我那时也喜欢读科普，喜欢什么黑洞、光年、地震、海啸之类的，加上逻辑，后来就自然转而去看了一些哲学书。那时候的小城市，哲学书除了常见的比如马恩著作以外，就没有别的东西了。我当时读了《自然辩证法》，觉得读懂了，还尝试看过斯大林的《列宁主义问题》，但是看不懂。到了高考的时候，因为我是学文科的，所以后边自然也就要考虑文科类专业。因为已经接触了这些东西，也觉得挺有意思，所以报志愿的时候就报了哲学专业。哲学早就不是热门专业了，当年像这样以第一志愿去报哲学专业的学生其实像现在一样少。我的第一志愿就是吉林大学哲学系，那年只招哲学专业，很幸运地被录取了。

每个人因缘各有不同，对我来说大致就是自己先看过一些书，然后进入哲学专业，喜爱是真的，热衷也还谈不上，更不用说狂热。

董：能否为我们回忆一下您在吉大求学期间印象深刻的一些故事？

马：我在一个小城市长大，到这样的大学里来，耳目一新，或者说是比较敬畏。开始学习了，慢慢熟悉了，也就比较亲切了。如果说印象深刻，我觉得应该就是从哲学史课程开始的学习，只是到这个时候，自己才真正在哲学上开始长进，之前的那些学习确实远远不够。当然逻辑照例是要先学的，逻辑课是由闫治安老师上的。他的课，风趣得很，也比我自学逻辑的时候要系统很多。我的西方哲学史课是高文新老师、王天成老师讲的。这门课上了一年，高老师讲前半段，王老师讲后半段，这是真正锤炼人的哲学课，在这里要接触各家不同的学说，两位老师讲得又好，他们讲课的风格差别很大，但都讲得很好。等哲学史学完了，慢慢地自己就也会衍生出一些多少带有点儿问题意识的兴趣。对我来说印象最深的事情，实际上就是印象最深的那些老师，我现在见到高老师、王老师还是非常地亲切和感激。那时候可能比你们现在要好，师生之间打交道的机会更多。像我经常就会跑到老师家里面去，不见得是问问题，也许就是坐一会儿，老师也经常到我们宿舍来，有时候闲谈，有时候还下象棋。我说的哲学史课，当然同时也包括中国哲学史，李景林老师、刘连朋老师给我们讲，这些都是很让人长进的课程。

在我读大学的时候，课堂之外，应该是听讲座。20 世纪 80 年代很活跃，讲座很多。听讲座，听谁的讲座呢？这些老师可能你们也都很熟悉，比如孟宪忠老师、邴正老师，还有秦光涛老师、孙正聿老师。那时他们还没有给我们直接上课，但他们做的全校性的讲座几乎每周都会有，由校学生会、系学生会等来组织，大家常常挤得水泄不通。这个可以叫做理智上的快速启蒙。因为讲座跟课程不一样，讲座会有一个比较集中的主题，然后一次就要把这个东西讲完。这给人的冲击力是很强的，这种冲击的效应在我看起来就是它激发你去读很多书，因为这些老师在做某一个主题报告的时候通常会提到很多的思想头绪，提到很多人都主张什么等。我印象中，吉大的老师从不耳提面命，而是激发和感召。他们的讲课、讲座本身就会激发你，使你觉得这些书你要是不看看，不翻翻，就不对。我1987年入学，这类讲座活动一直持续到1989年。1989年之后还有这类活动，但是不像早两年那么热烈。在这个活动过程中，人的头脑可以说是空前活跃，眼界也打开了。这几位老师我们现在都知道他们各有特色，他们当时做研究的路数就各不相同，这刚好是一个丰富的营养，从比较纯理论的，一直到比较现实的问题，全部都有，营养非常好。有一次，大概是孟老师的讲座，那天我们班集体到铁北那边去劳动，到工地上帮人干一点儿下手活儿，赚点儿班费。傍晚回来时讲座就要开始了，因为座位很难找，所以大家就分工，有一帮人到食堂去给大家打饭，剩下的人就赶紧冲到理化楼的阶梯教室里去占座。讲座开始，大家就边吃边听。孟老师善讲，听众如云，除了讲台那儿几平米的地方他能自由走动，教室里坐的站的都是学生，连窗台上都是人。我还见过有在孟老师的讲座上晕过去的同学，不是因为激动，而是因为太挤了。

受课程和讲座的激发，我自己也是按照兴趣看了不少书，当然现在看来，还是很不够的。我们的这些老师带给我们的是一种具有启蒙意义的训练，它跟我们今天讲的学术训练有所不同，它是激发你的思想的，让你兴奋起来，然后你自己就会去思考，去讨论，就会去读书，等等。那时候并不会觉得读书是一个多沉重的事情，因为它有意思，你自然就会去找书读。

师生情谊

董：您在攻读博士学位期间师从著名哲学家高清海先生，能否请您谈一谈您对老师的印象，以及您跟老师之间的一些难忘的事情？

马：在吉大求学的过程中，如果从自己后来的成长看，当然最重要的

老师就是高清海老师，这个是无论怎么讲都不为过的。我自己的这一点点学术追求，都是从跟高老师读书的那个时候比较明确地开始的。以前读本科读硕士的时候，还是比较散漫的，谈不上有很集中的问题意识；读博士的时候才开始慢慢地有了自己的问题、兴趣和学术方向。在这个方面，高清海老师是我心中伟大的老师。这个伟大，我觉得首先是身教胜过言教。他在那里示范，高老师很少要求学生读读这个，想想那个，没有，他不做这种事情。他自己在不断地勤奋工作，经常有新见解提出来，新思想推出来。他在示范，那么你跟着他读书，就自然也受到熏陶和感染。这个身教无比宝贵。

我读硕士的时候，专业是西方哲学，读博士时，专业换成了马哲，高老师有一个很重要的教诲，他说你读西方哲学，要读很多书，要了解这一家那一家的学术有什么观点，长短如何，但是，你得自己能思想，自己能思想的意思就是你得说自己的话。不能一张嘴都是黑格尔怎么讲、马克思怎么讲、孔子怎么讲、孙中山怎么讲，这个不行。讲别人的思想是必要的，但是真正说来还是不行的，这不表明你的思想，而你应该追求的就是你自己的思想，说出来你自己的话。我原来读外国哲学，默认的就是要尽可能地把自己感兴趣的某一家学说或者是某几个人的学说搞通搞透，比如那时候我在培根、叔本华和尼采上下功夫比较多，那么也就免不了一张嘴说话就带着某种腔调，高老师说这个不行。老实讲，我当时觉得没必要，某个问题如果人家讲得那么好，我能像他那样讲那不是挺好的吗？可是高老师说不行。后来，经过时光的磨洗，我才觉得那还是很有道理的，我现在是高度认可这种要求的。我也听说，高老师对不同学习背景的学生有不同的要求，对可能原来一直学马哲原理的学生，高老师的忠告、告诫就不一样。他会说你切忌拍脑门想问题，切忌夜郎自大，你一定要去把历史上人家那些学说好好地学，那些东西你学不通学不透，也就谈不上你自己会有什么思想。所谓有思想决不是一个人苦思冥想然后就有思想了。这几乎和告诫我的是相反的，但是它同样是恰当的，这大概就是因材施教。读哲学史读多了之后就不会说自己的话，不会自己想问题，而没有这个训练的人可能又太轻易地就抱持一个什么样的立场或想法，就觉得自己了不得。

我们都知道，高老师特别推崇做哲学要有思想，还倡导过要"笨想"。我自己的体会是这个笨想其实挺危险的，它容易误导人。高老师凭他自己的工作和成就示范了这种笨想，那么我们做学生的是不是一开始就要像老师那样也尽可能地进行自己的思考？这大概是有问题的。就像高老师针对不同学生给予截然不同的忠告那样，高老师自己是切身经历过成长的。高老师后来在马哲里面有很高的成就，那么在更早，在改革开放之前的许多年时间里，他的专业其实是外国哲学。高老师有一个时期是不能讲马哲的，只能讲哲学史，这种课当时都被称为业务课，马哲课得由政治最正确的人去讲。这个看起来不幸，结果实际上却很好，因为那样经过了十几年的磨炼，在西方哲学史领域沉潜涵泳，那么到了20世纪80年代的时候，高老师能在比较宽松的环境下再议论哲学原理之类内容时，所论就显得与众不同了。至少，与那些一直在马哲教学研究岗位上工作的同龄人相比，是大不相同了。这种不同，这种创新，这种成一家之言，是众所周知的，而究其因由，我以为就在这里。我理解，高老师后来倡导"笨想"，主要是为了破除权威，破除教条的，但实际上"笨想"这个东西是有前提的，假如说我没什么像样的积累，也没什么真正的磨炼，我就开始笨想，那就会很难看，就会是假招式。

在我要作博士毕业论文的时候，我还切实领略到高老师上文所述的那个方面。高老师特别鼓励学生，鼓励学生有自己的问题意识。高老师基本上不会安排命题作文，他会和你讨论，真正的主意你自己拿，他不会指派。高老师鼓励大家自己做研究，做有个性的研究。像孟宪忠老师、邴正老师、孙正聿老师、孙利天老师等，都是各有特色的。我自己的一点点研究其实离高老师经常关注的问题更远，我的博士论文里面已经有一部分在讨论修辞学，我自己觉得这会是一件很有意思的方向，我自己很感兴趣，也读过一些书，有些思考。这类内容虽然已经写在博士论文里面了，老实说还是不够通不够透的。在这种情况下，高老师没有下禁令，说不行，而是表示你写的这些东西我没有把握，但好像你自己还是有自己的理解，那好，那你就去答辩。我认为这是极为宝贵的，就是在老师拿捏得不是太准，我自己其实也拿不准的情况下，老师放手让你自己去做。那时候如果老师以自己的权威和声望说这个你就算了吧，不能做这个，那么我想后面我大概真的不会做这类东西了。高老师训练出来的学生各不一样，如果说有什么一样的东西的话，也许就是要求从事理论思维，要求自己能够思想，能够想出来问题，能够开创出东西来，这也许是唯一共同的东西。在吉大哲学系里面，在高老师教出来的这些人里面，数出 15 个各有特色的学者，是一点儿困难都没有的，并且这不是平平常常的各不相同，而是每一个都很有意思，不少人代表了、开辟了某些新的领域，或者提出了某些新的见解等，我以为这些都得益于高老师的垂范，得益于高老师的气度。

再说一遍，我觉得我遇到的是一位伟大的老师。

当然这也是回头说，当年，自己并没觉得这是一件多了不起的事情。反正是要读博士嘛，高老师地位又那么高，能读上就很高兴了，并没有觉得这影响自己多年以后的研究道路，没想那么远。

跟高老师学习的时候，我们还有一种机会，就是可以到高老师家里面去，那时候因为学生不太多，大家大概每两周就会到高老师家去做一次讨论。这个讨论会在读的和毕业的都去，那时候经常还会见到像孟老师、孙老师他们，他们都已经毕业了，已经都忙自己的事，但还是尽可能地去到老师家一起坐，大家谈一些研究的问题。因为大家已经是各有方向，所以分享、共享收获就是很有教益的，高老师也会很认真地听，很认真地记，

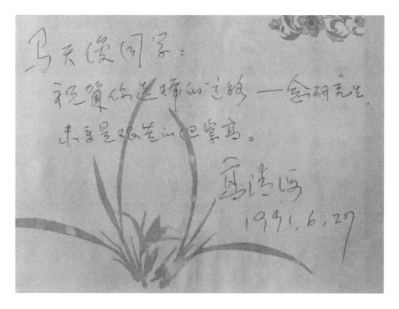

高清海老师手迹

也会参与大家的讨论。那是一个小小的沙龙性质的聚会。像我这样读书晚的，其实不仅是在跟高老师学，还是在跟其他的前辈学长们学。

学术探讨

董：您对修辞学有着很深入的研究，并曾围绕这一主题发表多篇重要论文，而在我们学习哲学的过程中，我们往往都只是在古希腊哲学史中才会接触到修辞学这一概念，它似乎是一种与辩证法相对立的、纯粹的语言技巧。那么，能否请老师解释一下何谓哲学意义上的修辞学研究？

马：现在，面对你们我需要做解释，面对学界也需要做解释，因为哲学修辞似乎是一个陌生的东西。在哲学这样一个对概念思维、逻辑论证要求这么高的领域里怎么会有修辞问题需要去探讨呢？Rhetoric of Philosophy，其中的 rhetoric，词典上通常第一个义项是修辞或修辞学，紧跟着的第二个义项往往是花言巧语，因此是一个贬义词。这是历史形成的状况。我想，大致上的确应该从古希腊开始谈，当然我现在所谈的是现在的理解，当初不是从这个路子进去的，那时的摸索很复杂，就不在这里说了。

哲学这种活动，第一点，它使用的是像汉语、英语、德语之类的自然语言。哲学上曾经有一些人认为自然语言不够，不好用，希望能有一种特别有效的哲学语言，像莱布尼茨就倡导过普遍语言、普遍符号这样的东西，但是也没看见谁做成过。现代逻辑发展了一套人工语言，不过它的哲学用处并不明确，更没见谁用这种语言写出过像柏拉图或康德那样的有内容的哲学。既然哲学一直使用自然语言，那么一个问题就是，如果我们要进行严格推理，自然语言就是不够的。因为自然语言之为自然语言，其特点就是它不是定制的，不是你要它干什么它就干什么的，相反，我们从小学会说话的时候，一大笔文化遗产就都随着语言到来了。于是一个词语、一个概念它究竟是什么意思并不由你说了算，你说我好像也可以特别规定一下，当然可以，但那只是在极少数情况下可以这样做，其前提恰恰是绝大多数情况下你不能这样做，你必须顺其自然，含义不由你定。这点应该是很明显的，如果你用的语词都是你自己规定的，那么你的话就没人能听懂了，甚至你自己都不知道你说的是什么。你只能特别规定一点点东西，其他的都不动，这样这一点点东西才可能被澄清。你不能处处动，处处动就处处模糊。这样，自然语言的自然的历史性——也意味着含义的多样性和不稳定性，使得用它所做的命题及其推理很难是严格的、长程有序的。

第二点，在哲学上，一个核心性概念是否有明确的含义，这是不一定的；即使有明确含义，它是不是唯一的含义也是不一定的；明确的含义是不是会被一贯地使用，也是不一定的，哲学家是人，注意力也不是铁打的。这是自然语言的自然状况的一种显现。因此，包含此类概念的哲学论断及其推演，其明确性和一贯性也就不能期望过高。

第三点，亚里士多德深入地研究过三段论，其中部分成果发展为后来的形式逻辑，这是大家都熟悉的。不过对三段论他还有更多的研究，例如他曾区分过四类推理，是按前提的性质区分的：第一种类型叫作证明的推理，第二类叫辩证的推理，第三类叫争执的推理，第四类叫谬误的推理。在第一种类型的推理中，亚里士多德讲，它的前提是一看就明白的东西，谁都不会领会错。前提是一清二楚的，再加上推理形式正确，这种类型的推理就可以生成知识，也就是生成确定性的必然性的知识。第二类推理的前提的性质就有点不一样，它不是一清二楚的，而是大家习以为常的，或者是贤明的有声望的人都这么认为的。有这样的前提我们也可以进行推理，只是因为这种前提不是那种一目了然的、一清二楚的，所以结论也就够不上知识的水准，或许可以称它们为有道理的意见。第二类推理恰好在我们的生活中是最多的，往往也是最有用的，亚里士多德所能说得出来的第一类推理的实例，只有数学。第三类推理叫作争执的推理，它比第二类更差，其前提的性质不是那么有权威，而是一小部分人，或者甚至就是某一个人持有的特殊意见，在这里，大家是你强调你的我强调我的，就不免产生争执。这种争执通常不会有什么好结果。第四类推理大意是推理由以开始的那个前提全然是错的。就像我们做数学题，你把哪个已知条件或定理搞错了，那你最后弄出来的东西铁定是不对的，这很简单，也没什么可讨论的。

有意思的是前三类，按我的理解，实际上只有两类，因为第二类和第三类的界限并不清楚。你说这个叫作门户之见，究竟得多少人认可或者多大部分认可才行？圣贤或最贤明的人，其实大家也未必有稳定的共识，你认为孔子是最贤明的，那我可能认为穆罕默德是最贤明的，贤者名单也会打架的。所以我的理解是这四类推理里面，舍掉第四个，余下三个可以简化成两个，即第一类是证明式的推理，第二类就都可以叫做辩证的推理，前者前提是明确的，结论是必然的，后者前提是或然的，结论因而也是或然的。

那么，如果人们理性言说的方式差不多就是这个样子的话，就可以看看哲学论说属于哪一类。哲学当然也讲道理，看起来也要论证某些东西，那么它究竟属于第一类推理呢还是第二类推理呢？我们哲学家经常会讲，我们也是从明显的东西例如某种直观开始，经过推阐而达到必然的结论，可是那个开始的明显的东西的明显性往往并不明显，至少它不像 $1+2=3$ 那样明显而且无异议，而结论也就没有必然性的保证。在我看来，任何哲学的原则都不具备那种大家一看都没意见的性质，不管持有这种原则的哲学家自己怎么认为那是一目了然的。在这个意义上，哲学所运用的推理，在最好的意义上只能属于第二类，也就是辩证的推理。而在较坏的时候，哲学差不多就是争执。

那么辩证的推理和修辞学有什么关系呢？按亚里士多德，这第二类推理作为或然性的三段论，在论辩中名为"辩证的推理"，在修辞上则称为恩梯墨玛（enthymema），也就是修辞式推论。这同一个东西贯通了两个不同的领域，即论辩和修辞，也贯通了两种不同的研究，即论辩术（或

称辩证法）和修辞术（或称修辞学）。按亚里士多德的看法，关于知识我们是从确实的地方出发进行推理的，而修辞问题在希腊人那里首先涉及的是公共事务，比如他讲有三类修辞，廷议、颂扬、诉讼等都与公共决断相关，这里不细说，总之是与实践相关的。大概因为亚里士多德区别理论和实践，他对同样缺乏必然性的、或然性的三段论论说给了两个名字，一个叫辩证的推理，一个叫修辞的推理。在我看来，与证明的推理相比较，它们是同一种东西。当然，我在某些基本理解上和亚里士多德不同，我同意某种像"理论实践"那样的东西，而哲学是其中一种。这样，哲学和修辞研究也就关联起来。我注意到，哲学家的自觉意识和实际做的理论之事之间是有落差的，就是说，哲学家期待自己的理论具有逻辑必然性，而他的实际推理论证无非就是辩证推理，无非就是恩梯墨玛，无非是某种或然性的东西。这样，修辞问题就无可避免地进入哲学领域里面来了。

那么，我们平时为什么不把修辞学做这样的理解呢？主要是因为在西方传统里面，Rhetoric 有自己的命运，这里也不能细说。Rhetoric 在亚里士多德那里还是有比较重要的意义的，我说重要，是指有哲学意义。罗马时期，或许至少到西塞罗为止，差不多也还可以，但后来就不行了。基督教兴起之后，说服性论证实际上被打压得很厉害，因为优先的是信仰。这时候修辞学自己也在慢慢地矮化，按照托多洛夫的讲法叫做自我矮化。文艺复兴时期有短暂的例外，近代以来，修辞学这个词，就是 rhetoric，主要变成搜寻研究修辞格的"小"学问了，其格局差不多相当于希腊时代修辞学所涵盖领域的四分之一到五分之一，因为关于修辞格的选择的问题也是并且只是古代修辞学的一部分，是涉及技巧的那个部分。修辞学一旦矮化到这种程度，它就从一个本来很大很重要的学问领域或者学科，逐渐变得没什么重要作用了，成了文学研究的一个小部分了。这就是我们今天通常所知道的，你要是说修辞在哪儿研究，那你就要到文学系去。文学意义上的修辞研究，重点在辞格的研究，修辞也就自然成了一种言语装饰性的活动了。这当然也可以变成一门艺术，但是至少在哲学上，它就没有什么重要性了，因为哲学它所关注的是内容。

书名
从生存的观点看

作者
马天俊

出版社
华中科技大学出版社

出版时间
2008 年 7 月

董：那么在当代哲学界，修辞学是否已经完全淡出了哲学领域，是否还有人从事哲学意义上的修辞学研究？修辞学研究对哲学发展又有何重要意义？

马："二战"以后在欧美学界，事情发生了一些变化，有一些潮流，例如所谓新亚里士多德主义，例如皮雷尔曼、肯尼斯·伯克等人，他们又重新开始，或者说再次开始研究修辞里面的思想问题，而这是古代修辞学曾经关切过的东西。这种重新兴起，又会和我们哲学上所知道的那个 linguistic turn（语言转向）可以呼应在一起。这类新尝试，在法学、传播学方面有比较显著的成就。我自己的兴趣则在哲学上，是针对哲学开展修辞研究，这方面可举的先驱有尼采、伽达默尔、托马斯·库恩、费耶阿本德、乔治·莱科夫等人。我近年来在隐喻研究方面用功较多，都是在修辞学的范围内谈问题的。

在哲学发展的历史中，哲学家们有意识地多多少少地锤炼过逻辑，以至于到后来我们有了由弗雷格他们所开始的现代的符号逻辑。这也许有助于我们把哲学弄得更严密一些，愿望如此，但我认为实际上并没有达到，因为当他们把逻辑工具磨炼到那么精致的时候，我们会发现它在哲学上没有用了。如果想把逻辑弄严格，必须使用约定的符号，符号逻辑必须把符号及其使用规则事先规定清楚，然后以此构造命题，再构成命题系统。这套演算性的系统其实挺像数学的，以至于当大家把工具弄好之后发现，哲学内容基本进不了这样的系统。换言之，对哲学来说，这样严格而且优良的符号"语言"也没什么用处。哲学其实还是在自然语言的轨道上继续走。那么修辞学研究的必要性或者说价值，我想在这个对照中也就看得出来了。

我想，哲学要形成一种对自己的健康的自我意识的话，就不能总假装看不见自己的言说里面的那些修辞性的东西。相反，假如哲学家总是声言我这里有一套神奇的逻辑，它带有最好的必然性，你不服不行，这恐怕是自欺欺人的——首先是自欺，接着是欺人。

有些哲学对语言有高度警惕，例如认为"说"总不过是用来显示或衬出"不可说"。但是哲学毕竟不能压根不说，否则哲学就成了气功或神秘修炼了，而哲学之说也不是诗或神谕，它总得说理才行。这种说理，就应该算在古典意义上的修辞领域的论证或推理的范围内。哲学是能够讲道理的，也是能够说服人的。但是它是不是能达到数学的那种确然的程度？我认为达不到，哲学没有达到这个理想的办法。

我尝试在哲学这个园地里面进行修辞的研究，理想的话，它可能会大大改变哲学的面貌，我自己是这么主观上确信的，这是支撑着我能够很有干劲儿地做下去的理由。我大概不准备提出来又一种新的哲学学说供人们参考，我的探讨是二阶意义上的，是"反"思性的（re-flective），比如说考察形而上学或者世界观或者泛泛的哲学思想到底是怎么构建或生成的等。同时，我的研究也是经验性的，需要积累个案，比如我经常会讨论一下笛卡尔，讨论一下柏拉图，讨论一下马克思，讨论一下《老子》等等。也许在有效的积累之后，会得到一种原理性或者说概括性的哲学修辞学说，这仍有待于来日。

寄语吉大

董：非常感谢您在百忙之中接受我的采访，适逢吉林大学七十周年华诞，所以在最后能否请您送给母校一句寄语？

马：华诞需要祝福。我怀着无尽的感激祝福我的母校。吉林大学在我心里具体为吉林大学哲学系，具体为我的老师们，我曾经的同事们，和曾经的学生们。人是大学的灵魂，作育英才是大学的天职，祝母校承历史之辉煌，葆群伦之表率。

吉大七十　哲林人物

吉林大学哲学系自1958年建系以来，培养了一批又一批"爱智求真敢问真"的学者，他们走向全国各地，为开创和繁荣我国的哲学社会科学事业筚路蓝缕、笔耕不辍。今适逢吉林大学七十华诞，本平台特开设《吉大七十·哲林人物》栏目，刊登一系列吉大哲学优秀系友专访。忆往昔峥嵘岁月，叙今朝母校情深，展未来踌躇满志……

科学的前提批判

——访曹志平教授

曹志平，1965年生，陕西澄城人，哲学博士，现为厦门大学哲学系系主任，教授，博士生导师，教育部哲学教学指导委员会委员，主要研究

方向为科学思想史、科学哲学基础理论、社会科学哲学、马克思主义科技哲学等，作为主持人承担国家和教育部课题多项，出版有《科学诠释学的现象学》《理解与科学解释——诠释学视野中的科学解释研究》《马克思科学哲学论纲》《没有完结的论争——关于量子力学解释的历史与哲学》《科学基础方法论》等著作。

采访时间：2016 年 10 月 7 日
采 访 人：程汉（以下简称"程"）
被采访人：曹志平（以下简称"曹"）

结缘吉大

程：曹老师，您好！很荣幸能代表"反思与奠基"网站和《哲学基础理论研究》编辑部对您进行采访。您曾于 1999—2003 年在吉林大学学习和生活过，并取得了哲学博士学位，那么您是因何机缘进入吉林大学哲学系进行学习和研究的呢？

曹：吉林大学是全国第一个设立自然辩证法专业博士点的单位，舒炜光教授及其学术共同体在自然辩证法、科学认识论、西方科学哲学等研究中作出的创造性贡献以及建立的研究传统，对于科学技术哲学专业的学生是非常具有吸引力的。刘猷桓教授曾长期作为舒炜光教授的助手，是自然辩证法和数学哲学研究的专家，参与了吉大自然辩证法学术传统的建立，后期更直接成为这种研究传统的一个守护者。在工作多年之后，能够于1999 年成为刘猷桓教授指导下的一名博士研究生，我非常自豪。

程：在吉大几年的生活和学习的过程中，您觉得对于您自己，最大的收获是什么？

曹：现在回想起来，吉林大学给予我的，还是哲学基础的夯实和拓展。在进入吉林大学以前，我已经有了一些学术研究，主要集中在量子力学哲学，哲学背景主要是英美科学哲学，即从实证主义到逻辑实证主义，从批判理性主义到科学历史主义，再到新历史主义。在吉林大学，我最先接受了的是哲学方法论：科技哲学的研究，首先要夯实哲学理论基础，只有对一般意义上的哲学有比较深刻的理解，才能以一种哲学观去研究科学

与刘猷桓教授（图左）合影

技术。通过这种元哲学问题意识，我比较明确地认识到了自己以前在哲学基础方面的局限，找到了夯实哲学理论基础的方向。

首先是基本哲学问题和辩证法的理解。基本哲学问题，是对于理解哲学不得不诉诸的问题。比如，哲学的反思思维，哲学与科学的关系，唯物主义和唯心主义，辩证法的实质等。在这方面，无疑孙正聿教授对我的影响最大。

其次，在科学哲学研究中，我将哲学视域从英美分析哲学投向了欧洲大陆哲学，特别是海德格尔的现象学和伽达默尔的哲学诠释学。我的博士学位论文《理解与科学解释——诠释学视野中的科学解释研究》已经在某个具体科学哲学问题的研究上，初步实现了分析哲学与现象学、诠释学传统的结合。这种学术研究，成为了我以后科学哲学研究的基本特征。

最后是加深了我对于马克思主义哲学和恩格斯自然辩证法的理解。吉林大学的科技哲学专业具有坚持和发展恩格斯自然辩证法的学术传统，我的导师刘猷桓教授是这方面的专家；同时，吉林大学的马克思主义哲学研究长期处于国内马克思主义哲学基础理论创新的领导地位。这两种学术传统并不一致，常常直接对立。这种状况反而使我有了一种弄清楚和研究的学术冲动。很多人曾问我为什么在复旦大学哲学博士后流动站将"马克

与刘猷桓教授（图右）合影

思科学哲学"作为研究主题，原因就在这里。并且，这仍然是我目前的一个研究课题。

学术探索

程：我们知道您的学术研究主要包括科学哲学研究、社会科学哲学研究和马克思主义科技哲学研究这三个方面，能否简要介绍一下这三个方面所涉及的内容。

曹：一是科学哲学研究。分为问题研究和派别研究。学术研究的基本特点，是把英美分析哲学与欧洲大陆哲学，特别是胡塞尔现象学、海德格尔现象学、伽达默尔诠释学结合起来。《理解与科学解释——诠释学视野中的科学解释研究》是将海德格尔现象学作为本体论研究科学解释问题的著作；在《科学解释与人文理解》（合著）中，我写的部分重点讨论了从分析哲学到科学历史主义科学解释观的发展；《科学诠释学的现象学》研究了当代美国和欧洲出现的一个科学哲学派别——科学诠释学和现象学。这个科学哲学派别的本体论是海德格尔的此在之基础存在论、胡塞尔的"生活世界"概念、伽达默尔的前理解，提出了"意义框架先于理论"

"实践优位于理论" "科学是地方性知识" "真理离不开境遇" 等观点。科学诠释学的现象学是科学历史主义之后科学哲学的新发展。

书名
科学诠释学的现象学

作者
曹志平

出版社
厦门大学出版社

出版时间
2016 年 8 月

二是社会科学哲学研究。当把分析哲学和欧洲思辨哲学结合起来的时候，科学哲学研究向社会科学哲学的过渡就成为非常自然的事情。社会科学哲学是对社会科学理论和实践的哲学研究。社会科学哲学的基本问题，是作为社会科学对象的人类社会和行为在怎样的程度上能够被科学方法所研究。已经出版的《科学基础方法论——自然科学与人文、社会科学方法论比较研究》（合著），是对社会科学哲学的这个基本问题的初步探讨。2016 年底将要出版的《科学解释与社会理解——当代西方社会科学哲学研究》，重点讨论了西方社会科学思想的发展，如社会科学中的自然主义与反自然主义，逻辑实证主义与社会科学，库恩的科学历史主义对社会科学研究的推动，维特根斯坦—温奇的社会理解理论，哲学诠释学与社会科学，以及现象学的社会科学观。这本书的第一章"社会科学与社会科学哲学"，回答了什么是社会科学，社会科学与自然科学、人文科学的关系，社会科学、社会科学哲学与社会哲学的区别，社会科学哲学的基本问题，以及当代西方社会科学哲学的总体情况，这部分内容比较集中地表现了我自己对社会科学和社会科学哲学的思索和研究。

三是马克思主义科技哲学研究。《马克思科学哲学论纲》讨论了马克思的科学观和科学方法论，出发点是马克思的现实人的实践观念。在孙正聿教授等著的《马克思主义基础理论研究》中，我写了一章"马克思主义科学观"。目前正在研究，如何从马克思的实践的本体论理解恩格斯的自然辩证法思想，力图完成一本关于马克思主义科学技术哲学的比较完整的著作。

书名

马克思科学哲学论纲

作者

曹志平

出版社

社会科学文献出版社

出版时间

2007 年 12 月

程：那么，在您的上述学术研究中，量子力学和哲学之间存在着什么样的关系？"现实的人"在马克思科学哲学思想中扮演着一个什么样的角色？如何看待自然科学的解释理论与人文科学的理解理论的关系？

曹：关于量子力学解释的哲学，是我硕士研究生时的研究主题。但量子力学对于我以后的科技哲学研究具有重要意义，它时常成为我研究哲学问题的科学基础。事实上，正是量子力学表现出的区别于牛顿经典力学的理论特征，如微观粒子的实在性、普朗克常数的存在使量子现象表现出的整体性、波粒二象性、互补原理和不确定关系、量子力学中的测量问题等等，使量子力学成为 20 世纪影响哲学发展的最重要的科学成果。我上面列出的这些量子力学问题，就非常鲜明地表现了量子力学和哲学的关系。对于把量子力学作为纯物理学工具或者对哲学非常排斥的物理学的研究来说，量子力学与哲学没有关系；但若把量子力学理解为探求物质结构、描述微观世界的本质的普遍的物理学理论，可以说，量子力学就是哲学。甚至量子力学的创始人之一的海森伯说，不懂得古希腊哲学就没有资格研究量子力学。量子力学的创始人，如爱因斯坦、玻尔、海森伯、薛定谔、波恩等人，都具有深厚的哲学思想，有的人甚至堪称 20 世纪伟大的哲学家。从量子力学出发，我经常这样研究哲学问题。

与刘猷桓教授（中）、王跃新教授（右）合影

"现实的人"是对马克思哲学前提的概括。"现实的人"也就是现实的人的实践，现实的人的生产劳动。从现实的人的实践出发，是马克思理解科学的哲学原则。我曾经在一篇论文《从实践理解科学》，比较了马克思对科学的理解与当代西方科学现象学、诠释学，论证了马克思理解科学的实践原则的当代性。在当代的科学诠释学和现象学中，劳斯、伊德等人提出，在理解科学的原则上实践优位于理论，不从实践出发就无法理解科学等思想，并从实践出发理解科学理论的普遍性和真理性等基本问题。当然，马克思的实践概念与西方科学诠释学、现象学的实践概念还是有区别的，后者的实践往往没有马克思强调的物质资料的生产的基础本体论含义，但科学实验却都是两者所包含的。马克思的"现实的人"的哲学原则，也是理解西方科学哲学发展的一个重要观念。只有从现实的人的前提出发，才能合理理解科学观从逻辑实证主义

到科学历史主义的发展，以及科学历史主义表现出的相对主义的哲学根源。

参加学术会议

理解与解释的关系，有本体论、认识论和方法论三个层次。本体论层次的理解与解释是人的存在方式，认识论层次的理解与解释是人的认识活动和认知能力，方法论层次的理解与解释是研究不同学问的方法。作为方法的理解与科学解释具有不同的特征，在人文科学、社会科学和自然科学中方法的侧重点可能会不一样，但作为科学的知识体系都应该具有不同程度的科学解释的特征。认识论层次的理解与科学解释的关系，是作为方法的理解与科学解释在不同科学门类所具有的不同的认识特征的集中表达。而本体论层次的作为人的存在方式的理解与解释，则为作为方法和认识能力的理解与科学解释提供了可能性条件。诠释学与科学哲学的发展也证明了理解与解释的上述逻辑关系。最先人们诉诸的是理解与科学解释作为不同学问的方法，然后批判的重心就转向了理解与科学解释的认识论问题，而问题的最终解决还必须回到本体论。这也是当代哲学诠释学和科学哲学从海德格尔等人的现象学寻求哲学根据的原因。

寄语吉大

程：作为从吉林大学哲学系走出去的前辈，适逢母校七十周年大庆，请您为母校送上您的寄语。

曹：祝福吉大，愿吉大哲学系继续充当中国哲学创新的引领者！

　　吉林大学哲学系自 1958 年建系以来，培养了一批又一批"爱智求真敢问真"的学者，他们走向全国各地，为开创和繁荣我国的哲学社会科学事业筚路蓝缕、笔耕不辍。今适逢吉林大学七十华诞，本平台特开设《吉大七十·哲林人物》栏目，刊登一系列吉大哲学优秀系友专访。忆往昔峥嵘岁月，叙今朝母校情深，展未来踌躇满志⋯⋯

哲学不是终极的真理，而是永无止境的探索

——访孟宪忠教授

孟宪忠教授

现任上海交通大学安泰经济与管理学院教授、博士生导师、战略管理

研究所所长。

1968 年作为初中生上山下乡插队，成为知识青年。

1970 年返城分配到公检法任职、又到政府研究室从事研究。

1977 年考入吉林大学哲学系，1978 年 2 月入学读本科。

1979 年 9 月提前考取吉林大学哲学硕士研究生，师从高清海、邹化政先生，1982 年获哲学硕士学位。

1982 年任教吉林大学哲学系，在职攻读博士学位，师从高清海教授。1986 年获哲学博士学位。

1987 年起任吉林大学哲学系副教授，1989 年任教授，1992 年任博士生导师，任教吉大至 2001 年。

期间曾任职吉林大学社会发展研究所所长、吉林大学哲学社会学院院长。

1993 年成为中国作家协会会员。

1995 年—1997 年在复旦大学师从苏东水教授做经济学博士后研究。

2001 年特聘到上海交通大学安泰经济与管理学院任教至今。

多年来在哲学、管理学、文学领域出版了《实践辩证法导论》《思考世界的十个头脑》《中国经济与社会发展战略》《绝处逢生——危机下的战略选择》《企业战略管理》《20 世纪企业家现象观察》《20 世纪文学轨迹——诺贝尔文学思想研究》《诺贝尔文学奖获得者的追求》《对着世界说》《光荣与梦想》《生活美如斯》等 20 余部著作。发表了上百篇学术论文。

率先在国内开展了"人学"研究、实践辩证法理论研究、社会发展研究、诺贝尔文学现象系统研究、企业战略转型研究。

先后被评为国家有突出贡献的中青年专家、中国有突出贡献博士、教育部跨世纪经济学人才等称号，获得多项国家、省部级奖项。

采访时间： 2016 年 12 月 25 日

采 访 人： 李坤钰（以下简称"李"）

采访对象： 孟宪忠教授（以下简称"孟"）

结缘吉大

李：孟老师，您好！很荣幸能够代表"反思与奠基"网站和《哲学基础理论研究》编辑部对您进行访谈。能否为我们讲述一下您的求学经历，您因何而与吉大结缘并且选择哲学专业的呢？

孟：说起我求学吉林大学、选择哲学专业，真是很自觉、很坚定的选择。

我中学就读吉林师大附中（现在的东北师大附中），刚读一年就开始"文化大革命"，然后下乡做知识青年。两年后，抽回到公检法系统工作、又到政府政策研究室搞研究。置身那个动荡时代，不论是在农村插队、回城工作的个人经历中，还是面对"文革"中无尽的打倒这个打倒那个，这一派那一派的辩论、冲突，感受到太多的朝秦暮楚、命运无常，我有太多的困惑。

从小学、中学开始，我就喜欢读书，虽说是阅读无类了，但我特别喜欢文学。我永远感谢师大附中的老师，感谢我少年时结交的大学生朋友。他们向我讲起了世界文学，借给我书和西方文学、中国文学史教材。我按照教材所讲，通过各种渠道、尽一切可能找来经典名著系统阅读。包括和同学从天棚潜入学校图书馆成摞地"盗书"，当然读完再偷偷还回去。除中、西方文学名著外，我当时读的最多的是鲁迅的作品，一部《鲁迅全集》，我读了好多遍。这些阅读，也引起我的思考：世界并不像某一种讲法所说的那样简单确定，发展也不是只有一条道路。

现实的困惑与阅读的开放引发我思考的兴趣和执着。

1977 年恢复高考后，我们才有机会读大学。当时，我既可以报考文学系，因为我喜欢文学，读了许多作品，从小就想当作家。我也可以报考法律系，因我有 6、7 年预审、司法的工作经历。但我更想思考一些问题，更想提高自己的思考能力。

当时，毕业于吉林大学，在长春市政府任职的徐吉征主任给我说，您要是想深刻思考，可以报考吉林大学哲学系，哲学是思考的学问，吉林大学哲学系高清海教授是很有独立思想的，到这里学习会不错的。

就这样，我就自觉自愿地报考了吉林大学哲学系，成了高考后第一批大学生。

师生情谊

李：作为著名哲学家高清海先生第一个入室弟子，您跟随先生左右二十余年，先生的为人为学想必也对您的人生轨迹与学术历程产生了较大的影响，能否为我们讲述一下您记忆中的高清海先生？

孟：高清海老师是我的恩师，高老师的教诲是我一生的精神定向，高老师的为人是我一生的榜样。

在哲学系刚读完一年，1979年国家出台政策加快人才培养，当时就读的本科生可以以同等学力提前报考研究生。因为大学一年级，我就与同班同学在哲学领域最高等级杂志《哲学研究》上发表了文章，高清海老师、李树泉老师都支持我提前试一试，结果大学读一年后就提前考上研究生，跟随高老师读硕士，邹化政老师是副导师。读完硕士后，又成为高老师第一名博士生。我跟随高老师学习、工作时间较长，各种接触交流较丰富。如果有时间、有条件，我真想讲述高老师许多不为人知的深刻思考、伟岸人格、真情往事、父辈情谊……

我还是讲我经历的几件事情吧：

我撰写的硕士论文是《黑格尔的绝对理念的本质和价值》，不知什么原因，我对黑格尔绝对理念的基本理解与高老师大相径庭。许多人都劝我不要坚持自己的看法，说您是学生怎能与老师的观点相左呢？我压力很大，跟高老师说，我对黑格尔有自己的一种不成熟的理解，可以按照自己的想法写论文吗？高老师说，我高兴看到你们独立思考，只要有自己的根据、符合逻辑，你完全可以有自己的看法。我说，老师您是权威，我这样做，是否有些不敬。高老师笑着说，研究没有定论，权威是用来被打破的。如果你永远都与我的思想一样，那你充其量就是一个我，还怎么进步、发展。高老师不但鼓励我独立思考，还具体指导我拜访、请教宗白华老师、张世英老师，倾听他们对黑格尔的深入分析。我永远感激这些老师的平易近人，谆谆教导。

仅有独立理性思考是不够的，因为你的独立可能是肤浅的固执。高老师要求我们必须深刻地看问题，要把握历史上每位哲学家的思想本质。而要深刻把握本质就要读原著，不能跟风、应景、人云亦云，不能浅尝辄止，而要自己超越自己。由于读大学本科时发表了一些学术论文，还提前读研究生，人们有时也说我思想快、想法多。我就不免沾沾自喜地在高老师面前表达自己的这一看法、那一想法。高老师几次对我说，研究问题一定要超越自己第一阶段的思考，绝不能满足自己第一阶段形成的观点，要把自己一开始形成的观点、见解作为靶子，反复推敲，要敢于善于证伪自己，否定自己越多，自己越进步。为什么要深入思考呢，高老师说，现实中许多事情并不像你看到的那样，也不像人们所说的那样，要透过这一切，看得更深刻。流行的东西容易肤浅、盲目。

硕士研究生毕业后，我就开始在吉大哲学系任教。在吉大学习期间和教学、研究过程中，我日益感觉到哲学既可以作为独立的对象来研究，也可以作为思维方式来分析自然、社会。我担心自己只把哲学作为对象来做形上研究会把哲学研究空泛、也会陷入一定的框架之内不好突破，就想将哲学作为一种方法去研究文化、经济、社会发展。历史上那些真正的哲学家，也都是许多领域的专家，他们不但对具体科学提出了许多真知灼见，这些具体科学、问题的研究，也丰富了他们的哲学。柏拉图、亚里士多德、培根、洛克、孟德斯鸠、伏尔泰、卢梭、康德、黑格尔，哪位不是在经济、政治、社会、美学、心理学领域有独到建树，柏格森、卢卡奇、葛兰西、萨特、罗素、海德格尔、马尔库塞、罗蒂，谁又不是对自然现象有自己独到的思考、对人类社会各重大事件有自己的良心担当。柏格森、罗素、萨特、加缪因其文学作品或哲学的文学价值还都获得了诺贝尔文学奖。所以 20 世纪 90 年代初，我虽已是教授、博导，我还是又去了复旦大学师从苏东水教授做经济学博士后研究。当时做出这个决定，同学、朋友也是有些不同看法的。有人与高老师开玩笑说，小孟坏了武林规矩，本是您的开山弟子，恩师将全部衣钵都传授给他，又任了学院院长。现在却要一推了之，又学他门武功，这不是背叛师门吗？我与高老师汇报了我的想法，也谈到当时纯粹研究哲学的困难，更表达了我想再到其他院校学习的歉意。没想到老师不但非常理解，还大力支持。他说，从一个窗口看不到完整的世界。大千自然、人类社会是无限丰富多彩的，需要从不同的角度去认识、去分析。你学习新的科学就相当于打开了一扇认识世界的新窗口。老师还说，哲学的全部进程不是你死我活的厮杀，而是正、反、合的融汇，相辅相成、超越对立，历史上没有一种哲学是纯粹错误、毫无价值的，也没有一种哲学是绝对真理，包打天下的。你愿意涉猎多学科、多种角度学习，汲取多种思考，这是符合哲学的超越对立、相融思维的本质的。人文主义心理学家马斯洛说得很形象：你要是只有一个锤子，你会把所有的问题都看成是钉子。你们年轻人应该有更多的认识世界的角度，有更多的改变世界的工具。我非常支持你去学习新学科、探索新问题。但老师语重心长地说，你要切记，不管你今后进入哪个领域，探索什么问题，都要运用哲学——这一人类伟大的思维方式。我希望因为你学了哲学，有了哲学修养，能更深刻的思考具体科学、社会问题。希望你在研究具体科学、具体问题的基础上，条件成熟时不要忘记做一些哲学的反思和总结。

独立思维、挑战权威、批判思维、深入本质，融合思维、超越对立……这是高老师留给我的精神遗产，这是我在高老师门下的精神现象学过程、精神胚胎过程，也是我理解的哲学之所以为哲学的价值所在。

老师的一生是精神与行相统一的一生。

他教导我们的一切，正是他所践行的一切：

老师挑战权威，在国内率先批判苏联教条主义哲学；老师切入本质，在国内率先思索辩证唯物主义与历史唯物主义的关系实质；老师超越对立，倡导相融思维，汲取一切哲学都具有的一定合理性……

高老师是一位不懈探索、不断追求、勇于超越自身局限与历史局限的智者。

概言高老师对我的影响，我成长的每一步都伴随着老师的呵护、理解、支持、鼓励、教诲……

我虽然"散漫"多年研究文学、管理学、社会发展理论，但我时刻没敢忘记高老师的殷殷期望：学了哲学，有了哲学修养，要能更深刻地思考具体科学、社会问题。要在研究具体科学、具体问题的基础上，条件成熟时不要忘记做一些真实的哲学反思和总结。

这些年，无论我切入哪些具体领域、研究哪些具体问题，我都试图做深入的哲学分析。我也时刻在阅读哲学书籍，想在合适的时候表达自己更执着的一些哲学思考。这些年，不论因公务还是私事去国外，我首先要去拜谒过去只在书本上阅读相识的那些伟大哲学家的故地、圣迹。在希腊爱琴海边、帕特农神庙、苏格拉底讲演的市场，我读希腊圣哲的书简；在剑桥我住在培根的宿舍旁，沉浸在培根开创的自我证伪的方法论；在先贤祠，我久久地止步在伏尔泰、卢梭墓前，更深刻地感受到启蒙的伟大和必要；在海德堡，夕阳染红天际，我往返黑格尔哲学小道，体味德国的思辩力量……此情此景，总是激起我的冲动，要形而上地反思这个时代……

罗素、维特根斯坦、沃尔夫、福斯特、凯恩斯经常聚会的 The Orchard

门楣上的小字：BACON　ROOM，访学时我就住在培根在剑桥的宿舍旁边

学术探索

李：正依您所说的，也据您的学术资料显示，20 世纪 80 年代初您开始从事哲学研究，90 年代后您又转向了诺贝尔文学研究、社会发展理论研究，21 世纪初至今您专注于管理学和经济学的研究。那么，能否再谈谈历次学术研究转向和研究成果？

孟：我从小的时候喜欢阅读文学。小学、中学时语文学得不错，胆大得就想长大要当作家。1989 年秋天开始，我有了充足的时间可以读书，我认识到我过去的那点文学修养不过是读了莎士比亚、哈代、巴尔扎克、福楼拜、莫泊桑、司汤达、拜伦、雪莱、莱蒙托夫、托尔斯泰而已。虽然这些都是世界文学泰山北斗，但毕竟都是 20 世纪之前的作家，我就算如数家珍把我们以往所讲的西方文学史上的作家都报出来，还是缺乏 20 世纪文学修养，缺少借 20 世纪伟大文学家之眼看我们当下世界的视角。所以，我开始深入系统地阅读诺贝尔文学获奖作家作品，这是帮助我们认识 20 世纪的如炬目光。这些作家所写的一切就发生在这个时代，就发生在我们身旁，所以认识意义非常大，同时，文学性的探索也丰富得多。不能说，我在这方面的研究有多大成就，但也在国内出版了第一部系统研究诺贝尔文学奖的专著《20 世纪文学轨迹——诺贝尔文学现象研究》，在大陆和中国台湾出版了几本诺贝尔文学奖传记、评述。我不知道这些研究对别人有多大价值，但阅读诺贝尔获奖作家数百部作品，对我认识当今世界帮助极大，也促进了我的形象思维能力，也因为此研究，我成为中国作家协会会员。这些研究一直激发我不时动笔写写文学性文章。

说到我与邴正教授创建吉林大学社会发展研究所，开展社会发展研究，在国内算是早的。1989 年春天，针对现实中单纯经济突进，缺少社会综合发展、缺乏人的主体发展等现象，我们提出中国需要自己的社会发展理论，连续发表了十几篇相关主题学术文章，产生了一定社会反响。我们作为发起、倡导者，主持了几届全国社会发展研讨会，当时北京大学、中国人民大学、南开大学、山东大学、黑龙江大学、辽宁大学、中国社科院哲学所许多青年学者都积极参与、贡献智慧。也因为这些研究，我们的《中国需要自己的社会发展理论》获得了当时国家的最高研究奖励。也因

在莎士比亚故居

在《飘》的作者玛格丽特故居

　　为这些研究，当时的国家计委指定我参加了联合国社会发展首脑会议，听了几十位国家元首的发言，也算近距离地看到了世界的分歧和难题。

　　再说管理学、经济学研究。在复旦做经济学博士后研究后，我调到上海交通大学管理学院任教。我当时去交大有两个原因。一是我感到虽然搞文学研究、社会发展研究比哲学具体了，但对社会还是发挥不了什么实际作用。我喜欢问题导向，针对当时社会发展中的问题，我提出了很多新的想法，今天看来还是有些前瞻性的，如《市场经济的前提是正义经济》《我们需要健康、文明的市场经济》《不能丧失市场经济的文化精神》《警惕陷入贫困国家的富贵病》《应以社会发展引导经济发展》《发展的人民性是发展的最高目标》《我们需要人的现代化》……这些文章发表的学术刊物层次都不低，好多《新华文摘》都全文转载了，有些也被编为供中央决策的内参。但都没有什么实际作用。想来想去，这些文章都是面对社会，没有具体的针对主体。一咬牙，干脆研究企业吧，企业是市场经济的微观主体，是真实、具体的存在。我们的企业研究、教学包括咨询如果做好了，真的能促进企业进步。研究企业也没有太多限制。选择上海交通大学的原因是上海是我国经济文化中心、企业众多、国际化程度高、经济文化生活比较丰富。就这样，就开始研究微观经济企业主体、开始管理学教学。十五六年过去了，我在企业研究方面也提出了一些想法，在社会都强调扩大内需的时候，2013 年我在《光明日报》提出我们更缺的是内产，本质上是供给缺乏创新、缺少质量、缺少信誉；我也提出发财不等于发展，我们陷入了负竞争力的误区，将不择手段攫取财富当成了竞争力和本领；我还较早提出企业如何在不确定性中选择确定性、创造确定性的问题；提出企业双焦点思维、两个市场平衡的战略；不能只注重管理效率，更应重视人性效率；我也批评了社会上大量的伪创新。在经济、企业研究方面我撰写出版了《经济与社会发展战略》《20 世纪企业家现象观察》《绝处逢生——危机下的战略选择》等著作。这些观点运用在教学和企业咨询中，起到了一些具体作用。感谢上海交通大学管理学院的信任，为我提供给 EMBA、MBA 讲授教授《企业战略》《企业家精神与领导艺术》《领导与管理反思》《中国市场经济现实问题分析》等多门课程的机会。感谢同学们的厚爱，我被评为 EMBA 项目 10 年最受欢迎的教授。也感谢新加坡南洋理工大学、中山大学、武汉大学、同济大学、对外经贸大学等国内外十几所大学的鼓励，使我成为这些大学的客座教授。我想这些大学邀我上课，也是因为这些课程有较深刻地反思和切入企业实际。而问题导向与反思超越都与我的哲学修养有关吧。

与诺贝尔经济学奖得主斯蒂格利茨合影

与诺贝尔物理学奖得主、美国能源部长朱棣文合影

李：您是国内较早提出和论证了马克思辩证法为"实践辩证法"的学者。并且在 1989 年出版了国内第一部关于实践辩证法的专著《实践辩证法导论》，能否为我们介绍一下该书的时代背景以及写作的初衷？

孟：《实践辩证法导论》是在我博士论文基础上修改而成的一部专著，是纯粹的哲学研究著作。这部著作是在考察古希腊辩证法、黑格尔辩证法基础上探讨了马克思对以往辩证法的继承和其实践辩证法的创立，特别是考查了马克思在《资本论》中运用辩证范畴对现实的批判所体现的变革世界的价值。撰写博士论文、修正完善这部书，对于我最大的价值是老老实实一丝不苟地阅读了柏拉图、亚里士多德、黑格尔的原著，认认真真学习了马克思的《资本论》《1844 年经济学哲学手稿》《德意志意识形态》。

这些阅读学习使我深刻地感受到，哲学研究要有客观、严肃、科学、深入的态度。这些阅读也使我感受到那些年我们对世界哲学的研究是很不严肃的，多是肤浅的误解、庸俗的污蔑、断章取义的大批判。我们社会的哲学修养基本上就是苏联教科书的全盘接受而已。许多讲授、研究哲学的人们根本不了解芝诺，从来没有在感觉意义上否定过运动，不理解贝克莱的存在就是被感知是在指出我们所面对的世界都是意识所呈现的世界，不明白黑格尔的思维决定性是一种逻辑先在性根本不是时间先在性。偌大中国几乎没有几人阅读过杜林的书，却全民人云亦云地口诛笔伐。我们也不去认真学习马克思的原著，只是按照苏联的解释而广布。

在如何阅读原著、深入学习、系统分析西方哲学大师精神实质这一方面，我要特别感激邹化政老师，邹老师为我们讲授的黑格尔《逻辑学》、洛克《人类理解论》、马克思的《1844 年经济学哲学手稿》，邹老师撰写、出版的黑格尔研究、洛克研究专著是非符合作者原意，而分析论断极具启发价值。

当时我撰写《实践辩证法导论》的目的就是想校正人们对西方辩证法的肤浅理解，论证马克思的辩证法不是凭空产生的，是辩证法历史的继承和继续向前推进，而马克思侧重的是人类实践中的辩证性。也想更客观、更深入地来吸收西方哲学辩证法的合理内核。

这些年，我还不时看一些关于回到真实马克思研究的新进展。在马克思墓前，我在想面对今天如此沧桑巨变，面对人类行为世界的空前扩展和极致入微，面对 AlphaGo 展示的机器智能、数据驱动的混合思维，先哲如果再世，他一定会推进自己的思考，而不会停止自己的研究，终结在自己的论断……他一定会愤懑于将其思想固化、僵化、教条化的做法，甚至还会气愤地再说：我播下的是龙种，收获的是跳蚤……

在马克思墓前

李：经历了 30 多年的改革开放，中国经济取得了长足发展，但同时也面临着更多的问题。那么在您看来，中国经济在未来的全球经济浪潮中应如何保持自身良好的发展态势，实现"经济升级"？

孟：毫无疑问，30 多年来中国经济取得了长足发展。从数量、规模上看颇为壮观。但哲学告诉我们，任何事物都是量和质的统一。我们的经济发展缺少质。

经济主要包括生产、消费、分配环节。这些具体环节都需要提高质量：我们再不能以高投入、高消耗、高污染来实现产值，我们需要提高创新能力、创新质量、效率能力、经济质量来促进发展。我们数亿农民、十多亿亩耕地，创造的农副产品贸易还不如荷兰20多万农业人口、弹丸土地创造的贸易额；消费过程中，我们太多的浪费、奢华、张扬，虽然我们GDP总量位列世界前列，可我们人均GDP则排在70多位，而且还患上了贫困国家富贵病；说到分配，我们的税收应更加合理，给企业更多的休养生息，为企业扩大再生产创造宽松的条件，要轻关易道、通商宽农，我们的各项支出也应提高效益，克服铺张浪费，减少形式主义支出……

总之一句话，发财不等于发展，我们的生产、消费、支出都要提高质量。

同时，哲学也告诉我们，社会是由经济、政治、法律、教育、文化、环境多领域构成的系统，特别需要指出的是，社会发展绝不仅仅是经济增长，各个子系统都要改革、进步。因为这些子系统的进步不但是经济发展的支持条件，同时政治文明、法制完善、教育进步、文化丰富、环境健康本身就是保障人的权利的发展内容。联合国千年发展计划说得很清楚，单纯的经济增长不等于社会发展，忽视其他一切的经济单项突进注定是损害环境、滑坡道德、混乱法律、忽视主体进步……

市场经济是整体文明演进过程，我们需要系统的社会进步。

学术建议

李：能否请您为将来从事学术研究的青年学子们提一些学术建议？

孟：这些年在教学、咨询实践过程中，我切实感到人类生活各领域都在颠覆性巨变。我们需要更积极自觉、不懈刻苦的学习才能跟上时代的变迁，才能跟上学生的进步。我真诚地希望，青年学子要认知谦虚、思想开放、前瞻未来、常学常新、不断超越自我。从时间角度说，要适应变化、洞悉未来，不要陷入"用过去的知识教育现在的学生面对未来的问题"的旧穴。从空间角度言，各种思考要跨界融合、宽容贯通，不要跌落"只听一种声音为聋、只看一种色彩为盲、只食一种食物成病"的状况。如果青年人从事哲学研究，我希望大家认识到：哲学不是终极的真理，而是永无止境的探索。哪种哲学宣布自己掌握了真理，哪种哲学也就没有生命力和未来。

寄语吉大

李：今年是吉大建校 70 周年，您有没有什么特别的话想对母校和学子们说？

孟：我永远说不尽的是感恩、感谢，祝福和祝愿。

如果说，高清海老师为我们注入精神基因，哲学系则是我们成长的摇篮，母校吉林大学则是沐浴阳光一碧如洗的蓝天……

我感恩高清海、邹化政、舒炜光、车文博、张维久等老师，我感谢哲学系的每一位老师给做学生的我、做教师的我的如一帮助。

我感恩吉林大学那自由奔放、轻松活泼、独立思考、崇尚知识、尊重教师的氛围……

俱往矣，我想对今天的学子们说，要发现、开掘吉林大学老一辈的精神遗产，这些遗产能促进母校有更多自由发展、独到创新……

今天不生活在未来，
明天就要生活在过去。
世界会为有远见的人让路。
看待世界的角度不同，
看到的世界就不同。

开放的视野引领开放的世界。

人类世界不仅是接受自然的赋予，

更是你我的创造。

我们有责任扬弃现实，

创造更美好的世界。

　　吉林大学哲学系自 1958 年建系以来，培养了一批又一批"爱智求真敢问真"的学者，他们走向全国各地，为开创和繁荣我国的哲学社会科学事业筚路蓝缕、笔耕不辍。今适逢吉林大学七十华诞，本平台特开设《吉大七十·哲林人物》栏目，刊登一系列吉大哲学优秀系友专访。忆往昔峥嵘岁月，叙今朝母校情深，展未来踌躇满志……

沿着先哲的道路前行

——访高文新教授

　　高文新，男，汉族，于 1948 年 6 月 1 日出生于山东泰安。1975 年入吉林大学哲学系，1978 年毕业留吉林大学哲学系西方哲学教研室任教，1979 年考取吉林大学硕士学位研究生，1982 年被聘为讲师，1988 年被聘

为副教授，任教研室主任，1994 年被聘为教授，1995 年兼任哲学社会学院党委书记，1998—2001 年受教育部委派，任新疆伊犁师范学院副院长，2001—2004 年任吉林大学哲学社会学院院长（按吉林大学副校长待遇），2005—2008 年任马克思主义学院党委书记。

采 访 人：方瑞（以下简称"方"）
被采访人：高文新（以下简称"高"）

结缘吉大

方：高老师，您好！非常感谢您能在百忙之中接受我的采访，很荣幸能代表"反思与奠基"网站和《哲学基础理论研究》编辑部对您进行访谈。能否为我们讲述一下，您是因何而选择哲学专业？又因何缘故进入吉林大学学习呢？

高：我进入哲学专业不是我个人选择的，我和 1977 年的高考生是不完全一样的。1968 年，我到了解放军的 40 军 118 师当了五年兵。等我回来的时候就被分配在邮电 513 厂当工人，当过电焊工，钳工又做了三年。在这段时间里也有上大学的机会，那时候出了一个人叫张铁生，也就是所说的白卷先生。当时招工农兵学员，各个单位也考一下，这个考一下的成绩本来应该是作为录取的一个基本根据的，但张铁生这个事一出来，考试和成绩几乎不起作用了，所以在那种情况下，我要是想进入大学学习就非常难。但是，我的工作应该承认当时干得相当不错，我每年都干三年的工作量。所以连续三年是厂级劳模，我又会写文章，车间选了我当团支部书记，党支部委员，又能领着青年进行各种各样的会战，所以在厂子里应该是比较突出。虽然当时推荐上大学"走后门"成风，但是厂子里就有这种舆论，你看推荐上大学这么些年，像高文新这样的好青年你们不让去，大家的意见就非常大。在这种情况下，厂子里被迫就把我推上来了。推上来的原因也不完全因为我好，还是因为 1975 年来了一个学哲学的名额。

1974 年我报过，而且在厂子里文化考试我考了第一名，不算数，因为 1974 年都是理工科的。我是邮电 513 厂嘛，都是北京邮电学院、南京邮电学院，还有一些北京比较好的工程学院。但是到了最后，1974 年告诉我年龄大了，因为 1974 年我 26 岁，它要求最好不超过 25 岁，结果告诉我年龄大了。到了 1975 年，这时候因为我已经考了一年了，我就不想再耽误别人我就没报，在这种情况下，他们就主动来找我，邮电 513 厂当时人事科的科长叫王新佳，到现在我还记得，来找我了。他说："高文新，想不想上大学？"我说："当然想上大学了。"他说："想上大学今年去吧。"我说："我去年年龄大了，今年年龄就不大了吗？"他的原话是："今年有一个搞哲学的名额，搞政治嘛年龄大点好。"在那段时间里，你别看"文化大革命"当中那么突出政治，谁都不愿意学哲学，谁都认为哲学这个东西就是搞政治的，这里没有任何学问可谈，所以在这种情况下呢，正好厂子里还有怨言，干脆就把高文新推出去得了，一下子也甩掉包袱，而且还可以堵人家的嘴。我们也不完全是"走后门"，你看高文新什么关系都没有，我们不也把他推出去上大学了吗。就是在这种情况下，我上的大学。所以你们问我为什么选择哲学专业，我根本不会选择哲学专业。如果让我自己选择的话，我的第一志愿肯定是哈尔滨军事工程学院，那个时候我喜欢工科，但是后来 30 多年了，加上高老师的教育，我就已经转到哲学专业来了。我这一辈子所有的事都不是我选择的，我是一块砖，东西南北任党搬。当时就是抱着这种心态，你看我当兵是组织选的，当兵回来分配工作是组织安排的，上大学也是组织安排的，留校也是高老师征求我的意见，他想让我留校，我就同意了。然后参加工作以后也是，没有任何个人的选择，像现在的年轻人安排自己的人生啊，怎么样走啊，没有这个观念，但是应该承认，在那种形势之下，组织也确实考虑你适合做什么。我到了哲学系工作以后高清海老师就一直在安排让我去讲什么，去到哪个教研室，就一直听老师安排的。1978 年，我留校工作，然后1979 年考研究生，是咱们哲学系第一届硕士生。

难忘回忆

方：高清海先生和邹化政先生都是您的授业恩师，从您的求学时代一直到工作时期，您在先生们身边三十余年。能否为我们回忆一下，您与先生们之间的难忘故事？先生们对您最大的影响是什么？您认为先生们对吉林大学哲学学科的影响是什么？

高：咱们哲学系第一届硕士生一共有三个专业，一个是高老师为首的马克思主义哲学专业，另一个是舒炜光老师为首的自然辩证法专业，现在叫科学技术哲学专业，还有一个以乌恩甫老师为首的叫中国哲学史专业，咱们当时就这么三个专业招了第一届硕士生。咱们马克思主义哲学专业里高老师这个组第一届实行的不是导师制，而是指导小组制，马克思主义哲学专业的指导小组的组长是高清海老师，成员有三个，一个是邹化政老师，一个是张维久老师，一个是吴雄丞老师。然后作论文的时候，一共6个学生，杨永德、陈卓是跟着吴雄丞老师，赵国福、秦光涛跟着张维久老师，我和孟宪忠跟着邹化政老师，都做的是马克思主义哲学的硕士论文。但是，毕业的时候实际上我和孟宪忠的论文做的是西方哲学史方面的论文，我写的是西方哲学史上一般与个别范畴的发展过程，孟宪忠写的是黑格尔哲学。那个时候的学生很少，因为1979年全国的硕士生才招了6000人，非常少，1979年招硕士的时候全国有硕士点的单位就没几个，就那么几十个单位，咱们马哲专业招了2个。那时候答辩也不像现在，1982年我答辩的时候，一个硕士半天，我们的那个答辩委员会请的是北京大学的张世英先生，黑格尔专家。在我们的答辩会上，应该承认我和孟宪忠的硕士论文答辩会是我们吉林大学哲学系在哲学理论和欧洲哲学史研究方面一次巨大的进步。

为什么说这是一次巨大的进步呢？邹化政老师和高清海老师，在我的硕士论文答辩会上就黑格尔哲学一起请教张世英先生，就是问黑格尔到底啥意思，张世英先生就说邹先生的逻辑在先理论是对的，这就使吉林大学哲学系对黑格尔的认识一下就超出全国了。所以才培养了一大批哲学的精英，包括孟宪忠、邴正、孙正聿、孙利天，他们真正达到了黑格尔的本意。

在1982年之前，中国人一直有一个问题，就是包括在我们吉林大学哲学系，怎么认识黑格尔都是一个问题。黑格尔说绝对精神在先，绝对精神发展到一定程度，它已经充分地达到了一个绝对的、具体的、丰富的真理体系，这个体系本身它是一个直观着的真理，这个直观着的真理外化出来就变成了自然和人类社会，这几乎是黑格尔的话。这些话我们听起来千万要注意，带有宗教色彩的一种形象的表达，实际上往往导致人们忽视对

高文新教授

黑格尔哲学本质的认识。黑格尔不是柏拉图，黑格尔不可能这样去主张，在自然和人类社会没有产生之前，就有一个绝对精神孤零零地存在着。这个绝对精神运行到一定程度，然后再异化出自然和社会，自然和社会是绝对精神的异化，表面上看是这样，实际上不是这样，黑格尔能这么傻？如果黑格尔这样的话，他让那个绝对精神作为世界的本质单独存在的话，你想想本质脱离了现象，这还能是本质吗？一般脱离了个别，它自身就成了个别了。因此，在这个意义上来讲，必须承认黑格尔已经达到了充分的辩证思维，所以黑格尔不是这个意思。那么怎么去表述黑格尔呢，邹化政老师就提出一个概念，就叫作逻辑在先，本质在先。什么意思呢？就是黑格尔说我要谈我的哲学，我总得一部分一部分地谈，我先谈世界的本质，世界的本质作为逻辑的体系是什么呢，我就通过逻辑学把它阐述出来。然后再谈世界的本质获得了空间的形象以后，它是什么样子的呢，他就谈自然哲学。因此什么是自然哲学呢，自然哲学就是可以直观的、显现为时空中的那个绝对，反过来那么什么是绝对呢，绝对是在自然背后的决定着自然怎么发展的规律性、那个本质，因此自然和绝对是本质和现象，个别和一般，这么一个内外关系，而不是时间上先有一个绝对。

黑格尔在《小逻辑》里也明确讲，虽然黑格尔讲逻辑在先，虽然黑格尔先讨论绝对精神的体系，但是黑格尔心里非常清楚。他在《小逻辑》里明确讲，如果从时间上讲，人的认识总是先形成表象，然后才进入概念。也就是说，在时间这个问题上，黑格尔是非常清楚的，所以黑格尔在《小逻辑》里明确说，星球运动的规律不是写在天上的，那么星球运动规律在哪呢，就在星球的实际运行当中的，对不对呀。那个星球运动的规律作为一种逻辑的可能性我们可以把它说出来，但这种逻辑的可能性不是经验的现实性，经验的现实性和逻辑的可能性是一个东西，我们可以用我们的概念，用我们的判断，用我们的逻辑体系把逻辑的可能性表达出来，但不等于说逻辑的可能性是单独存在的，它就在经验的现实性当中。可能性和现实性是一个东西，逻辑的东西和实存的东西是一个东西，正是在这个意义上来讲，黑格尔真正达到了辩证法。

我们不能把黑格尔理解成柏拉图，在这一点上咱们哲学系最先意识到的是邹化政先生。关于这个问题恩格斯在费尔巴哈论里面也说过这样的话，说黑格尔认为绝对精神在自然社会之前，孤零零地存在着，不是有这样的话吗？像这样的话，我们中国研究马克思主义哲学的这些人们呐，往往就不理解黑格尔，如果你不理解黑格尔，回过头来你还说有辩证法，这就不成立了。因为辩证法最核心的一个问题就是本质与现象的关系，内与外的关系，你连这个一般与个别的关系都解决不了，你这个辩证法就回到了古代柏拉图的野蛮的唯心主义。柏拉图确实认为有一个孤零零的理念界，这个理念界是现实、现象、事物世界的一个原型。当古代人发现了一般、共相之后，他不理解。古代人不可能理解，于是他们就设想，现象世界之外的原型，虽然我们看不见它，我们却可以知道它，认识它，所以他一定是和我们思想一样的东西。于是，人们就把和思想一样的理念界设想成了精神的存在。但是，古代哲学一旦超越了朴素的唯物主义，思考到共相、本质，发展到柏拉图层次，必然走向唯心主义。所以古代哲学走向唯心主义说明了它的进步，说明它会抽象思维了。它不会抽象思维，它思考世界的来源时候不就又变成水火气土了吗？超越水火气土，思考到世界的本质，思考到世界的理，他就进入唯心主义了。

这就好比中国哲学，中国哲学一开始思考世界的时候，世界是什么？世界是金木水火土，那么金木水火土怎么就变成世界了呢？金木水火土一定追求着道，中国的道、五行和西方的理、四根、原子异曲同工，只是不

书名

马克思理论基本范畴研究

主编

高文新

出版社

吉林大学出版社

出版时间

2007 年 9 月

同民族的表现方式不同罢了。2500 年前人们的思维水平和思维能力是相同的，但是表达方式不同，找到的物质也不一样。但事实上是一个东西，就是这么个水平。这种现象也可以直接落实到印度哲学，印度哲学不是讲四大吗？哪四大？是地火水风，地火水风就是古希腊的水火气土，佛教讲四大皆空，连世界的本体都空了，当然万物皆空了。所以，从这个问题来讲非常明确，无论是欧洲的古希腊哲学，还是南亚的印度哲学，还是东亚的中国哲学，在没有任何科学资料的情况下，哲学家思考世界，就是两个方式，一个是感性的，就是金木水火土这些元素；一个是理性的，就是哲学的理，柏拉图的理念，中国的道，就是这么个东西，所以正是在这个意义来讲，古代哲学是把他们所想象，所认识的理和道，当作客观存在单独存在的。这个东西经过 2000 年的发展，到黑格尔的时候，人们已经认识到了，理和道没有单独的存在，一般与个别，本质与现象，内与外，肯定与否定完全都是辩证统一的。

　　还有一个问题就是对康德的先验思维范畴的理解。我们中国常年受经验论的影响，相信了经验论的白板说。邹化政老师在 1978 年给 77 级本科生上课，就是孙正聿、孟宪忠、邴正那个班。当时高清海老师、邹化政老师讲课是学生们的欢乐节日。那次邹老师就明确提出了康德的先验范畴有它的合理性。我们一直有一个认识，人的头脑是白板，外界刺激我们，我们就形成了认识，这里就牵扯一个绝对性和相对性。什么是绝对性呢？一个小孩一生下来，他的头脑是不是白板，是白板。一个小孩没有形成人的认识能力，这种情况下，他的头脑是白板。这是一个问题，在这个意义上来说，在绝对意义上来说，人的头脑是白板，这是对的。但第二个问题，一个大学生，从大学毕业，他走向社会，认识世界的时候，他的头脑是白板吗？不是了，这就是康德说的人是有先天思维范畴的，也就是说，康德的先天思维范畴作为人的思维能力，是一个成年文明白种人所具有的，这句话不是我说的，是李泽厚说的。李泽厚说的什么意思呢？康德的思维范畴不是对小孩说的，不是绝对意义上的。先验不是说人一生下来就是先验的，人一生下来就是先验的，那是啥，那是唯理论讲的天赋观念。那个东西确实是没有，所以洛克的反驳确实是对的，你不能把这个往前延伸，延伸到成年人脑子里还是白板，这就不成立了。所以从这个意义上来说，邹化政老师就讲康德的先天思维范畴是有合理性的，人的思维不是一块白板，人既有思维范畴还有知识。关于这一点，我记得邹化政老师还给我们做了一个实验，他敲黑板，他说你们看见了什么，你们听见了什么？你们看见了我敲黑板，你们听见了黑板发声，但是你们脑子里做出的绝不是这两个判断，而是一个判断：因为你敲黑板，所以黑板响了。你们一定是这样判断的，你们看见太阳晒石头，你摸到石头热了，于是你脑子里就想：太阳晒，石头热。也就是说你看到了一个现象，接触到另一个现象，一共是两个现象，可是你脑子里用固有的思维能力就把这两个现象合成一个因果性。休谟就说，这个因果性没有，我只能感觉，我感觉不到世界中有这个因果性，所以休谟就说我回答不了这个问题，所以他认为所有的科学都是心理习惯，都是假设。意思是科学是没有根据的。康德也这样认为，我们接触的现象经过先验范畴的整理，符不符合客观事实，我们都不知道了。但是怎么办，我们头脑里又因为我们的先天思维范畴整理这些经验事实，形成科学判断。从这个意义来讲，康德下面的结论是错误的，就是说由此可以证明，科学就是人的科学，主观的，因此科学的客观性完全是由于人都有共同的思维范畴，都共同相信，于是科学的绝对客观性就被否定掉了，这个结论是不对的。但是这一点是对的：当我们接触到客观事物形成经验的时候，我们的经验要想形成判断，头脑一定要发挥作用。头脑一定要用这些思维能力去对这些经验进行整理，这就是思维过程。从这个意义来讲，邹化政老师就说康德的先天思维范畴是有道理的。

这两点就使吉林大学哲学系读懂了康德，读懂了黑格尔，这就是邹化政先生的贡献。在邹化政老师给吉林大学哲学系讲康德，讲黑格尔的时候，所有的教科书都是把康德的先天思维范畴当成先验唯心主义贬得一钱不值。就没有承认，康德指出了一个重要的哲学问题，人是有思维能力的。关于这一点，我想给你们举个例子，你们就知道了。上大学，你大学毕业了，你脑子里有很多很多知识，你遇到一个街边的修自行车的个体户，这个人呢，啥知识也没有，甚至连初中都没念完，很显然，你有知识，他没知识。下象棋你下不过他，他下的比你好。于是就出现一个问题，你们俩一起下棋，说明你们的思维逻辑、思维规律完全是一样的，但是他又没知识，于是康德的先验是啥意思呢？康德就说，这个修自行车的人虽然没有经验知识，但是有先验思维能力，假如你们俩同时去探索一件事情，他一点都不差，只是没有后天学那些表层经验知识，他在从小孩长大的过程中已经形成了人类的思维能力。邹老师又讲，所谓的先验思维范畴就是指这个含义，不是指大学生头脑里的知识，而是指所有人所具有的思维能力。也就是说，街边修自行车的人没知识没文化，什么专业也没有，但是他不一定不聪明，不一定他的认识能力就差。他的认识能力是啥？就是他从小孩长大的过程中形成的，在人类社会里，通过人类的语言、人类的生活、人类的实践形成了人类的思维能力。我们用这个思维能力去上大学，我们学知识，他没上大学，他没学知识，他一学知识，他的思维能力呢，和我们一样。这就是康德意义上的先天思维范畴。我们到现在为止，很多人不理解这一点，就是康德那个到底是啥意思，一提先验，那不对啊，怎么能是先验的呢？康德的意思是我们一旦形成了思维范畴，我们成为一个成年文明人，那个时候你所具有的思维能力已经是个先验性了。对于你将来学习的知识已经是个先验性了。邹老师在这个问题上辨得非常清晰。

下面就说高老师。我是 1978 年留校，1979 年跟着高老师念研究生。在 1979 年考研究生之前，高老师在哲学系办了一个工农兵学员基础理论补习班。为什么呢？高老师就说，你们工农兵学员，虽然念了大学，但由于受了干扰，你们哲学基础理论这方面弱，以前一直把西方哲学当成靶子来批的，也没有认真地去读，需要补课。就这样，高老师就办了一个青年教师基础理论补习班，这个对我的影响非常大。到现在我还记得高清海老师的一个最为核心的思想，就是说，你要搞哲学，你得老老实实地把哲学史上的名著给我看一遍，否则你搞不了哲学。人家一说柏拉图，你完全听别人说，人家说黑格尔，你完全听别人说，那根本不行。你必须认真地一本一本地把这些书都读完，把它们作为你自己的知识储备，这就是高清海老师说的专业基础。他经常对我们说，你如果没有这个专业基础，你搞哲学总是说"我认为如何"，你认为如何，你只是一个个人判断，你不是学理上的推进，这个是不行的。这个认识也是高清海老师自身的一种深刻体会，1959年高老师教马克思主义哲学，说他犯了错误，思想右倾，没有资格教马克思主义哲学，就把他给转到西方哲学教研室了。高老师在西方哲学教研室认真地通读了欧洲哲学史上的名著，打下了一个基础。然后"文化大革命"，高老师又被下放到伊通县板石庙公社大酱缸大队（伊通河源那个地方），然后在这段时间里面，高老师又认真地研究了马克思、恩格斯的主要著作。所以当高老师从农村回来的时候，他的西方哲学史的基础和马克思理论的基础就非常深厚了。有了这个深刻的体会，所以高老师也教导我们：你们一定要认真地把欧洲哲学史上的书好好地看一遍。这个是我这一辈子听高老师最深刻的一个教诲。

高清海老师

第二个就是到我讲课的时候，应该是 1980 年上半年，我给当时的 79 级学生讲课，那是我第一次上讲台。这门课是高老师讲的欧洲哲学课，由于高老师要到南方去开会去，他叫我接着讲。别人都劝我，你不能接高老师的课，高老师讲得太好了，你接它就相形见绌。就是你不该这样，哪有助教第一次讲课就跟最知名的教授同课堂呢？这个是不合适的。但是高老师说："你去吧，没事！"就这么的，那一次我做了准备以后，高老师、邹老师还有西方哲学史教研室的其他老师听我讲自己的提纲，完了，高老师告诉我怎么讲课。其中有几句话到现在我还记着，第一句话，要有自信！不管你下边多大的教授，多么知名的学者，现在是我讲课，我一定要清清楚楚地把我的思想说出来。这是第一点，要有自信。第二点，不能念讲稿，讲稿一定要有，放那个地方，万一有些具体的东西想不起来了，可以看一看，但是讲的时候不要看，就讲你自己想清楚的问题。第三点，讲课可以重复，必要的重复是需要的，给学生思考的时间。同时，你不要想把你知道的东西都告诉学生，给学生提供必要的知识就够了。你想把什么都说出来，什么都说，说的结果最后就是你的思路不清楚。所以高老师给我讲了这三点，我当时听完了，我说：哎呦，这可真的！他自己确实是深有体会的，特别是那句话：你不要想把你知道的东西都让学生知道，做不到这一点！所以在这一点上，就是说，他要求讲课非常清晰。再有一个就是不能念稿子，一定要讲自己想清楚了的问题，这就是高清海老师给我的印象深刻的影响。

还有一些影响就是后来高清海老师到 1984 年的时候，就逐渐开始写他那本冲破传统教科书的著作《马克思主义哲学基础》了。我有幸参加了上册的编写。应该承认舒炜光老师、邹化政老师对于那个基本提纲的形成起了很重要的作用。就是把马克思主义哲学写成了以认识的基本矛盾为主线，为什么呢，因为《马克思主义哲学基础》一共是四编：第一编，认识的基本矛盾；第二编，客体；第三编，主体；第四编，主体与客体的统一。这四编就说明了什么是哲学，哲学就是人的认识。就以这个作为基本的线，那么认识当然有客体，有主体，有主体与客体的统一。苏联的那个本体论的体系则是，先讲世界是物质的，物质是运动的，运动是有规律的，规律是可以认识的。这个哲学原理体系是本体论哲学，它的核心问题是回答世界是什么。那么高老师这个呢，这个新的哲学教科书，它是回答认识是什么，人的认识是什么，应该承认高老师的这个哲学教科书是中国哲学转向的一个标志，就是中国哲学从本体论思维转向了认识论思维，这是很重要的一个转向。但是也有很多毛病：讲客体的时候，又把那个本体论教科书的内容移到里面去了，那里有很多不满意的地方，这个哲学教科书应该承认当时也是冒着非常大的风险，因为这新的教科书的提出不仅是理论上的解放，同时也直接牵扯到利益。为什么呢？因为有那么多马克思主义哲学专家呀，都坚持着苏联的本体论教科书，否定他们，他们能干吗？所以阻力极其大，但是在 20 世纪 80 年代中期的时候，受政治上的阻力不大，反而是那些受本体论哲学思维影响的学者们所造成的阻力更大。而这些人呢，常年占据着中国马克思主义哲学理论研究的显要位置，重复着苏联本体论教科书的教条主义哲学原理，束缚着人们的思想。正是在这个含义上来讲，我多次在很多文章里讲，就这个教科书已经葬送了苏联的社会主义事业，为什么呢？因为它就是个教条主义的思维模式，逐渐培养给学生的就是有一个绝对真理的体系，这个绝对真理的体系是我们的世界观、方法论，这是不能变的，它作为一个先验性原理在那里，你还怎么创新？你的脑袋就不能根据实际情况去思考这个问题了。

我们应该承认，高清海老师的哲学教科书实现了两个伟大的思想解放。第一个思想解放就是：它使中国哲学从本体论思维转向了认识论思维，打破了人们认为天经地义的苏联本体论教科书体系。人们都认为这是不可怀疑的，这就是马克思的思想，我们细数马克思的主要著作，马克思什么时候讲过这样一本哲学原理呢？也就是说，在 19 世纪中后期，西方人仍然有很多人在康德以后仍然贯彻着黑格尔的那个思维模式，还要编一本包罗万象的解释世界并把一切都能解释通的那个绝对真理体系。这个东西我们能看到的那个代表，包括恩格斯批判的那个杜林，就写了这么一本哲学教程嘛。但是马克思从来没写过哲学教科书，为什么，因为人类已经不需要哲学家们告诉人们世界是什么，19 世纪中期人类的思维模式已经发生了根本的变化，什么变化？世界是什么，科学就告诉我们了；太阳系怎么来的，物理学告诉我们；宇宙怎么来的，生物怎么来的，进化论告诉了我们；人的灵魂是怎么回事，心理学告诉我们；上帝《圣经》是怎么回事，宗教学告诉我们，人类学告诉我们。总之一句话，哲学不能提供世界观，这就是恩格斯说的科学已经发展到可以给人类提供一个总体画面啦。从这个意义来讲，哲学还代替科学去告诉人们世界是什么，这种哲学已经成了一个过时的本体论思维，康德就已经明确说了，什么是物自体，我认识不了。所以正是在这个含义上来讲，马克思不可能去写本体论教科书的，所以高老师就第一次明确地指出我们一直认为天经地义的不可怀疑的那个马克思主义哲学其实不是马克思的意思，这是一种伟大的思想解放。这就像当年的哥白尼的"太阳中心说"一样，我们一直认为太阳绕着地球转，但实际上不是那么回事，这是一种重大的思想解放。

另外，高老师领着一些人编出了一本新的教科书。他等于宣告：什么是马克思主义哲学？不是靠当下的政治权威来颁布的，而是学者经过认真地去读马克思的书、理解马克思原著的本义，去研究到底什么是马克思主义哲学。所以这个思想解放的伟大意义是极其巨大的，高老师冲破了传统教科书体系以后，到了 20 世纪 90 年代，他提出了一个新的思想。既然你说马克思的思想不是本体论教科书的体系，那马克思的思想是什么呢？高老师逐渐提出了一个新的观点，叫作"实践思维方式的哲学"，马克思的实践思维方式的哲学和整个人类的思维模式的进化是一致的。那么人类的思维模式是怎么进化的呢？就回到社会学的创始人孔德那儿了。孔德认为，到目前为止，人类的思维方式经过了三个发展阶段：第一个阶段，我们做什么事情，思考什么问题，都得从神学去回答，这是什么意思呢？就是宗教神话。世界怎么来的，宗教神话告诉我们了。世界各民族都有创世神话，我们应该怎么办，神说怎么怎么的，那么你看周朝、夏朝，国王不管干什么，全都得占卜，古希腊人不管干什么，都得去德尔菲神庙去找那个"神谕"。也就是说西方人找神谕，中国人搞占卜，为什么？就是因为人类的实践受宗教神学的支配，这就是人类的第一个思维模式。从公元前六七世纪开始，地中海、中国都产生了新的思维模式，什么？就是哲学！哲学不再到神那儿去了，哲学构造了一个解释世界的绝对真理体系，在中国是什么呢？是以老子的道，以《尚书》的洪范九畴，金木水火土五行为核心组成的中国人的解释世界的体系。西方呢，是以柏拉图、亚里士多德哲学为基础加上原子论构成了的西方的解释世界的绝对真理体系。这两个体系无论东方的还是西方的，延续了一千多年，如果到马克思时代的话，延续了两千多年，中间有很大的变化，人类的思维在进步，不断地充实这个本体论体系，但是它的解释世界的思维模式是不变的，什么模式呢？就是当我们要行动的时候，当我们要实践的时候，我们先看看这个绝对真理是啥，然后从这个绝对真理再推出我们应该怎么办。

马克思说哲学家们只是解释世界，而问题在于改造世界。这句话直接说是不成立的，为什么呢？因为无论是柏拉图还是中国的孔子，他们最关心的就是如何用我的理论去改造世界，没有一个哲学家说我就想编一套理论，和社会无关，那成不了哲学家，哲学家自古以来是干预实践的、干预社会的，正是在这个含义上来讲，哲学家从来都想改造世界。那马克思为什么说他们是解释世界呢？因为历来的哲学家都要构造一个关于世界的绝对真理体系作为原理，像柏拉图构造出一个理想国的原理，那个理念界就是理想国的原理，然后用这个原理再去治国。孔子也是，他先构造一套仁义的体系，然后用这个仁义的体系推行王道，推行仁政。老子也是，他已经把世界的"道"的体系都已经构造完了，然后告诉我们：在现实中怎么办呢？无为而治。也就是说，他们的全部实践主张都来自他们的本体论哲学。这种思维模式，用孔德的话说就叫"形而上学"思维模式，这是人类的第二个思维模式。这种思维模式存在了两千多年，为什么会存在呢？因为科学不能给人们提供关于世界的解释原则，于是就由哲学家来编，那么到了19世纪中叶，人类与社会的发展已经告诉人们，哲学家编的那个东西不行，没根据。你比方说，老子那个世界怎么来的，道生一，一生二，二生三，三生万物。这种解释毫无意义，就是在古代，人们没有科学知识的情况下，你这么解释，觉得挺有道理。19世纪物理学已经告诉我们了世界是怎么来的，用不着你那么说了，所以在这个含义来讲，就是形而上学家、本体论哲学家已经退出了人类的历史舞台。从黑格尔以后，西方哲学再也没有出现本体论哲学家，为什么没有？不需要你解释了，这就是恩格斯说的哲学被从自然和历史中驱逐出去。所以呢，它既然驱逐出去了，那么非常明确，人类的思维模式是什么？这就是马克思所说的——改造世界。怎么改造世界？要去研究，孔德说怎么办？去实证，所以孔德创造了社会学。什么是社会学？社会学就是对社会的研究，不需要哲学做指导，而需要自己去调查，于是社会调查这些就都出来了。所以正是从这个含义来讲，从19世纪中叶开始，整个西方哲学的基本精神是实证，就是实证的。而马克思讲的实践思维方式不能叫实证，因为他们讲的实证始终跳不出康德讲的现象界，就是经验论讲的那个意识界。正是在这个含义上讲，现代西方哲学始终在唯心主义，或者叫主观唯心主义的范畴内去活动。虽然是唯心主义，但是他们的思维模式是先进的。就是什么是客观存在？它得和主体联系起来，在这个含义来讲，西方的哲学从 19 世界中叶以后一直处在实证的状态。他们说的实证就是指经验界，就是康德说的现象界，所以他们不追求康德说的那个现象之外的那个绝对的物自体。因为人有经验界就行了，那个物自体是个信仰的东西，我可以不管，所以它的思维方式是先进的。而马克思呢？马克思的实践是人的实践，而人是有血有肉的，是个物质的存在，是一个从事生产、劳动的过程，所以马克思的实践是唯物主义的。但是无论是唯心主义的实证主义，还是唯物主义的实践观，合到一起它们的总体思想是一致的，什么一致呢？就是当我们认识世界的时候，一定要把人摆进去，要把主体摆进去。所以正是在这个含义来讲，马克思的思想是先进的，高老师揭示了马克思的实践思维方式，就使中国的哲学进入可以和西方现代哲学同等的水平，如果我们还坚持苏联式的本体论教科书，那等于我们停留在 19 世纪中叶以前，在思维模式上比西方晚 150 年，我们现在讲的这个本体论教科书那是前康德哲学，或者叫前黑格尔哲学，这个是没问题的。

邹化政老师在我们吉林大学哲学系讲清了康德和黑格尔，而高老师冲破了传统教科书体系，指出了马克思主义哲学是实践思维方式的哲学。应该承认，高老师去世以后，直到今天，高老师提出的这些优秀的思想成果几乎被忽略掉了。这是非常令人痛心的。实际我们吉林大学哲学系如果能够沿着高老师的这个东西继续往前发展，而不去搞学院化、经院化的理论，我觉得我们会有前途。但现在有个什么问题，我就感觉到，当前中国马克思主义哲学研究逐渐经院化、学术化，脱离了中国人的社会实践。高清海老师的历史使命非常明确，就是哲学家必须介入社会生活，必须为现实的生活服务，当然在中国就是非常明确，就是必须为推进中国特色社会主义事业去思考。

学术探索

方：20 世纪 80 年代，您在高清海先生指导下从事教学和科研工作，参与写作《欧洲哲学史纲新编》，撰写"古希腊罗马哲学"和"中世纪经院哲学"两章；20世纪90年代，您出版了《欧洲哲学史专题研究》（吉林人民出版社）；最近，听闻您的《欧洲哲学史研究》即将出版。那么，这对欧洲哲学史的整理和研究有何重大意义？您在最近要出版的这本书中又增补了哪些新的内容？

高：《欧洲哲学史专题研究》最初是为哲学专业的研究生学习西方哲学史而写的，写于1994年。应该说，在学生中反响是不错的。持续十几年，吉林大学哲学社会学院考硕士、博士的学生以这本书稿作为西方哲学课程的主要参考书，相互复印传播。我的博士生们也建议我将书稿修订出版。为此，使我有了信心将本书充实为一部像样的学术著作。但是，由于种种原因和懒惰，书稿一直未能完成，直至2015年末，才算定下来。

书名

欧洲哲学史专题研究

作者

高文新

出版社

吉林人民出版社

出版时间

1994年4月

实际上，书稿拖沓的真实原因还是我的一个想法，我不想早出版，也不追求什么时效性，只想让书中的认识更经得起琢磨。我追求的是，书中提出和讨论的问题，是哲学和哲学史中绕不过去的基本理论问题，本书对这些问题的认识有启发性。我不敢说是否达到这一目标，只是尽力了。

1978年，我毕业留校，在西方哲学教研室，参加高清海先生主办的"青年教师补课读书班"，先生的"小灶"为我们提供了丰富的理论营养，先生"阅读和研究名著是基本功和基本方法"的教导，让我刻骨铭心。1979年，我考上了吉林大学哲学系第一届研究生，高清海先生是哲学原理专业指导小组组长，邹化政先生是成员。我的硕士论文具体指导教师是邹化政老师，所以，我实际上有两位导师。

20世纪80年代初，邹先生为研究生开讲康德和黑格尔哲学原著，77级、78级本科生一起听讲，盛况空前。邹先生为康德先验思维范畴和黑格尔"逻辑在先"正名，令听者耳目一新、如沐春风，一大批学术精英受益于此。读懂康德、正确理解黑格尔是从事哲学理论研究的前提，我国许多马哲名人权威不懂马克思，其症结在此。80年代，我先后参加了高清海先生主持的《马克思主义哲学基础》和《欧洲哲学史纲新编》等的撰写工作，所以，说本书的思想起源于两位先贤，绝非虚语和客套。

最近即将出版的《欧洲哲学史研究》的基本思想和理论逻辑起源于吉林大学高清海和邹化政两位先哲。研究西方哲学目的是发展我们自己的理论，我一直有两个心愿。一个是使我国的马克思哲学研究结束苏式本体论教科书的统治，实现高清海先生的哲学理论创新。我的另一个心愿是发掘毛泽东、邓小平实事求是哲学真义，建设实事求是哲学理论体系。我知道自己仅是一个普通教师，人微言轻，两个心愿很难实现。但是，当我看到大学公共课堂里讲授背诵着19世纪以前的形而上学的考核点，我不能不着急。

马克思的哲学精神是我们的理想和价值观，实事求是哲学思维方式是我们先进的思想武器，这两个方面都能达到其应有的认识，才能推动中国特色社会主义事业取得最后的胜利。这是我近四十年从事欧洲哲学史教学与研究得出的结论。

方：最近，您经常撰文探讨当代中国哲学问题，您认为当代中国哲学就是实事求是哲学，同时您还认为我们应该重新认识高清海哲学和邓小平理论在当代中国哲学中的地位和价值，请您具体谈谈这个方面的理解和认识？

高：应该承认实事求是哲学是现代中国最伟大的思想创造。思维模式是一个社会发展最核心的、最基本的文化依据。美国在20世纪的飞速发展就是很好的例证。20世纪初，在欧洲仍然有一种共识，英国货法国货就是高档的消费品、高档的生活用品，美国货就是低档的。但是经过了上百年的发展，现在的美国货成了世界上的优质产品。什么意思呢？美国人在一百年的时间里，从一个落后的地区，上升为世界最发达的地区。于是我们就问了，是不是因为它们得天独厚的自然条件、别人不可企及的地理环境以及其他各方面的优势？都不是，为什么不是呢，仅仅靠自然条件和地理条件不可能取得这样的进步。那么它们的进步是偶然的吗？我们每个人都可以抽彩票，抽彩票我中奖了那不是个偶然性吗？但是如果是几亿人的事业延续上百年的时间，在人类历史上造成了这么大的影响，使世界力量的格局发生了改变，这样的大事件不可能是偶然，它是必然的，它一定有它先进的思想方法，如果它的思想方法非常陈旧，它不可能先进。这是一个实例。

第二个实例，中国共产党从1921年成立到现在为止95年了，于是我们再问了，95年来中国共产党取得的这些业绩，不管它遭遇了多大的挫折，中间出现了多少叛徒，以及走了很多弯路给我们民族带来了苦难，比方说"大跃进"和人民公社化运动。像这么大的挫折它都闯过来了，它还能挺到今天，它仅仅是靠它有军队吗？不可能的事。因为中国人民也不像西方人宣传的"就是好统治"。不是这么回事，中国共产党95年的发展实践能达到今天这个程度，它的思想方法是啥？它的思想方法是本体论教科书？不可能。它遇到了多么大的曲折和波折，能不能完成长征，能不能在解放战争中打败蒋介石，抗日没问题，只要坚持住就行，别让国民党消灭了就行。主要是红军时期你能不能坚持住，然后接着解放战争你会不会被国民党消灭，因为解放战争初期的时候，国民党四百万美式装备的现代化军队打共产党的土枪土炮，你能不能坚持下来。所以一次是红军时期，一次是解放战争，再就是1959—1961年三年自然灾害，然后接着1989年的政治风波，这多少次啊！所以在这个含义来讲，中国共产党能够发展到今天取得了这么大成就，带领中国从最封闭、最落后带到今天这个地步，把相当于阿Q、孔乙己和《祝福》里祥林嫂这个国民素质的中国人民带成今天这个样子，它的思想方法不先进是不可能的。那么于是我们就提出一个问题了：美国人在一百年里其思想方法是先进的，中国人在一百年里其思想方法是先进的，那么中国人的思想方法先进在哪？那么邓小平回答了：我们的唯一思想方法就是实事求是，是我们的思想路线。那么这个实事求是是什么呢？实事求是是不是我们把它编到本体论教科书里边的一小节。把实事求是哲学放到世界物质性里边，世界是物质的，所以我们要遵循客观。那么正是在这个含义来讲，把实事求是哲学放在哲学教科书里等于告诉我们：实事求是哲学的思想方法就是本体论的。什么是"实事"？"实事"是不以人的意志为转移的客观存在，对吧？"是"就是关于事物的客观规律，"求"就是从不以人的意志为转移的客观存在中找到那个绝对真理，找到那个客观规律，因此你的全部表达方式都是本体论思维模式。但是，在实践中邓小平说的却不是这样，什么是"是"？邓小平认为"不管黑猫白猫抓住耗子就是好猫"，于是就出现了问题：那个能抓耗子的猫是客观规律吗？是和实践相一致的好的办法吗？而这个好的办法是不是相当于康德所说"对所有主体有效"？这是一个问题，还有一个问题：什么是"实事"？康德已经指出：不以人的意识为转移的"物自体"无法认识；什么是"实事"？1976年有两个判断：一，"文化大革命形势一片大好"；二，国民经济到了崩溃的边缘。这两个判断都是1976年同时发生的，来自两个司令部：一个是张春桥；另一个是邓小平。也就是说，同样都在中共中央但他们的判断是完全对立的。对"实事"为什么会出现截然相反的两种判断？如果把对"实事"的判断和"主体"联系起来，老百姓吃什么穿什么，那么会得出"经济崩溃"的结论；如果和老百姓脱离，追求不以人的意志为转移的客观存在，那么得出的结论是"社会主义优越性不可怀疑，文化大革命形势一片大好"。这是1976年的一次判断，还有一次判断是在1927年，秋收起义。起初，起义部队有一万人，经过多次战斗，到三湾时，只剩几百人而且还做不到人均一杆枪，但他们的任务是进攻长沙。在这种情况下，也有两种判断：一是远在上海的中共中央，以从莫斯科留学回来的王明、博古、李立三等为代表，他们认为中国的"实事"是：国民党新军阀和人民群众的矛盾已经到了爆发的焦点，全国已经布满了革命的"干柴"，只需一点火星，就可以燃起燎原大火，我们共产党人应该高举红旗，高唱国际歌，向着敌人的统治冲去，争取一省或数省取得革命政权，走苏联式的进攻城市的道路。而毛泽东看到的"实事"又是什么呢？我方兵力不足，装备落后，长沙守备森严，具有人员和装备优势，进攻长沙就是以卵击石，断送革命力量，如此，中共中央和毛泽东求到的"是"就不一样了。1927年的毛泽东和1976年的邓小平之所以能成就他们的伟业，都是因为当时的判断。在他们面前，什么是"实事"，这个问题是最主要的。这个问题可以回溯到：人类哲学发展至康德时，什么是"客观存在"？在康德看来，客观存在必须明确，"实事"必须和"主体"相关。这句话不是我说的，马克思说："从前的唯物主义主要缺点是对事物、现实感性只是从客体的直观的形式去理解。而不是把它们当做人的感性活动，当做人的实践去理解，不是从主观方面去理解。"客观怎么能从主观去理解呢？马克思的意思是非常明确，非常容易理解的：人是在活动中的人，如果客观对象和人的活动无关，那么这个客观对象到底是怎样一回事，人就无法认识。我们唯物主义所讲的"客观对象"必须是进入主体实践的对象，是"属人的存在"。应该说，高老师的理解是对的。

正是在这个含义上，对"实事求是"必须要作和现代西方哲学，和马克思的实践思维方式完全一致的理解。"实事"是和中国革命的主体紧密相关的实际。我的文章中讲到什么叫"实际"了。"际"这个词有三种含义：在此春夏相交之"际"，这是时间；无边无"际"，这是空间；人和人交"际"，这叫人的关系。也就是说什么是"际"呢？就是在时间、空间、人和人关系当中的客观存在，这就叫"实际"。所以应该承认毛泽东已经现成地给我们提供了一种当代人类最先进的哲学概念——"实际"，而不是物质。物质是解释世界的，解释本体论的。什么是实际？实际是人所面对的实践事实。所以，"实事求是"的"实事"就是毛泽东所讲的"实际"。如果我们这样去理解"实事求是"哲学就非常明确了。共产党人心中的"实事"就是时刻关心人民，时刻和人民群众联系到一起，和人民群众同呼吸共命运的实际情况，这样的"实事"就不会出现四人帮那时候老百姓都要饿死了，他还说"形势一片大好"了。总之一句话，"实事求是"离开了主体就讲不清楚，把"实事求是"放在本体论教科书里仍然是本体论思维，所以，嘴上可以天天说"实事求是"但是求不到"是"。

学术建议

方：高老师对同学们有什么学习建议吗？

高：对同学们的学习建议，还是高清海老师的那句话：做学问要从基础入手。必须读原著，争取把欧洲哲学、中国哲学、马克思哲学的原著主要的部分读懂悟透！如果这三个部分缺了，比如你中国哲学的原著没读，一谈到中国文化，你得到的全是二手材料，都是别人的观点。你最起码四书五经得读，并不多，四书五经只相当于黑格尔《小逻辑》的量，否则一说中国文化，你就说不出什么来。再就是西方的，社会发展得很快，我们现在的学生老是被后现代的这些东西吸引着，但是呢，就有这个问题了：如果哲学的历史的情况你不了解呢，你也就不知道后现代为什么发展到这一步。你对那个思维模式一点都不了解，它怎么形成的你不了解，你就不知道后现代到底有多大意义，你就不能真实地体会后现代的先进性。所以各个层次的书，特别是原著，我们如果没有时间读太多的话，主要哲学家的那些著作必须读一读，这就是高老师当年教育我的，我认为这是最基础的。

寄语吉大

方：值此 70 周年校庆之际，高老师对学校有什么想说的？

高：对我们吉林大学吧，我真的希望吉林大学能重视高清海老先生的思想；能够重视"实事求是"哲学的研究。这两点，我认为这是当前中国马克思主义哲学界，我们吉林大学哲学系能有创造性的一个突破口，否则我们和现在整个马克思主义哲学界的情况就一样了，都进入学院化了，比论文数，比出名数，就变成这么个东西了。因为这个东西和唱歌一样，唱歌也有这个问题，你如果是一个新唱法的发明者，人们就不会忘你；你如果是一个唱法的许多人当中的一个，稍微一老你就被淘汰，这个很简单，搞哲学和这个是一样的道理。冯友兰不是讲搞哲学有三种境界嘛，第一，有一部分人是学好别人的思想，给学生讲明白，这叫哲学教师；第二，研究具体问题，成为哲学专家；第三，是要对国家民族起作用，这是哲学家。但是，我还是提倡我们吉大学子还是要和 20 世纪前 20 年北大的那些人一样，以天下为己任。哲学家不以天下为己任，那你就别搞哲学了。因为哲学这个东西，它就是思考现实社会的。夸现实社会，对现实社会唱赞歌，这个不需要哲学家，人家文学家比你夸得好。其实好的文学家，有良心的文学家也是通过形象批判现实社会的。文人是不能成为和官方一致的赞美者的，赞美就不需要文人了，文人是要有良心的，文人的良心在于对社会问题的思考，然后把它讲出来。

吉林大学哲学系自 1958 年建系以来，培养了一批又一批"爱智求真敢问真"的学者，他们走向全国各地，为开创和繁荣我国的哲学社会科学事业筚路蓝缕、笔耕不辍。今适逢吉林大学七十华诞，本平台特开设《吉大七十·哲林人物》栏目，刊登一系列吉大哲学优秀系友专访。忆往昔峥嵘岁月，叙今朝母校情深，展未来踌躇满志……

在吉大哲学的每个思想阶段都是
刻骨铭心的生命记忆

——访柯小刚教授

柯小刚：字如之，号无竟寓，1992—1996 年就读于吉林大学哲学系。同济大学人文学院教授、博士生导师、哲学系主任、道里书院及同济复兴古典书院院长，著有《心术与笔法：虞世南笔髓论注及书画讲稿》《古典文教的现代新命》《道学导论外篇》《在兹：错位中的天命发生》《思想的起兴》《海德格尔与黑格尔时间思想比较研究》，编有《儒学与古典学评论（第一辑）》《诗经、诗教与中西古典诗学》，译有《黑格尔：之前与之后》《尼各马可伦理学义疏》等。

采访时间：2016 年 12 月 2 日
采 访 人：耿佳仪（以下简称"耿"）
采访对象：柯小刚教授（以下简称"柯"）

结缘吉大

耿：您能否为我们讲述一下您是因何原因选择哲学专业，又是怎样与吉林大学——您的母校结缘的？

柯：我中学的时候就喜欢哲学。高考前特意找了一些各地大学哲学系的老师们写的书和文章来看，以便填志愿时好选择学校。那时大冶一中只有一间很小的阅览室，但竟然也可以找到几种哲学相关的杂志。有一次在《新华文摘》上读到邹化政老师的一篇文章，感觉思想很深邃，颇生向往之心，就填了吉林大学。可惜去吉大后才知道他已经退休，听不到他的课了。不过，后来旁听了邹老师在一个研究生课上做的几次讲座，从现象学讲到《红楼梦》，很开眼界。老先生讲课很投入，有次一脚踏空，差点从讲台上摔下来，给我留下了深刻印象。

"在吉林大学读本科时的哲学笔记。去年搬家时忽然翻出来一些。"

难忘记忆

耿：能否为我们回忆一下您在吉林大学求学期间所发生的一些令您印象深刻的往事？

柯：进吉大第一天领到教材，翻开《西方哲学原著选读》，看到斯宾

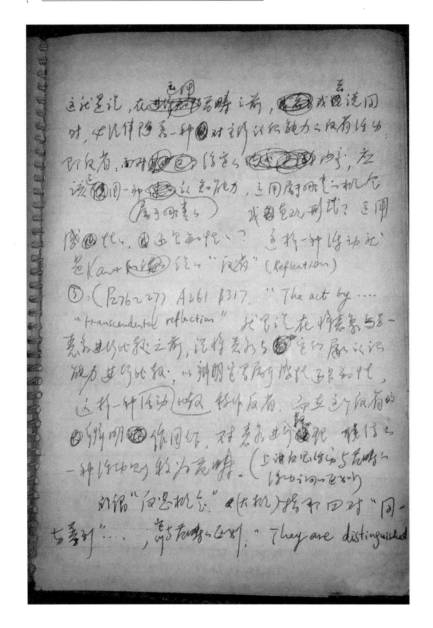

诺莎说感官快乐和荣誉资财都是浮云，人生的真实快乐另有所在，感觉被震到了。第一天看到的斯宾诺莎这句话奠定了我大学生活的基调。那时的吉大南区很原生态，周围都是农田，玉米、大豆、瓜棚。钻出围墙往南，穿过玉米地，有一片树林，里面有十几棵高大的松树。有一段时间，我每天早上都来树下练习静坐。我大学时写过一首诗，题目叫《我的平原》，

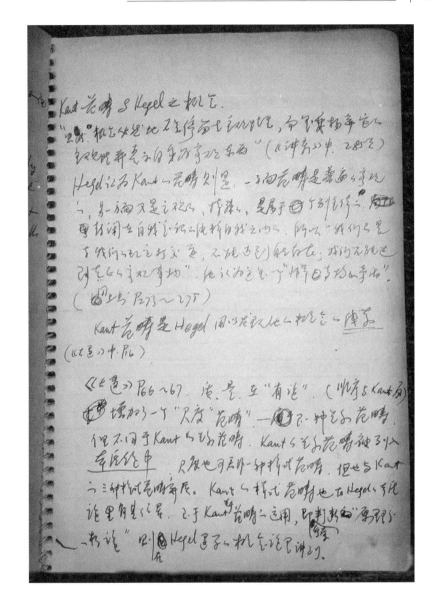

记录那时的生活，不妨抄录过来，与同学校友们分享一下（你们现在看
到的吉大南区可能只有楼房了吧）：

　　五月我的平原还覆盖残剩的冰雪，不久阳光就会蒸腾出湿气，在我的
平原。我的平原上玉米叶子宽博而葱郁，玉米须英气勃发。

　　我的平原春天人家用马车播种；我的平原冬天行走千里，只看见一驾
马车坐一户人家，坐满粮食，迎面驶来又忽远，只留下一双眼神。

我的平原上，早晨乌鸦从西边的村庄飞进南边的树林，晚上乌鸦从南边的树林飞回西边的村庄。夕阳与乌鸦一起归巢。

我的平原积满大雪，人衣缟素。乌鸦在我头顶，伴我痛哭。我的平原长满白桦、红松、黑松、云杉和白杨。我的平原蒸腾着湿白的雾气，满是荒草。

早上我穿越平原，来到树林打柴①。湿气在林间缭绕，太阳在树梢升起。下午我怅望窗外看我的平原。晚上我钻进昏黄的大棚摘带刺的黄瓜。我说：你吃吧，我再给你摘番茄。

春天我带你来到我的平原。我准备了好多话不知从何说起。你微笑着低头不语像一株美丽的狗尾草。我从来没有这般局促，在我的平原，自小我就撒野。

秋天我收割秸秆，把它们捆成一堆。小狗远远跑来，炊烟升起。我遥望你用我的秸秆烧出的烟火，站在我的平原。从来我没有这般幸福，在我的平原，看你炊烟升起。

---

① 大学三年级时常读佛经。有段时间，我每天清晨会去校外松林下打坐。后来养成了静坐习惯（参拙文《静坐日记》，载拙著《在兹：错位中的天命发生》，上海书店出版社 2007 年版）。

离家去吉大念书的时候，爷爷戏称："你这是出国了啊，出了满洲国。"东北路途遥远，很少回家。爸爸每个月给我写几封信，有时一周一封。后来一直随身带着，有一大捆。

师生情谊

耿：能否谈一谈您在吉林大学求学期间，与老师之间所发生的一些难忘的事情？

柯：大学四年，我每个学期都会自发地写一篇论文，不一定与课程有关，只是记录我自己的思考。写完后主动找老师看。记得有一次拿着一沓稿纸去找孙正聿老师，同去的还有逄飞。谈了什么记不清了，但孙老师的生活工作环境给我留下深刻印象。孙老师家房子很小，一楼，窗外是一所小学的操场，操场地面较高，小朋友们追逐打闹的脚步几乎就要闯进来了，就要踩到孙老师的书桌上了。那是 20 世纪 90 年代初，教师待遇极差，能下海的老师都下海了，能不读哲学的学生都不读哲学。我和逄飞是班上三十几人中仅有的两个第一志愿读哲学的。孙老师的清贫坚守让我们感动、鼓舞。我今天仍然很穷，从教十余年没有拿一分钱国家课题基金，埋头读书写作，与世无争。自古读书人自有一种精神的传统，我愿置身其中，无计个人得失，承续斯文之命。

学术探索

耿：我们都知道您在中国哲学领域的造诣颇深，那您能跟我们谈一下您在学术上的求索之路吗？

柯：初二的时候有门课叫《社会发展简史》，同学都很烦这样的"政治课"，但我觉得很有意思。这门课引起我思考这样一个问题：盗窃诚然可恶，但更可恶的是不是某种导致盗窃的社会制度？在某种社会制度中，如果"什么是人？""什么是物？""什么是你的、我的？"这些问题的意义发生改变，是否盗窃就不再可能？但这个"意义的改变"是否取决于物质产品的丰富程度？到高二的时候，我写了一封三千多字的信，专门批驳那种想法。那时，我隐约感觉到关键不在于物质生产和社会制度，而在

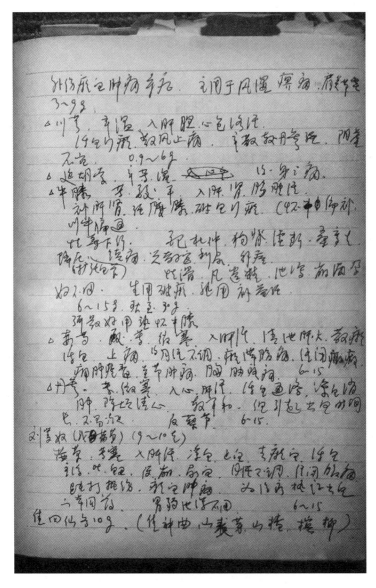

在吉林大学读本科的时候做的中医学习笔记

于人心的教养、人之为人的德性养成。

我不知道自己所谓"儒学"或"中国哲学"的思想是不是在那时埋下种子？那时能找到的书很少，不知从哪里得到一本《论语》，读到"君子坦荡荡，小人长戚戚"一句时很受震动。我那时正是"为赋新词强说愁"的少年，刚读完歌德的小说《少年维特之烦恼》（偷大哥的书看），每天背宋词，觉得自己是一个很有精神生活的、多情的人。《论语》的醇和宽博让我隐约感觉到情有大有小。养其大者为大人，养其小者为小人。

书名

海德格尔与黑格尔时间思想比较研究

作者

柯小刚

出版社

同济大学出版社

出版时间

2004 年

上大学最高兴的是有图书馆可以泛览。我的大学生活几乎除了田野就是图书馆。我先是看了图书馆里能找到的所有马克思原著译本，发现我中学时所批驳的"马克思主义"与马克思本人的思想并不能等同。不过，我的思考没有继续沿着这个方向走下去，而是转向了更多的问题领域。几年中，我大致走过了这么几个思想阶段：马克思、道家、科学哲学和分析哲学、德国古典哲学、佛学，差不多每个学期会经历一次思想转变。

在这期间，王天成老师的西哲史、李景林老师的中哲史、李晓红老师的科哲史等课程，都曾给我很大的启发。我是一个不那么听话的学生，课上常发怪论，甚至连考试答卷都不老实。有一次考孙正聿老师的马哲原著课，我一个字都不写，白卷横陈，盘腿打坐。孙老师监考，问我何故如此？我说您课上不是讲"实践哲学"吗？我打坐就是不立文字的修行实践。孙老师笑了，说道，你好歹立几个文字在上头啊，把你的实践说一说，不然我怎么给你分数？我说好吧，我来立，但不能按教科书立，必须按我自己的思考来立。孙老师说，好啊，我就是要看你自己的思考。于是，我就在卷子上洋洋洒洒，写了篇半通不通的论文，辨析佛学的"行"

与马克思主义所谓"物质""实践"的关系。结果,这样一张离题万里的答卷竟然得到了很高的分数,想起来真叫人汗颜。那时的学习生活就是那么天真,风气是那么自由,我后来再也没有在其他地方碰到过。

那个时期经历的思想阶段,每一段都是刻骨铭心的生命记忆。因为那时急于寻找真理、托付生命,只要找到一个东西,就拳拳服膺,排斥其余。然而,正因为怕失去,握得太紧,反而会忽然丧失,转而寻找下一个。在我最痛苦的时候,我读到《楞严经》中阿难请佛陀讲法的句子:"阿难见佛,顶礼悲泣,恨无始来,一向多闻,未全道力,殷勤启请……"真是说出了我的心声。毫无防备地,竟然泪流满面。从那一刻起,我认定自己是佛教徒,开始了禅修的生活。我读了各种佛教宗派的经、论,常去般若寺,甚至一度想出家,但没想到笃信佛教的母亲竟然反对,于是也就作罢了。不过,更大的困难还是在心里:深夜思之,我知道这颗心仍然是不安的。

书名

在兹:错位中的天命发生

作者

柯小刚

出版社

上海书店出版社

出版时间

2007 年 4 月

就这样上下求索,流转不定。直到有一天,在食堂吃饭的时候,一位常相过从的学长张昭阳兄告诉我说:"你应该去读读熊十力,他力量大,可以拉你一把。"于是我就去读熊十力,果然元气充沛,一下子冲决了很多滞碍,豁然开朗,让我看清了此前所有阶段所处的位置,历历目前。由之上溯,我又重新翻开曾经有所感动而不明实义的《论语》《中庸》,并且开始试着读《易经》（那时还读不太懂），才感觉到学问的门径在一点一点地敞开。到大学毕业的时候，我写的学士论文是熊十力的《体用论》。当时用的还是一个线装书的本子，每天到图书馆的古籍阅览室读书、写作。学士论文的导师是刘连朋老师，他对我帮助很大。

　　毕业考研的时候，我已经知道自己要做什么了，无论"儒学""经学"或"中国哲学"这些词是否能恰当指称我想做的事情。但我考虑两个月之后，决定考"西方哲学"的研究生，一去七年，在北大读了西哲的硕士和博士。2003 年博士毕业来同济大学，开始是在"德国哲学研究所"，哲学系和人文学院相继建立之后，我就回到了中国哲学的领域。我目前的工作，无论在同济的"中国思想文化研究院"还是在"同济复兴古典书院"，都以中学为主，但也兼涉西学。正如我今年在法兰克福大学的一个工作坊所言，今日中国的"文化复兴"并不是"民族主义"的，而是"跨文化的古典复兴"。①

书名

心术与笔法：虞世南笔髓
论注及书画讲稿

作者

柯小刚

出版社

浙江人民美术出版社

出版日期

2016 年 4 月

　　一路走来，很多重要的决定可能都源于二十多年前在吉大图书馆的一

---

① 参看拙文《现代性吊诡与当代中国的跨文化古典复兴》《法兰克福通三统工作坊发言稿》，见"道里书院"微信公众号。

场梦：那是一个灰暗的冬日午后，透过一排排书架可以望见窗外荒凉的原野。阅览室里空无一人。我在读一本什么书，苦思不得，昏昏欲睡。忽然间仿佛听见隆隆的声音，从云中驶出一乘马车，像汉画中常见的那种。车上坐着一位老人，我觉得他是孔子。他对我说："读书不要乱读，要读经典。中文经典，外文经典，都要读。"我也不知道拜谢，只是流泪。多年来读书无门的酸楚，一时释然。

给学生授课

学术建议

耿：作为一位前辈和名师，在吉大七十校庆之际，您能否为即将从事学术研究的学生们提一些学术上的建议呢？

柯：名师不敢当，只是从老校友和学长的角度提点建议。做学问的根底首先在修养自己这个人。我建议同学们注意培养自己的心力，真正关心到自己，时时体贴涵泳读书所得，宽心养气。生活越简单平淡越好，勿苛求他人和环境，"居易以俟命"，"外化而内不化"。要注意学一点艺术，诗、琴、书、画皆可。必须重建"读书人"的生活方式，"学术"才有希望。

在德国教山水画

吉林大学哲学系自 1958 年建系以来，培养了一批又一批"爱智求真敢问真"的学者，他们走向全国各地，为开创和繁荣我国的哲学社会科学事业筚路蓝缕、笔耕不辍。今适逢吉林大学七十华诞，本平台特开设《吉大七十·哲林人物》栏目，刊登一系列吉大哲学优秀系友专访。忆往昔峥嵘岁月，叙今朝母校情深，展未来踌躇满志……

做最自由而规范的哲学

——访徐长福教授

徐长福，1964 年生，四川眉山人，哲学硕士（1991—1994 年，吉林大学，导师为蔡英田先生）、哲学博士（1997—2000 年，吉林大学，导师

为高清海先生），目前为中山大学哲学系教授、博士生导师、学术委员会副主席，中山大学马克思主义哲学与中国现代化研究所学术委员会主任，中山大学实践哲学研究中心主任，广东省珠江学者特聘教授，《实践哲学评论》主编，英国 *Global Discourse*（《全球商谈》）杂志编委。

代表著作有《理论思维与工程思维》（上海人民出版社 2002 年第 1 版；重庆出版社 2013 年第 2 版）、《走向实践智慧》（社会科学文献出版社 2008 年第 1 版）、《马克思主义研究的学术化探索》（社会科学文献出版社 2010 年第 1 版）、《拯救实践》第一卷（重庆出版社 2012 年第 1 版）以及 *Marxism*，*China and Globalization*（Parodos Verlag，Berlin，2016）等，在德国 *Marx – Engels Jahrbuch*、英国 *Studies in Marxism*、美国 *Socialism and Democracy* 和《哲学研究》《哲学与文化》（中国台湾地区）等中外刊物发表中、英、韩、西文学术论文百余篇。

采访时间：2016 年 8 月 8 日
采 访 人：黄竞欧（以下简称"黄"）
被采访人：徐长福（以下简称"徐"）

结缘吉大

黄：徐老师，您好！很荣幸能代表"反思与奠基"网站和《哲学基础理论研究》编辑部对您进行采访。我们知道您在吉大读书期间师从高清海老师，在高老师的眼中您是一位怎样的学生？

徐：高清海老师在给我的博士论文《理论思维与工程思维》所写的序言中对我是这样介绍的："据我的了解，在学习期间，他就善于动脑思考问题，思维相当敏捷，而且长于分析。他从四川边远地区到我这里读硕士学位，当初就是带着一大堆'问题'来的，到攻读博士学位期间，他已在国内重要刊物发表了一系列有影响的文章。本书原稿是他的博士论文，在这里他提出了一个其他人很少注意、却事关重大的问题，这就是关于人文社会科学'思维方式的僭越与划界'的问题。这是他经过长期思考发现的问题，在我们听来许多观点都很新颖，所以在答辩会上曾经得到专家的一致好评。"

我本人最看重的是高老师对我的博士论文的如下评价:"我觉得作者的这部书,其意义决不只是在理论方面,它对我们的现实生活也是有重要意义的。在我看来,本书提出的'问题'的意义更大于它给出的解决办法。这个问题是具有普遍性,甚至可以说是世界性、历史性的意义的。"

顺便说明的是,我跟高清海老师建立起通信联系是在 1987 年。在他的感召与鼓励下,我于 1991 年考入吉林大学哲学系读硕士研究生,导师是蔡英田老师。高老师那时候只招博士研究生,但对我有许多直接的指导。到 1997 年,我才正式成为高老师的博士研究生。

黄:那么您是如何走上哲学以及马克思主义哲学研究之路的呢?

徐:大约 10 岁的时候,我读了小说《闪闪的红星》,为主人公传奇的经历所迷醉,从此有了经历一番再将其写成小说的人生梦想。正是靠着这一梦想,我在贫寒的处境中勤奋读书,于 1979 年考入四川师范学院(现四川师范大学)中文系。毕业后我申请自我放逐到了四川省阿坝藏族自治州(现阿坝藏族羌族自治州)首府马尔康工作,一干就是 8 年。

1986 年,在送走了一届高中毕业生之后,为了有更多的时间和更好的条件从事文学创作,我设法调到了阿坝州教育委员会所属的《阿坝教育报》(现《四川民族教育报》)做编辑。可没想到的是,正是这次调动,让我的人生转变了航向。我到教委工作大约 3 个月后,置身官僚机器中的种种见闻让我长期压抑、痛苦的内心突然产生了一种哲学的突破——我自认为洞察到了这个社会的根本弊端之所在。按自己那时的理解,这个社会从制度到意识形态都犯下了一个致命的错误,那就是颠倒了人和物的关系——把所谓客观必然的物奉为目的,而把活生生的人贬为手段。这种突如其来的觉悟让我既亢奋又害怕,不知所措,难以自持。在经历了数月的内心煎熬和外部冲击之后,我于 1987 年春毅然决定放弃文学梦想,转向哲学研究。从那时起,在那片崇山峻岭中,在那间被高墙挡住阳光的阴暗陋室里,我几乎用尽了全部的业余时间来自学英语和哲学课程,开始了备考研究生的艰苦历程。

1989 年初春,我总结了自己"悟道"以来的哲学心得,写成了一篇近两万字的长文,并忐忑不安地邮寄给了高清海老师。令我大喜过望的是,高老师不仅很快回了信,而且称赞我的一些观点远远超过了当时那些庸人哲学的见解。这一宝贵的鼓励让我与他结下了永远的师生缘分。1991年，我抓住被单位"恩赐"的唯一一次考研机会，考进了吉林大学哲学系，攻读马克思主义哲学专业的硕士学位，终于逃离了那座多少年后仍令我胆寒心悸的深山小镇。

学术探索

黄：作为马克思主义哲学专业的从业者，您的专业追求是什么？

徐：简言之，就是推动中国的马克思主义（哲学）研究的学术化进程，或者说，把中国的马克思主义（哲学）研究变成一门正常的学问。

由于长期以来马克思主义所内在包含的学术性被揭示得不够，因而造成一种印象：似乎对马克思主义的研究只要有坚定的信仰、能够跟当下的政治取向保持一致就是合格的，学术上马虎一点没有关系。甚至还有一种奇怪的议论：似乎一强调学术性，就是搞"经院哲学"，就是不要政治性或冲击政治性，就是不关心现实，从而把学术性看成政治性的反面。殊不知，马克思主义之所以能够产生如此巨大而深远的政治影响，在众多原因之中，学术性肯定是一个基础性原因。

在我们这个时代，要做一个思想上的马克思主义者是容易的，只要懂得一些马克思主义的观点，然后举手赞同即可。在我们这个时代，要做一个实践上的马克思主义者也不难，哪怕不懂马克思主义的观点，只要信仰它，照本本上的说法去做就行。但是，在我们这个时代，要做一个学术上的马克思主义者却难之又难，因为我们至少必须像马克思那样读书，读马克思的书，读马克思读过的书，读马克思没有读过的书，读马克思之前的书，读马克思之后的书，因为我们只有这样去读了，才谈得上研究马克思主义，创新马克思主义。

除了提出马克思主义（哲学）研究的学术化这种主张外，我自己也一直在实践这种主张。这包括三方面：其一，以完全学术的方式研究马克思主义的各种具体问题；其二，尽全力坚持思想自由、学术规范的原则，维护人格尊严和学术道义；其三，做国际化学者，坚信国际承认比国内承认更具学术真实性。

特别要说的是，从吉大毕业以来，我一直强调并践行马克思主义研究的国际化。近十年来，我已在美国、英国、德国、韩国等国的同行杂志发表了十多篇外文论文，并出版了一本英文论文集。其中，我于 2014 年在德国 *Marx - Engels Jahrbuch*（《马恩年鉴》）上发表了中国学者迄今唯一一篇论文。该刊是当年东德和苏联党中央联办的国际标杆性学术刊物，苏东解体后由国际马克思恩格斯基金会（Internationale Marx - Engels - Stiftung）接办，目前被各国学者公认为本领域的国际顶尖刊物。在这篇论文中，我突出地介绍和评价了高清海老师的成就。另外，我今年在柏林出版了论文集 *Marxism，China and Globalization*，由英美杰出的马克思主义思想史专家戴维·麦克莱伦（David McLellan）先生作序，他评价道：在既批判现实又保持马克思思想的主要冲击力的中国思想家群体中，徐长福走在最前列。我感到，这种国际承认或许是最能用来告慰高老师的。

黄：您在学术上关怀的主要问题是什么？

徐：据我个人的体会，学术上的许多争论表现为观点的分歧，其实是关怀不同。我所关怀的问题主要有两个：一个是原生性问题，是引导我走上哲学之路的问题；另一个是次生性问题，是我走上哲学之路后遇到的新问题。

我的原生性问题是：马克思主义所提供的人生和社会理想从理论上看是那样得完美，那样令人信服和让人向往，可社会主义实践，包括在中国的实践，特别是头一个时期严格按照理论原则来进行的实践，又是那么的坎坷，充满那么多意想不到的问题，甚至发生了像"大跃进"和"文化大革命"那样的灾难，这两者之间为什么会有这么大的反差？就人类试图在全球范围内按照一种理论学说来对社会进行全方位的革命性改造而言，我们作为当事人所经历的这场运动是史无前例的。可这个"反差"有人研究过吗？好像没有。自由主义只是简单地把问题归结为马克思主义的错误，甚至贬之为幼稚的错误；与之相对的观点则把问题归结为操作上的失误。这两方都不反省我说的那个"反差"——一流的理论和成问题的实践之间的"反差"。这个问题扩展开去，就是一个带有普遍性的基本哲学问题：理想人生和理想社会的理论设计和追求理想人生、建设理想社会的实践操作之间究竟该是什么关系？我们从历史和现实的所有这类"反差"事件中究竟能够提取出什么样的经验教训来？

近年来，随着中国开放程度的提高，全球化的景观进入了我的学术视野，转化成了这样一个问题：全球化是否仅仅服从一种单一的理论原则？即是否如果寻找到了或建构起了一套所谓正确揭示全球化进程的必然趋势和价值目标的理论体系，比如美国式的新自由主义，全人类就都该接受这个体系，并仅仅照这个体系去做？这就是我所关怀的次生问题。

次生问题和原生问题在学理上内在沟通于上述那个基本问题，可以转写成：人类生动复杂的实践是否能够还原为某种单一的理论？是否应该仅由某种单一的理论开出？原生问题是这个基本问题主要在既往历史中的表现，尽管它在现实中还在延续；次生问题则是我们当下的实际。

可以说，我的全部学术活动都是围绕这两个问题展开的。由于这两个问题既涉及理论的方面，又涉及实践的方面，因而我常常在抽象的形而上学领域和具体的实证科学领域上下求索。我把自己的这种研究笼统地称为"实践哲学研究"，并以之作为研究生招生方向的名称。

黄：能为我们介绍一下您的主要学术收获吗？

徐：我的第一个主要收获是我的博士学位论文。该文完成于 2000 年初，以《理论思维与工程思维》之名于 2002 年由上海人民出版社出版，并于 2013 年由重庆出版社再版。

书名

理论思维与工程思维

作者

徐长福

出版社

重庆出版社

出版时间

2013 年 11 月

在这本书中，我从工程出发构造了一个理论框架。工程是我们有计划建构的设施。要建造工程，必先设计工程。设计所要明确的东西包括：该工程是什么样子的——形状、结构、特征、功能是什么？用什么材料、哪些材料、多少材料去建？靠谁去建——谁支付费用、谁指挥、谁设计、谁施工、谁受益、谁承担责任？这些因素都是具体的个别事物，我称之为"实体"。设计不是对这些实体的简单堆积，而是从工程意图出发根据所牵涉的各种因素之间的客观联系所作的有序构想，这些联系一般都表现为既有的科学原理，也就是说，工程总是要按照特定的原理来设计，这些原理我称之为"虚体"。任何一项工程都不可能只由一个实体或一类实体来构造，它所关涉的实体一定是复数的和异质的（即不同种类的）；同时，任何一项工程都不可能只按照一套或一种学科理论来设计，它所牵涉的学科和原理一定是复数的和异质的，即这些学科和原理一定无法从逻辑上还原为某科某派的某套单一理论。所以，只要我们从工程建构出发去看世界，世界就是由绝对多元的实体和绝对多元的虚体相互交织而成的，工程设计就是这两种多元性因素在特定建构个案中的综合统一。

根据这一理论前设，理论思维就仅仅是认知虚体的思维，讲逻辑、讲道理、一以贯之、客观有效，但这种思维不能用来设计工程，因为工程中的因素尽管可以由不同的理论去分类说明，但没有任何一套单一的理论可以逻辑统一地说明工程设计所必须处置的全部异质性因素，因此，工程设计所需要的理论一定是复数的、异质的、多元的，其思维方式一定是不同于理论思维的另一种思维，我称之为工程思维。工程思维的根本特点在于：针对特定的工程个案，依据建构意图，遵循所有相关的学科理论，对所有要素进行不同于逻辑推理的复合集成，最后形成一套最优化的、可操作的设计方案。反之，也不能用工程思维去构造理论，因为理论原理要有效，必须具有逻辑必然性，工程思维把不同的因素连接在一起，靠的不是逻辑必然性，因此，用工程思维搞出的理论一定是站不住脚的。

这样一来，我就用自己的这套理论初步回答了自己所关怀的原生问题：杰出的理论为什么不能取得其所预期的实践效果？这是由于理论思维僭越的结果，即：用理论思维去设计工程，使得工程设计漏洞百出，无法实施，或实施后达不到预期目的。同时还回答了另外一个相关问题：为什么那些纯粹出于论证工程意图的合理性而搞的所谓理论研究总是信誉不佳？这是由于工程思维僭越的结果。本书的基本结论是：理论思维和工程思维必须划界——理论思维用来认知客观规律，工程思维用来筹划人类生活，两者应实现一种结构性互补。

我的第二个主要收获是《走向实践智慧——探寻实践哲学的新进路》（社会科学文献出版社 2008 年第 1 版）这本书。

书名

走向实践智慧——探寻实践哲学的新进路

作者

徐长福

出版社

社会科学文献出版社

出版时间

2008 年

该书是汉语文献中第一部关于"实践智慧"的专题论集，由 16 篇论文编纂而成，反映了我在完成《理论思维与工程思维》一书后在实践哲学上的研究重心、思考过程与理论心得。"实践智慧"是对亚里士多德 phronesis 一词的翻译，相应的英译为 practical wisdom。英语也把该希腊词译为 prudence，相应的汉译为"明智"。本书不仅深入发掘了有关实践智慧的传统学理资源，而且详细阐述了何以要把走向实践智慧作为实践哲学的一条新进路。该书既针对近现代西方的主流传统，也针对极端的后现代观点——前者以理论的方式处理实践问题，把异质性的实践变成同质性的理论的简单应用，导致了严重的问题；后者否定理论，有使实践失去必要约束的危险。该书认为，理论和实践具有一种复杂的双向交织关系，理论智慧和实践智慧应当各得其所并相互为用。该书在最后把这种探讨定位为"元实践学"，把这套理论命名为"异质性哲学"。

我的第三个主要收获是 2009 年初完稿的专著《拯救实践》第一卷"意识与异质性"（重庆出版社 2012 年第 1 版）。该书也是本人迄今最重要的成果。

书名

拯救实践

作者

徐长福

出版社

重庆出版社

出版时间

2012 年 4 月

　　该书对西方哲学史上若干主要学说关于意识的理论以及其他相关基本理论展开了全面而深入的批评性研讨，凝聚了本人十余年从西文研读和讲授西方哲学经典的基本收获。该书详细研讨了柏拉图对话中苏格拉底和柏拉图本人的主要学说，重点研讨了亚里士多德的范畴理论、谓词理论和其他相关的重要理论，有针对性地研讨了笛卡儿、洛克、休谟、康德、黑格尔、施蒂纳、密尔、马克思、恩格斯、马赫、弗雷格、胡塞尔、罗素、海德格尔、维特根斯坦、德里达、克里普克等哲学家的重要相关思想。在研讨过程中还参考了大量中英文研究性文献。为了挖掘非西方的理论学术资源，该书还对中国墨家、名家的逻辑思想和印度因明学进行了尝试性研讨。

　　当然，该书主要的工作不是哲学史梳理，而是通过批评诸家学说而自立一家之言，即我所谓"异质性哲学"。其核心内容可以概括如下。

　　人的意识有两个异质的领域，一是自然直观；二是符号指谓。自然直观是人与生俱有的意识机能，它能够直接意识到对象并认定其存在。符号指谓是人工创造的意识机能，其特征是通过符号在意指和述谓之间的配合来实现对于对象的意义的意识。自然直观能够把握对象的存在，但不能把握对象的意义（即普遍性），所以人需要有符号指谓去揭示意义。符号指谓把自然直观所提供的对象分解为主词所意指的东西和谓词所述谓的东西。主词表示有一个对象存在，其意义是什么有待谓词的说明，在此意义上，主词是一个意义空格。谓词表示一个意义，可以用来说明这个主词，也可以用来说明其他同类主词。主词有三种：意指个别对象的个别词；意指个别对象的类的实在词；意指符号指谓机制的范畴词。谓词也有三种：表示个别对象的最近类的属（eidos）词；表示包含属的较高类的种（genos）词；偶性词。在所有非复合的词语中，表示个别对象的专名只起指代的作用，本身没有意义，为无义词，只能作主词而不能作谓词；其余词语则为意义词，既能作主词也能作谓词。对于任何一个个别词来说，由于它没有意义，因而其谓词对它的述谓是否恰当，只能靠直观到它所指代的对象来认定，而不能作任何意义上的逻辑推定。此间的关系叫作指谓异质性，其规范原则叫作指谓不比原则。进而，在谓词部分，由于个别词的属谓词和种谓词之间具有被包含和包含的关系，其结合的恰当性可以逻辑推定。这种关系叫作属种同质性。但个别词的属种谓词与偶性谓词之间由于不存在类似属种词之间的那种关系，因而其相互结合不能逻辑推定，只能直观认定。不同偶性谓词之间的结合也是如此。这种关系叫作述谓异质性，其规范原则叫作异谓不比原则。扩展分析表明，这两种异质性普遍存在于符号指谓的各个层面，并表现出复杂的情况。指谓不比原则和异谓不比原则综合起来，构成异类不比法则，即异质性规律，亦即范畴律。范畴律是规范符号意识的一条迟到的大法，其根本意义在于为所有符号意识行为厘定界限，其突出价值在于让一切关于实践的符号意识行为不要耽于同质性推论，而要诉诸尽可能多的直观去把握异质性。

该书的核心价值在于详细阐述了范畴律。范畴律的主旨是：由于分属异质范畴的词语之间缺乏比较和通约的共同标准，不能相互还原，因而其间的结合只能靠对于对象的直观认定而不能靠逻辑推定。范畴律由相互衔接的三个阶次八个字母表达式组成（此不详述）。

范畴律最根本的意义在于呈现了符号指谓的异质性意义关系，从而表明了逻辑推定的内在限度，并为强化对符号意识的直观约束提供了终极根据。如果说同一律、不矛盾律和排中律是反映符号意识的逻辑约束的法则的话，那么，范畴律就是反映符号意识的直观约束的法则。相应地，如果说演绎法、归纳法和其他各种逻辑运算法是逻辑推定的方法的话，那么，异类不比的意义分析法就是直观认定的方法。既然符号指谓中交织着同质性关系和异质性关系，单纯的或过度的逻辑推定就显然有必要受到遏制，并有必要由直观认定去加以平衡。

至于范畴律所带来的理论效应，特别是在拯救实践上的效应，我将会在《拯救实践》第二卷"自由与异质性"中逐步阐述。

学术建议

黄：您的哲学学术观是什么？

徐：哲学是最自由的学问，也是最规范的学问。它包含三个向度：文本向度、问题向度和学理向度。

文本向度是我们最熟悉的。在现行 8 个二级学科中，哲学主要意味着解读文本、梳理文本、诠释文本、阐发文本。文本向度固然是哲学的一个基本向度，却不是唯一向度，甚至不是主要向度。文本向度只是哲学的历史向度，是哲学的过去时态。文本对哲学活动起学科规训、理路借鉴和思想给养的作用。

应邀于 **2011** 年上半年赴美国加州大学讲学，图为与 **Peffer** 教授合影

问题向度似乎也是我们熟悉的。特别是马克思主义哲学从来强调理论联系实际。可是，现行分科体制中的理论联系实际只是用马克思主义的法

定理论联系当下法定政治需要的实际。在其本真的意义上，哲学的问题向度所指的是哲学家以自己的哲学去面对和回应现实问题。这是哲学的实践向度，也是哲学的现在时态。

学理向度应该是我们最熟悉的，但实际上却是我们最生疏的。自从我们共有了马克思主义这种放之四海而皆准的真理，就不觉得还有什么学理需要去探求了。或者，只要我们找到了各自可以寄托生涯的主义，不管它是老祖宗的还是外来的，也就可以不必辛苦地再去亲自探究什么了。然而，学理才是哲学的根本，才是哲学可以提供给世界的最实在的东西。学理就是纯粹的道理，不管行诸什么样的文本，也不管人们喜欢还是不喜欢，它都会成立，都会起作用。哲学学理就是这种纯粹道理的道理。学理向度是哲学的本质向度，是哲学的将来时态。哲学劳作始终以探寻新的学理为目的，是为亚里士多德所谓"理论学术"；而新的学理以及新的学理所表达的意义始终在哲学理论活动的将来。一种哲学发现了新的学理，就等于找到了自己的魂魄。一种失魂落魄的哲学不过是理智世界的行尸走肉。

哲学的理论成果而非一般意义的学术成果是哲学学科的终端产品。不出理论成果的哲学，好比一棵光开花不结果的果树，好比一头草不少吃却挤不出奶的奶牛，好比一片只见耕耘不见收成的田野，好比一条机器轰鸣但没有成品下线的生产流水线。

哲学理论思维是全部理论思维的基础。没有一个哲学贫困的民族会在别的学科上出现真正的理论创新，而没有理论创新的民族在如今的全球化体系中最多只能成为理论生产大国的附属实验基地、制作车间与倾销市场。没有能力从事理论思维的民族是可怜的，而有理论思维能力却自限甚至自残其能力的民族则是可悲的。

上述理解也是我个人哲学学术实践的一种自我表白。我很钦佩一些学者的文本功夫，也很欣赏另一些学者的问题意识——我从这两类学者那里都学到了很多东西。不过，我最看重并倾力而为的还是在文本功夫与问题意识基础上的学理发现——我称这种做法为"以学术开思想"。

黄：您认为应当如何修持哲学学术的德性？

徐：一言以蔽之，返归圣人之道。何谓圣人之道？子曰："志于道，据于德，依于仁，游于艺。"

"志于道"，这是为学和为人的根本，是基础，是立场，是阿基米德点，是北斗，是第一原则，是绝对命令。有了这个东西，方向就明确了，心里就踏实了。"据于德"是说，道是贯通万有的大道，德是内在一己的修持，对道的坚守必须落实为德性的养成，缺德无从体道，无德必定无道，道不虚玄，就在德中。"依于仁"是说，道和德都不是无情物，不是冷冰冰的东西，道德寄寓人心，发于仁爱，无爱之人怎能与之言道德？"游于艺"是说，仁爱不是空洞的，不是软弱的，不是几滴同情的眼泪和几声无力的叹息，它应当有本事，有力量，起作用，出成效，而这一切都依赖于技艺的学习、掌握、锤炼和出神入化，无艺之仁，有心无力，爱莫能助，没有艺，德是枉然，道为空谈。

徐长福教授生活照

为学上，艺就是学问，就是读书和请教，就是尽可能多地向大师学习，只有这样才能练就一身本事，在学术操作中游刃有余。但学问不是目的，技术水平的高低不是衡量学术的最高准则。学问的用心要端正，动机要纯良，要"依于仁"。学术乃天下之公器，若公为私用，化公为私，因私枉法，徇私舞弊，其后果比一般的私心杂念、自私自利要严重百倍。而秉公摈私，系于一念：仁者爱人。学术上违心就是不仁，就是小人，就是乡愿。不过，爱并不是根据，爱有偏遍，有厚薄，有远近，有久暂，有恒易，甚至有对错，故仁须以德为据，有德之爱才是真爱，才是纯爱，才是正确的爱，才是可靠的爱。学术之德就是坚持原则，追求真理，就是富贵不能淫，威武不能屈，贫贱不能移，就是不唯上，不唯书，不唯利，只唯实。为政无德为民贼，为商无德为市贼，为学无德为文贼。有德令人心安，令人神清，令人气爽，这是因为德分有道，而大道无形，出形之中，越形之上，无执着，无滞碍，高山景行，仰止行止。

我深信，哲学学者如果缺乏起码的学术德性的修持，不论做哪种类型的研究——文本、问题抑或学理，都不可能有真正意义的建树。

黄：您认为哲学成就的指标是什么？

徐：一部哲学史晓谕人们，一个哲学家之所以被载入史册，不在于他出生在某个特别的年份，毕业或工作于某个特别的地方，获得过什么样的头衔或资助，在多么权威的期刊或出版社发表了多少著述并换取了多少奖励，而仅仅在于他创立了为代复一代的史家和同行所公认的独到学说。如果说哲学成就也有指标的话，那么，唯一的指标就是：发现不朽的真理！其表征是："既没，其言立。"

寄语吉大

黄：今年是吉林大学七十华诞，作为从吉大走出去的资深校友，请您赠予母校几句寄语？

徐：在母校建校七十年之际，我的祝愿是：立足七十年的过去，开创七百年的未来！

吉大七十　哲林人物

　　　吉林大学哲学系自 1958 年建系以来，培养了一批
又一批"爱智求真敢问真"的学者，他们走向全国各
地，为开创和繁荣我国的哲学社会科学事业筚路蓝缕、
笔耕不辍。今适逢吉林大学七十华诞，本平台特开设
《吉大七十·哲林人物》栏目，刊登一系列吉大哲学优
秀系友专访。忆往昔峥嵘岁月，叙今朝母校情深，展未
来踌躇满志……

"思想自我"的追寻

——访胡海波教授

　　胡海波，1956 年生，吉林扶余人。1992—1996 年于吉林大学哲学系
师从高清海教授，获哲学博士学位。现任东北师范大学马克思主义学部哲

学院教授、博士生导师，东北师范大学省级人文社科重点研究基地"传统文化与当代中国哲学研究中心"主任，东北师范大学重点建设学科方向（马克思主义哲学）负责人；兼任全国价值哲学研究会副会长，吉林省哲学学会副理事长等。

主要从事马克思主义哲学基础理论、当代人类精神生活与精神家园、中华文化的思想传统与传承创新等领域的研究。出版《正义的追寻》《哲学与人性的观念》《中华民族精神家园的生命精神研究》等 6 部著作；在《哲学研究》等期刊发表百余篇学术论文；承担国家社科基金重大项目、一般项目以及教育部人文社科课题多项；先后获国家级教学成果奖等省部级以上奖励多项。

访谈时间： 2016 年 9 月 13 日
访谈地点： 东北师范大学马克思主义学部三楼研讨室
采 访 人： 张楠（以下简称"张"）
被采访人： 胡海波（以下简称"胡"）

结缘吉大

张：胡老师您好，非常荣幸能代表"反思与奠基"网站与《哲学基础理论研究》编辑部对您进行采访。能否谈谈您青年时期的求学经历，以及您是怎样与哲学结缘的呢？

胡：这件事情得从头说起了，在小学三年级的时候我开始对学习产生朦朦胧胧的兴趣和感觉，那时候还没有明确的自我意识，但是特别愿意看书，对学校、老师和学习有了特殊的感情。中学的时候，愿意阅读文学作品，并且尝试着写作，和一些爱好文学的同学一起办了本刊物《绿芽集》。1975 年高中毕业后，我到吉林省洮儿河农场下乡，正赶上中央布置学习《马克思、恩格斯、列宁论无产阶级专政》（33 条语录），连里让我当理论辅导员，辅导大家读"33 条语录"。我虽然读过很多文学作品，但是这些政治性、理论性、思想性、历史性很强的作品，对我来说是很难驾驭的，同时也感到很新鲜，开始钻研。这样我就被送到农场的"五七大学"学习，在这里遇到了毕业于东北师范大学历史系的杨宗翰老师。他通读过《马恩全集》《列宁全集》《斯大林全集》《毛泽东选集》《鲁迅全集》，熟悉日语、英语、俄语三种语言，擅长讲历史和哲学。杨老师的课对我产生了极大的吸引力，使我意识到文学和历史、哲学是完全不同的。当时，我正好 20 岁，满腔理想与激情，很看重自己的文化生命，但究竟是在文学中还是在理论中滋养自己的文化生命产生了困惑。在杨老师的指点和帮助下，我下决心学习理论。可以说，我哲学的启蒙教育就是从农场"五七大学"开始的。

国家恢复高考后，1979 年我考到东北师范大学政治系哲学专业，四年大学的学习是面向理论和历史的。大学期间我有幸结识了一批哲学专业很优秀的老师，比如王家俊老师、王兴洲老师、郭焕义老师，他们的培养让我受用无穷。毕业后在吉林省浑江市第二中学教了一年的高中，体会到了自己当老师的滋味。1984 年，我考上了东北师范大学马列主义教研室马克思主义哲学专业的硕士研究生，导师是当时哲学组的组长李树申教授。李老师给我的印象是极其温和，极其自律，极其善良。在学术研究上，李老师有自己的主张和见解，但他是以特别温和的方式体现出来的，鲜有批判。当时李老师还请历史系朱寰等教授给我们讲中国通史和世界通史，组织我们围绕社会基本矛盾和精神生产问题展开系统研究。研究生期间最受益的就是打下了扎实的历史学基础和培养了学术专题研究的能力。遗憾的是，辩证唯物主义和历史唯物主义的教科书，以及中外哲学史研究的不够深入。李老师说这两点留待我将来去学习和研究，李老师还承诺推荐我到吉林大学去读博士学位，这也是李老师对我研究生学习的肯定。

到了 1992 年，从自然年龄上讲，我 36 岁了，是我的第三个本命年；从我的学习生命、文化生命来说，却是新的开端。当年，我考上了吉林大学哲学系马克思主义哲学专业的博士研究生，师从高清海教授学习哲学。当时，整个东北只有吉林大学有一个马克思主义哲学博士点，高老师是唯一的马克思主义哲学专业博士生导师，每年只招一两个人，所以能跟高老师读书很不容易。这件事情对我的生命的意义非常重大，是我生命历程的重要节点，改变了我的人生境遇。

师生情谊

张：您跟随高清海教授学习和研究多年，能不能谈一谈您初见高老师时的情景呢？

胡：我师从高老师的时间，从博士学历来看是四年；从整个哲学研究的经历来说，是从 1992 年一直到 2004 年高老师去世，一共 12 年。博士毕业答辩的时候，我说过两句标志性的话，表达了高老师和我的师生之情。当时，答辩委员会主席陈晏清老师问我，怎样表达对高老师培养你和指导你论文的谢意？我说："吾爱真理，更爱吾师。""虽然我毕业了，答辩了，但是我希望我永远不毕业，永远在高老师身边学习和工作。"这两句话是对高老师培育之恩的致谢词，也是追随和向往高老师为人为学之道的内心表达。

实际上，我很早就仰慕高老师。1985 年，第一次听高老师做关于历史唯物主义的学术报告；1988 年，在延吉召开的"全国哲学观念变革讨论会"上又一次听到高老师的发言。当时，高老师作了一个即席发言，提出哲学观念的变革从根本上说是思维方式的变革，强调以马克思实践观点的思维方式去变革教科书的本体论思维方式及哲学观念。高老师的发言，我至今记忆犹新。此后，逐渐萌生了向高老师求学的想法。1990 年我就准备考高老师的博士研究生，由于种种原因，到 1992 年我才正式报考，接触高老师。

我最初接触高老师的时候，总是让我很意想不到。记得第一次到高老师家，我去汇报备考的学习计划和复习方式。高老师听我汇报，一开始是坐着的，后来就来回溜达。高老师不同意我的学习计划和复习方式，他说，你不要像完成任务、对待考试那样学习，这样做没有意义，你要用这一个半月的时间认真地把哲学作为它本身来学习。高老师认为学习哲学要按照哲学本身的样子，而不要抱着任何功利的态度，而且他非常强调哲学经典著作的学习，这是高老师对我哲学学习的第一次指导。当时我不是很理解这样的指导，觉得这个指导对考试的帮助不是很大。后来考上以后，逐渐觉得高老师对我第一次的哲学指导是很根本的。

还有一个令我意想不到的事情，就是高老师对于培养博士研究生的忧

挪威访学

虑与担心。高老师说，招研究生真麻烦，简直就是没办法，有很多问题，根本就是难以解决。他感觉无论是博士研究生的学习、论文写作和答辩，还是导师指导博士研究生都是不容易的，他感到压力很大。高老师流露出对带博士研究生的担心，我当时不理解。那一年高老师62岁，我今年60岁，越来越理解高老师对带研究生的这种担心和忧虑。

张：高老师对研究生的培养是以讨论课的形式展开的，能否谈一谈您参加高老师指导的研究生讨论课的经历与体会呢？

胡：高老师培养博士研究生的传统是上讨论课，每周一次（周四下午），这是跟着高老师学习的主要方式，也是高老师门下的在长春工作和学习的全体学生集中讨论的时间。参与讨论的包括在读的所有研究生，已经毕业的所有研究生，还有高老师工作上和学术研究上的搭档——张维久老师和艾福成老师。高老师会依照上课对象和当时的任务去安排、设计每次讨论课的内容。讨论课的内容包括阅读马克思主义和现代西方哲学的经典著作，研究当下中国哲学界提出的新问题，以及指导学生论文写作。讨论课的特点是把所有的学习内容都放在讨论课上，所以高老师的研究生培养方案中没有各类二级学科的课，没有学科专业的界限，没有理论和哲学史的界限，这些各种各样的界限在高老师的讨论课堂中了无痕迹。讨论课的地点就在高老师家中。高老师的家在东朝阳路32号，原来东朝阳路副食斜对面，东朝阳派出所房后的位置。高老师家住在四楼，老式的建筑，有四间房，房间不大，客厅最大，20平方米左右，摆着一组沙发，若干把折叠椅，一张桌子，客厅旁边的阳台门里放着高老师精心培植的米兰花，我们就在这里上讨论课。

我入学第一次参加讨论课时，师门已经毕业的和在读的学生都来了，因为每逢新生入学是高老师家讨论课的大事，所以那天人特别全。高老师平时喝茶不喝咖啡，但是他那天把咖啡拿出来了，让我和崔秋锁喝，也让大家喝，这是高老师对我和崔秋锁两个新生入学的礼遇。那天的讨论课，高老师带我们讨论《1844年经济学哲学手稿》。我原本期待，第一堂课高老师会讲他带学生的方式与要求，然后大家再进行讨论。但实际没有讲这些，开始就讨论《1844年经济学哲学手稿》。讨论的方式很新鲜，高老师坐在中间的一把椅子上，我们转圈坐，他拿着吉林大学备课用的大白本。直到去世之前，高老师一直都在使用这样的备课本。去年春节的时候，我们到高老师家去整理高老师的笔记，发现了他记录的几千万字，包括成熟的作品、稿子，大部分是没有公开出版的，其中几百万字是他在讨论课上记录同学们发言的笔记，详细记录了讨论的时间、主题、参加人，以及发言人的发言内容等。

当天发言的包括已经毕业的研究生孟宪忠、孙正聿、邴正，还有在读的研究生孙利天、刘少杰、田海平等，之后艾老师和张老师发言，最后高老师对同学们的发言做精到的点评。我至今记得，这次讨论课的思想交流极具特色，每一个人的形象非常鲜活，大家都能够滔滔不绝地讲述自己的看法，语言极富表现力，表达极其自信，情绪很有感染力。这次讨论让我领略到了同学们的敏锐聪慧、细致深邃和平实自信。在之后的日子里，他们从不同方面给予了我很多积极的影响，对我而言是亦师、亦友、亦同学。高老师的点评更是精彩，话虽不多，但都是深思熟虑的，高屋建瓴，极其精当；张老师、艾老师和高老师的配合非常和谐。可以用六个字来概括我第一次参加高老师讨论课的感受："新奇""震撼"和"压力"。从考上博士研究生到跟高老师上第一堂课，这个过程很兴奋，觉得自己终于成为高老师的学生了，心情很激动。但是这堂讨论课下来，很受震撼，也感觉到了差距。震撼我的是讨论的专业性及其体现出的高水平，以及老师、同学们的过人才智与默契融洽。这使我深感压力很大，好像脑子空了，语言停滞了，不会说了，也不会想了，这是我最初学习的感觉。

此后才逐渐找到一些参与讨论课的感觉。意识到只是在讨论课上认真听大家的发言还不够，更重要的是把阅读提高到最大的极限，充分调动自己的精神状态和心性，完全投入到高强度的哲学思考和学习中。最重要的不是怎么学的问题，而是保持心性的专注。这种心性的专注帮了我很大的忙，我把其他的事情尽量地消解掉，唯一剩下的就是专业课的学习，全身心的、专注的学习成了我最重要的事情。在这个过程中，高老师和张老师、艾老师，还有同门师兄弟给予了我很大的理解、包容和支持。所以说，师生之间、同学之间、师兄弟之间是最贴心的。

博士研究生的学习，和导师、同门师兄弟在一起学习，对我而言有三重意义。一是"了解"。通过在一起讨论、交流，相互了解，进一步去了解哲学，这是讨论课的特殊意义和价值。二是"理解"。通过讨论与交流，同学之间，师生之间，包括和哲学之间，能够以最恰当的方式获得最好的理解。如果只是听老师讲，对老师的理解可能会弱一些；如果和老师一起讨论的话，对老师的理解可能就多一些。同样，老师听大家的讨论，对学生们的理解也会更深一些，包括师生一起对某位学者及其论著的理解，甚至是对哲学本身的理解，都能更进一步。三是"影响"。这种在一起的相互讨论，主要效应是影响：同学之间相互影响，老师对同学的影响，包括同学对老师的影响，还有讨论的内容对我们精神、学术的影响等。我觉得讨论课之所以在我们的学习中具有这么重要的地位，高老师的讨论课之所以非常成功就在于它具有了解、理解和影响这三个方面的特殊意义。这个学术群体在这三个方面做的非常到位，而我在这其中受益非常大。

张：20 世纪 90 年代初，高老师提出"哲学的奥秘在于人"的著名命题，并注重研究市场经济条件下人与社会发展的问题，您的著作《哲学与人性的观念》也是对这一问题的继续探索。您能谈一谈这段学习、研究经历中给您印象最深刻的事情吗？

胡：讨论市场经济的问题，使我和高老师之间有了更多的交流和理解。后来围绕市场经济问题所做的一些研究工作，是我向高老师学习，以及高老师了解我、接受我和指导我的机缘。1992 年入学的时候正赶上中国搞市场经济，特别是党的"十四大"提出建立社会主义市场经济体制。一时间，经济活动、经济生活、经济关系以及经济方面的学术研究成为社会的热点，搞市场经济的人站在社会的前沿和主流。当时经济学、政治学、法学、社会学都参与到市场经济的研究中去，而哲学、历史、文学这些人文学科则缺少参与感。在这样的背景下，高老师组织我们讨论市场经济，研究哲学应该怎样参与到市场经济这种以后可能要起很大影响作用的生存方式和经济活动中去。高老师非常重视市场经济的讨论。最初高老师指导我们讨论的思路、线索是研究经济学、社会学、法学、政治学怎样参与市场经济，然后追问哲学怎样参与市场经济；第二个思路是探究市场经济相对于自然经济和产品经济而言，有什么特殊的规律和一般的规律。按照这两个思路，我们在规律的意义上，在哲学与市场经济关系的意义上来讨论市场经济问题。这样讨论的思路本来也没错，但是按照这两个思路讨论往什么方向走？这个问题没有解决。我们徘徊了很长时间，找不到感觉，陷入了困境。

让这个讨论别开生面的契机是当时孙正聿老师讲"马克思主义理论与现实"这门课时，讲到马克思主义历史观，提到马克思《政治经济学批判大纲》的"货币章"中人的发展"三形态"。他认为马克思"三形态"的理论很重要，和"五形态"的学说可以共同作为马克思历史观的重要内容。说者无意，听者有心，我听到这个历史观的时候，特别是听到第二阶段的时候，我感觉这和高老师带我们讨论的市场经济问题衔接上了。在高老师带我们又一次讨论的时候，我就把听孙正聿老师课的体会向高老师做了汇报。高老师不愧是大思想家，他说你听的这个马克思的理论很重要，咱们得调整一下，不能只是研究法学、经济学、社会学、政治学怎么研究市场经济，市场经济和自然经济、产品经济有什么规律，我们应该在哲学、市场经济与人的框架当中去研究市场经济。高老师说，如果按照马克思"三形态"的理论来理解市场经济的话，那么市场经济的本质不仅仅是生产、分配、交换、消费问题，不仅仅是资源配置问题，市场经济关系到人类历史形态的变革和进步问题，具有社会历史形态变革的意义。在人类历史形态变革的意义上，以及人的存在的历史形态的变化意义上，市场经济具有人性的发展和完善的意义。市场经济的历史形态的意义和人性发展完善的意义统归起来，就是市场经济的形上意义。所以要按照市场经济的形上意义，也就是从它的历史形态意义和人性意义去研究市场经济。

圣彼得堡论坛

高老师在马克思"三形态"理论的启发下，提出了研究市场经济的概念框架和思想逻辑以及方向，很快撰写了《市场经济、个人主体与现代哲学》的文章，动作非常快。高老师以他自己敏锐的理解力和卓越的领悟力对研究市场经济做了这样的调整和选择，这对我启发非常大。通过这次讨论，我也写了一篇文章，叫《市场经济意识的完善与人的发展》，主要是讲人们都是在经济学的意义上来理解市场经济，在经济生活、经济事实和在经济关系本身的意义上理解市场经济，我主张应该在人性的意义和社会历史形态的意义上来理解市场经济的形上意义和价值。

这项研究还给我提供了随高老师游学的机缘。当时，甘肃省委宣传部在兰州组织召开"市场经济与人"的讨论会，向全国学者发出邀请。高老师、张树义老师、崔月琴和我一行四人受邀去兰州开会。这次会议让我有半个多月的时间和高老师朝夕相处，第一次和高老师同居一室，对他一天的生活起居耳濡目染。高老师生活非常规律，非常俭朴，穿的、用的非常古朴、自然。他讲究舒适，不讲究华丽，穿的上衣、裤子、鞋都是宽大的，质地都是柔软的，给我们的感觉是老先生也飘逸，也潇洒。吃饭的时候，高老师食欲很好，把吃作为享受。他极其热爱食物，每到一处都马不停蹄地带着我们大街小巷地走，看到各种小吃都要尝一口，从不剩，也不扔。这期间从北京出发的时候我还出过一次笑话，高老师让我去买饼。他从小在新疆生活过，愿意吃新疆的馕，北京没有新疆的馕，但是有火烧。我请示买多少，高老师说你自己算。我大约算了一个数，去买了一编织袋的饼回来。高老师说怎么买这么多饼？我说你不是让我算嘛，我算了这个数。他说你怎么算的？我说一天几顿，一顿四个人吃多少，到兰州一共多少顿。他说不吃餐车呀？不吃饭店呀？全吃饼呀？我忘把餐车和饭店算上了，全算吃饼了，太机械了，脑子不灵活。高老师说你真实在。高老师感觉我是一个实在人，心眼不灵活，认死理。其实饼也非常好吃，我们一路真吃了不少。这一路和高老师游历的过程中，走了很多地方。特别是在兰州的母亲河，桥头有一座山，那个山是一个公园，高老师带着我去山上看山下的母亲河。他说小时候在兰州这个地方生活过几年，有一个弟弟在这个地方没了，就埋在这里。那个地方勾起他很多回忆，他也讲了很多小时候的事情。和高老师出去有这些日常生活的接触和往事的了解，这对我们之间互相的了解和沟通感情有帮助。真是像徒弟陪着师父的感觉，虽然他不用我照顾他，生活能自理，但是我一直盯着他有什么需要我做的，我们越来越默契，我也越来越上心，越来越进入了状态的感觉。这是陪着老师出去游历，和老师朝夕相处，生活的起居、饮食的过程都共同经历了，培养了我们师生之间的特殊情感，有思想和精神上的默契。

通过这件事，对老师有了平时不知道的了解。在这次会议之前，我一直认为高老师才华横溢那是天赋，每次报告都那么精彩，说什么都好。通过那次会议，我知道了高老师的精彩和成功除了天赋之外，就是特殊的严谨和勤奋。比如我们出发的时候，接到的通知是高老师做一个多小时的大会发言，到了之后，会议主办方给高老师安排了一上午的大会发言时间。高老师觉得他准备的提纲不充分，要重新准备了。所以兰州会议发言的前一天晚上，高老师晚饭以后就什么也不做了，在屋子里改他的稿子，让我到楼梯口那守着。因为经常有人来看高老师，高老师为了明天的发言让我在楼梯口守着，不许任何人来打扰。高老师这个发言提纲准备了两个小时，到点了以后他打开门，探出半个身子说，回来吃瓜吧。第二天他讲得非常精彩。这是和老师接触的、受老师影响的一种很主要的方式。我的体会是，一个研究生和老师学习，只是课堂上的学习，只是规定动作的学习，这不是最好的学习。能够深入老师日常的工作、研究和生活中，特别是他重要的学术经历中去，那么这种学习可能是更深入的、更好的学习。然而这种学习是可遇不可求的，是有很多机缘的。我非常幸运的有这样的机缘，从这次开始，此后有很多次学术会议高老师都带着我去参加，伴随老师东至苏杭、上海，南抵广州、深圳。

学术探索

张：师从高老师十二载，在学术研究方面，您有着怎样的心得体会，能否为我们讲一下，给广大的青年读者提供一些借鉴。

胡：尽可能地参与导师的学术工作，是博士研究生学习的一种很重要的形式，可能也是学习中的一种偏得。参与高老师的研究工作，是我跟随高老师学习的最大收获，给我留下深刻印象的研究工作有这样几件。

第一件是前面谈到的关于市场经济的研究，这是我受高老师更多影响的开端。

第二件是进入高老师纯哲学的研究中。高老师的论文《哲学的奥秘在于人》、著作《哲学的憧憬》等，我是校对者，也是最初的读者。高老师写作过程中跟我透露一些他的想法，稿子完成后，我在校对中会有自己的想法，提一些意见和建议，这整个过程对我学术的训练是很直接的，也是大有裨益的。我慢慢地学会和体会到了哲学论文的阅读理解，以及哲学论文的写作在个人特点、个人风格以及个人思想上的追求。高老师不赞同用别人的话说别人的问题和用别人的话说自己的问题这两种做法。他认为应该用自己的话说自己的问题，彰显自己学术研究和论文写作的个性。使用自己个性化的语言研究自己个性化的问题，获得自己个性化的结论，这是高老师的学术追求。我一开始不懂这些，帮高老师校对第一篇稿子"哲学的秘密在于人"，我看了这篇文章以后，觉得高老师的思想很深刻，但是语法不规范，病句太多，于是我来了认真劲，拿着铅笔在高老师的打印稿上按照语法规则对每一句话进行审视和改造。比如第一行，"哲学的秘密在于人"，我把"秘密"改为"奥秘"，我查了几个词典，研究"秘密"和"奥秘"的区别，提出了我的意见，其他的地方按照语法规范也都改了。校对后，我和高老师说，文章有一些地方不规范。高老师皱着眉头看了半天说，把我的灵活气全改没了，怎么改的怎么给我恢复过来。不过后来他说，这个题目还可以吸收，结果就吸收了我改的第一行，"哲学的秘密"改为"哲学的奥秘"，其他的都没吸收。实际上做校对工作，高老师不是让我干活，而是让我通过校对的方式更具体地学习，这是长本事。接着又校对《哲学的憧憬》，我就知道不能把老师的灵活气改没了，包括他带有地方语气的修辞和特殊的表达方式，都不能按照语法规范校对，所以《哲学的憧憬》的校对比较顺利。这是我和高老师学习的第二个阶段的收获。

书名
哲学的憧憬——《形而上学》的沉思

作者
高清海

出版社
吉林大学出版社

出版时间
1995 年 11 月

第三个阶段是我写毕业论文和博士毕业以后的阶段。我写毕业论文期间，高老师对博士论文的要求是用自己的头脑进行思考，用自己的语言说自己的问题，得出自己的结论，后来他归结为"笨想"。而我却长期没有找到"笨想"的感觉，博士论文从开题到改题，到写提纲，经历了一个痛苦的过程。我一直努力体会高老师说的"笨想"，我要写的正义问题怎样有"笨想"的效果？

当时，我的题目高老师同意了，还没有提纲。于是我总是汇报自己要拟定什么样的提纲，每次都说柏拉图、罗尔斯等人是如何说"正义"的，高老师听听就不耐烦地站起来，来回走。高老师说你怎么想？你想怎么说？究竟什么是正义？正义究竟应该在什么意义上来理解？正义究竟意味着什么？正义的意义和价值到底是什么？面对高老师提出的这些问题，我一个都答不上来。后来我感觉这些可能是我没有意识到，却是我的博士论文应该研究的内容，于是我就豁然开朗了，以老师提的问题为线索写提纲。我记得大概在正月十五前后的一天晚上，我一下就把提纲写出来了，很兴奋，已经晚上九点了，我跑到高老师家。高老师看了提纲，眼睛一亮，说这个行了。学术思想的影响和效果，就在于它有没有光，能不能使人眼前一亮，如果作品有光，人们眼睛自然就会亮。那天我看到高老师的眼睛亮了，我感觉我的提纲可能有光了。之后我又用后半个月时间，写了将近两万字的序论，高老师看了以后说，挺好，比想象的要好，给了我很高的评价，让我回去继续写。

后来我的写作就陷入了极大的困境。当时我父亲被确诊为脑癌，照顾父亲和论文写作碰在了一起。我要回通化，到父亲身边照顾他，从二月一直到七月。在通化照顾父亲的同时，完成了论文的初稿。我知道这一年的答辩可能赶不上了。高老师看过以后说，总体上写得挺好，但是个别章节不像你写的，你回去看看评语。他指出两个主要的问题，一个是论文中有感慨，感慨本身挺好，但是感慨过多会使论文缺乏学术性；还有一个是有的章节没有灵气。高老师说你别着急，你的稿子在修改的意义上再过一遍手就行。崔秋锁老师的论文需要重写，再给一年的时间供我修改，供崔老师写作，这样本来我们应该是 1995 年毕业，后来推到 1996 年。崔老师是极其认真的人，在这一年全力以赴地写作，他不愧是军人，而且是一位严肃的学者，他用了不到一年的时间完成了论文的写作，我们就进入了校对、评审、答辩的环节。这是一个很重要的阶段，现在回想起来，写作博士论文期间，高老师对我们的指导，以及对我们"笨想"的要求，还有我们通过写博士论文所实现的思想上和哲学观念上的蜕变，奠定了我们以后这几十年来和今后相当长时期学术研究和教育教学的基础。

答辩后的第二年，我的博士论文出版。拿到书后，我特别高兴，因为这是我自己的第一本专著，而且是在高老师指导下写作的博士论文，书中有高老师给我写的序。我很激动，特别感激高老师，就去给高老师送书。高老师看到这本书时，他的表情和状态让我感到很意外，他并没有因为这本书出版向我表示祝贺，也没有因为他指导的博士论文出版而欣喜、高兴，他表现得很淡然，感觉对此不太在意。我当时心里有点不明白，为什

书名

正义的追寻

作者

胡海波

出版社

东北师范大学出版社

出版时间

1997 年 9 月

么书出来了，老师没有那么高兴的样子。很快我们的话题就转移了，但是说来说去，话题又说回到这本书上。高老师说其实写一本书、出一本书是重要的，但也是不重要的，这都是过程当中的事情，是阶段性的成果，这本书一出来就已经成为过去时了，不能因此影响学术研究的进展和探索，还是要往前看。高老师一说我才理解，他更看重的是学术研究的进一步探索和产生更新的思想与作品。这就是他讲的学术研究中不要被已有的成果绊住手脚，或者为已有的成果沾沾自喜，要不断地创新，不断地超越。这让我一下子就从这本书出版的兴奋中清醒过来了，明白这本书是过去研究的思想成果。其实，高老师对我的书注入了很大的心血，但是书出来以后，他这么淡然，现在想起来还是很了不起的。这给我的印象很深，我现在经常闭上眼睛就能想起来，高老师当时的态度和表情，这一直是我的"冷静剂"。所以，我取得一些研究成果和学术进展时，都没有太大的高兴，很淡然，就是受这件事影响。不能太高兴，越到高兴的时候，越要冷静下来想一想，这件事值不值得高兴。这之后半年左右，有一次高老师带我参加一次小型的哲学高端论坛，和高老师同辈的、吉林省哲学界著名的学者都到场了。我就问高老师，参会要不要把我的书带去赠送给参加会议的老师们，这时高老师很支持我，让我带一些到会上赠送给各位学者。所以，老师对学生的培养，什么时候让你冷静下来，什么时候支持你做该做的事情，他的态度非常有分寸。当你激动得快要忘乎所以的时候，他让你淡然下来；当你很谨慎做事的时候，向他请教，他又会很支持你。

张：您在博士毕业之后继续跟随高老师进行哲学研究，直至先生生命的最后时光。请问您是如何理解高老师晚年提出的"类哲学"思想的？对于高老师晚年提出的"中华民族应该拥有属于自己的哲学理论"，您又有着怎样的理解？

胡：20世纪90年代中期以后，高老师研究人与哲学的问题，想要探寻中国哲学家自己的命题，以及自己的哲学体系，他提出了"类生命"和"类哲学"。"类哲学"思想不是骤然提出的概念，是高老师把他对马克思主义哲学观念变革的研究，及其所涉及的西方哲学史的研究，和当下中国市场经济的研究，以及人类性的和民族性的未来发展趋势及其思想精神的研究会通起来，提出的哲学理念。"类生命"主要是指对种生命的超越。类哲学是对以物质本体论为基础的抽象的、僵化的种哲学的超越。类哲学和类生命是面向人的生命所提出的概念范畴，是人走向未来的精神。高老师对这一思想的研究越来越深入，思想越来越坚定。

我进入高老师"类哲学"的研究，是通过申报项目进入的。当时国家教委有一个博士点项目，这个项目相当于目前的重大项目。高老师为了申报这个博士点项目，给我布置了一项工作，让我起草项目申请书，他跟我交代了题目和内容，题目就是关于类哲学的。高老师说"类哲学"的概念是我哲学研究进入晚年所选择的一个重要概念，是我未来研究哲学要全力投入的概念，无论遇到什么，我都要研究这个概念。这次申请项目的题目就是要报这个，无论是否批准都要研究这个思想。他又说了申报"类哲学"项目要使用的一些观点，我一一记录，然后写了项目申请书。项目申请书报上去以后，以高老师的学术影响和学术思想，包括项目本身的新颖性和创新性，高老师很顺利地获得了这个项目，我自然也成为项目组的成员。研究了一段时间以后，赶上一个机会，当时吉林省委宣传部要为吉林省党政干部编一套学习丛书，这套丛书要请国内最知名的学者撰写，其中哲学请高老师主笔。高老师后来把我和贺来找来了，吸收我俩为作者，我们就在高老师的指导下写作《人的"类生命"和"类哲学"》。这本书写了一年多的时间。高老师在书"序"中评价了我和贺来的写作。他说："这本书是完成博士点项目，是受吉林省委宣传部的支持，写作的过程中任务很重。这本书的思想和观点都是我提出的，但是具体的完成，以及完成的过程中进一步的发挥是胡海波和贺来具体做的。没有他们，这本书不能这么快做出来，也不能做得这么好。当然，他们也在这本书的写作过程中经受了特别重要的学术训练。"高老师的这样一段话，是对我们俩人的评价。这么多年来，每看到高老师对我和贺来的这段评价，回想起当时和高老师写作的经历，特别是最后和高老师校对、编排，逐字逐句推敲的经历，我们是特别感动的。

书出版后，读者反馈说《人的"类生命"与"类哲学"》名字很吸引人，内容看不懂，目录很精彩。那个目录是我们精心推敲的，原来书名是《人类走向未来的哲学精神》，后来改为《人的"类生命"与"类哲学"》，是我提的建议。因为书的内容是这样的，如果书名没有直接出现核心概念，是一种损失。高老师吸收了我的建议，把原书的名字作为副标题，主标题改为《人的"类生命"与"类哲学"》。

书名

人的"类生命"与"类哲学"

——走向未来的当代哲学精神

作者

高清海、胡海波、贺来

出版社

吉林人民出版社

出版时间

1998 年 10 月

这本书是目前阐释高老师"类生命"与"类哲学"思想最集中的一个作品，也是高老师和我、贺来合作的唯一一部作品。当时这件事发生的时候，我们都没觉得有多珍贵，稀里糊涂地过来了，事后我们越来越觉得这个作品，包括这件事情的过程是特别珍贵的。我们受到了高老师更多的指导，感受到了高老师在领着学生著述时候的严谨、智慧，还有遇到困难时的踌躇，以及翻阅经典去寻找线索的探索。如果不写这本书，是感受不到的。我们经常遇到阐述类哲学的思维方式、理论体系的困惑，这时候高老师往往会指导我们去翻一下马恩的手稿，去翻一下黑格尔《逻辑学》的"导言"或者重要章节。翻书的目的不是找现成的答案，而是从经典的字里行间去寻求灵感，解决我们自己的问题，获得"笨想"的智慧。

到现在为止，人们谈到"类哲学"与"类生命"时，依然有很多不理解的东西，什么原因呢？主要是"类"概念，我们当时也不断和高老师讨论类的概念、类哲学。高老师强调说这本书的思想，第一，这是面向未来写的，这本书最初的书名叫"走向未来的哲学精神"，这是走向未来的书；第二，这是一本按照马克思主义哲学性质，以及马克思主义哲学观念变革的成果来发挥的一本书，是贯彻实践观点的思维方式的著作；第三，这本著作涉及人的生命和人的哲学，是强调生命与哲学，强调人的自我意识的历史感、变革感、超越感和自我创造感。人的类哲学和类生命强调人走向未来的创造性精神、超越性精神，提倡思维和理论上的创造性。

"类生命"强调双重生命，"类哲学"强调思想的丰富性和走向未来的完善性。何为类生命？我和高老师之间有一个深入的讨论。种生命是一重生命，超物种的文化生命和精神生命是另一重生命。高老师强调第二生命，超物种的文化生命、精神生命是成为类生命的关键。我接着也提出，类生命体现了自然生命和超自然生命的统一整体性，第二生命不是类生命的全部。后来这个意见在高老师的论文中也表达了，类生命首先是蕴含自然生命和超自然生命内在否定关系的整体性，这是第一点。第二点，能够使人的生命成为类生命的，使双重生命能够成为一个整体，并且使人的生命具有类生命的本质和特征的，是因为人的第二生命——人的超自然的生命。这两个观点放在一起是类生命，而类哲学是关于这两重生命的自我意识，而且是面向未来的哲学理念、哲学精神。

在类哲学的讨论当中，主要是对"类"的概念的误解和费解、不理解，造成了高老师的类生命和类哲学理解和传播的障碍。高老师和我多次探讨怎样超越这种障碍，后来他也找到了问题的症结，作为中华民族自己的哲学和中国哲学家提出的概念，缺少中国元素可能是导致这个哲学思想传播不力的主要原因。同时高老师也感觉到，再按照西方思想去理解人类走向未来的哲学精神的话,可能是偏颇的和局限的。高老师也感到中国哲学的思想特质、思维方式及其智慧对中国的发展以及人类文明的影响可能成为新的思想现象。东西方的交流和对话,以及思维方式上的相互批判和借鉴,可能是未来哲学观念涉及的主要内容。在这期间,高老师写了《中国传统哲学的特质及其人类性意义》,以及《中华民族的未来发展需要有自己的哲学理论》等论文。高老师嘱咐我,要加强对中国哲学的研究,在有条件的情况下能够给学生开中国哲学的课程,加强对中国辩证法等理论问题的研究。此后我逐渐在研究中注重"马、中、西"的交流、对话,从这三种哲学形态中汲取营养,研究当代中国哲学。

寄语吉大

张:今年是吉林大学 70 周年校庆,也是您从吉大毕业 20 周年,此时此刻您有没有什么特别想说的话?

胡:在这样特殊的时刻,我想到了和高老师读书,以及和师兄弟们交往接近 25 年的历程,心里感慨万千。2004 年,高老师去世之后,师兄弟们开始围绕高老师的思想遗产和哲学精神,去传承高老师的哲学思想,这也成为我们这一代人的主要研究工作。我在东北师范大学工作,所要做的工作就是,在东北师范大学的哲学专业里传承和开显高老师的哲学思想,这也是我的责任。最近一个时期,我想利用东北师范大学重点学科建设方向"马克思主义哲学"学科的建设,开设高清海哲学思想讲座计划,希望利用这样一个专题邀请吉林大学,以至于国内外的学者来我们这里讲学,传播高老师的哲学思想。高老师说过,人最重要的是能遇到好老师,能遇到好学生。在这方面我也很幸运,遇到了很多好老师,高老师是这些老师中最好的老师。当然我也希望通过自己,能影响我的学生。

吉林大学哲学系自1958年建系以来，培养了一批又一批"爱智求真敢问真"的学者，他们走向全国各地，为开创和繁荣我国的哲学社会科学事业筚路蓝缕、笔耕不辍。今适逢吉林大学七十华诞，本平台特开设《吉大七十·哲林人物》栏目，刊登一系列吉大哲学优秀系友专访。忆往昔峥嵘岁月，叙今朝母校情深，展未来踌躇满志……

哲学作为职业和兴趣

——访宋继杰教授

宋继杰，1969年8月出生，浙江省象山县人。清华大学哲学系长聘教授，博士生导师，外国哲学学科负责人，《清华西方哲学研究》（集刊）

执行主编。

1987 年考入吉林大学哲学系，先后获得哲学学士学位（1991 年）、哲学硕士学位（1994 年）并留校任教至 1998 年，后考入中国社会科学院研究生院哲学系，师从叶秀山先生攻读西方古代哲学博士学位，2001 年毕业，进入清华大学哲学系任教至今；期间先后访学于哈佛大学（2003—2004 年）、牛津大学（2009—2010 年）。专著有：《逻各斯的技术：古希腊思想的语言哲学透视》（2013 年）；《海德格尔与存在论历史的解构：〈现象学的基本问题〉引论》（2008 年）；译著有《脉络与实在——怀德海机体哲学之批判的诠释》（2001 年）、《追寻美德：道德理论研究》（2003 年）、《认识美国基要派与福音派》（2004 年）；主编《唐力权全集》（7 卷，中国社会科学出版社 2016 年版）、《BEING 与西方哲学传统》（2 卷，河北大学出版社 2003 年版）。近年来主要从事古希腊哲学，特别是柏拉图语言哲学和宇宙论思想的研究。

采访时间：2016 年 7 月 28 日
采访地点：清华大学新斋
采 访 人：刘铮（以下简称"刘"）
被采访人：宋继杰（以下简称"宋"）
文稿整理：刘也、刘铮

结缘吉大

刘：宋老师，您好！很荣幸能代表"反思与奠基"网站和《哲学基础理论研究》编辑部对您进行采访。您是 1987 年考入吉林大学哲学系，1991 年开始攻读中国古代哲学专业硕士，硕士毕业后曾留校任教。当年您是因何机缘进入吉大哲学系求学的呢？

宋：学哲学是很偶然的。我们考大学时正处于 20 世纪 80 年代，那个时候只知道政治，不知道哲学，只有政治教育，政治教育有点辩证唯物主义，没有哲学教育。但是当时我知道吉林大学是非常好的学校，我中学的一个老师就是东北人民大学中文系毕业的学生，后来到我们那里去教书，在她那里我知道了吉林大学。通过吉大的高考招生简章，我了解到，当时吉大在国内的排名还是非常靠前的，很多专业能排个前四前五都没有问题的，哲学专业就很好。我成绩不是特别好，爱玩，不是百分之百投入学习那种，不是特别用功。我是浙江人，当时觉得在浙江我考个二本院校很有把握，考个重点大学有点儿悬；如果是重点大学肯定是在浙江名气不是很大的那种。那个时候东北对浙江来说是非常遥远的，没有人知道东北到底是怎样，只知道非常遥远，天寒地冻。所以很少有人往那走，但我是自觉地、勇敢地报了吉林大学。结果很幸运，刚过了重点线，擦线而过，来到了吉林大学。

2016 年 7 月 28 日于办公室接受参访

后来据招生的老师说，因为看中我的乒乓球和书法的特长，就把我招到哲学系了。一开始上的大一的课程是很糟糕的，公共课居多，没有什么喜欢的课程。因为我本身喜欢读书，喜欢思考，看到 86 级在上西方哲学史，就进去听一听，一听我觉得蛮有意思，可能就是从那时候起喜欢上哲学的，中学时代更偏爱文学。20 世纪 80 年代文化热，启蒙的时代，学术气氛非常好，每天都有很多精彩的讲座；我们 87 级刚好赶上个文化热的尾巴，两年后文化热就结束了，在那两三年接受了一点启蒙，至今多少保留了点理想主义。当时哲学系的师资力量是很强的。讲授西方哲学的有邹化政、王天成、姚大志、王振林等老师；中国哲学是陈庆坤、顾宝田、刘国良、李景林等老师；马克思主义哲学是高清海、杨魁森、刘福森、孙正聿、孟宪忠、邴正等老师。我们还是很幸运的，两代人的课我们都上过，两代人的影响我们都接受到了。无论是前一代人还是后来那代人，到现在来看，仍是国内哲学界这个领域最顶尖的，所以我们很幸运。77级、78级这一代人现在还是中坚，孙正聿老师的马哲研究、姚大志老师的政治哲学研究、李景林老师的儒学研究目前在国内是绝对领先的。尽管他们快到退休的年龄了，但是我觉得他们的学术生命再保持一二十年是没有问题的。这样的话，吉大哲学再保持个一二十年的国内领先地位是没有问题的。另外，我们87级哲学班学习气氛特别好，都爱买书、读书，我们班迄今已经出了四五个哲学教授了，包括像贺来、马天俊那样的名家，那是很不容易的。那时候气氛好，老师好，同学好，自己又喜欢读书，所以读完本科自然就想再念研究生了。而且那时候念硕士也不是很容易的事情，不像现在，硕士和博士一大堆了，当时也觉得是不错的、蛮有面子的事。读完硕士就觉得还是学校里舒服。我父亲是中学教师，我从小到大就没离开过校园，面对学校之外的世界有点儿惶恐，觉得还是留在学校里比较好，硕士毕业就选择留校任教。所以说选择哲学系是一方面，选择大学校园中学者的生活方式是另一方面。这两方面结合到一起，就一直走到了现在，觉得还蛮舒服的，没什么遗憾。

本科毕业照

师生情谊

刘：您硕士期间师从陈庆坤和李景林两位老师，随后到中国社科院跟随叶秀山先生攻读博士，您能否为我们讲述这其中的机缘和故事？

宋：我硕士是跟陈庆坤老师和李景林老师读的。本科时对我哲学入门影响比较大的是邹化政老师的《〈人类理解论〉研究》、高清海老师的《哲学与主体自我意识》、孙正聿老师的《理论思维的前提批判》等课程；但那个时候文化热，古今中西的文化都在大讨论，另外当时陈庆坤老师和李景林老师给我们讲中国哲学史，很喜欢，也经常跟随其左右。本来也想跟孙正聿老师读硕士研究生的，他那篇论文《从两极到中介——现代哲学的革命》极大地拓展了我的哲学观，大四最后一个学期他给我们讲"哲学学"，更受震撼，但那个时候孙老师在马列部，还没来到哲学系，那个地方是授予法学学位不是哲学学位，所以就觉得比较麻烦。刚好还想补一下中国哲学的课，还想多了解一下，所以就考了中国哲学，师从陈庆坤老师和李景林老师，主要做先秦儒家的哲学。

硕士毕业照

我硕士毕业就留校，李景林老师和王天成老师对我都特别好，都想要我去他们那边，我当时就觉得还是西方哲学远离现实，更能吸引我，所以就留在西方哲学教研室教书。很感谢他们，包括姚大志老师、王振林老师，还有我的同学兼同事马天俊，都对我很宽容，所以那个时候就留在那边，一边教西哲，一边补西哲，另一边学外语。偶然看到有刊物介绍东北师大古典文明史研究所的日知（林志纯）先生，就写信给他表达学习希腊语的愿望，没想到老先生立刻回信并且安排张强教授和 Antony King 博士教我。他们所每年都有很多外教在那边教古典语言和历史，有专门的图书室，西文书籍收藏至富、品位绝高。所以在那边学了两年希腊语，非常享受。那个时候希腊哲学很冷，专门做希腊哲学的人很少，另外也是受叶秀山先生的影响，做希腊哲学，离现实远一点；所以后来看到叶先生招西方古代哲学的博士研究生，就考过去了。对于东北师大古典所和日知先生以及张强教授，我始终心存感激，希望以后能够为他们做点事情，以报答他们当年无私的教诲。

刘：特别想听您讲述学生时代和老师之间难忘的、有趣的事情，我们的读者也渴望读到您讲述您与吉大之间的美好回忆。

宋：学生时代我们那些老师都是绝顶聪明的人，他们学养深厚，著作、讲演都非常精彩，非常吸引人。而且为人极好，跟他们相处非常愉快，师生之间没有任何隔阂。年纪大一点，孙正聿老师、陈庆坤老师这样，就把我们当成自己的孩子。年纪小一点儿的，就像朋友似的，关系非常好，非常亲。我觉得这一点对我来说是非常重要的，我的老师们对我来说不仅是学术上的吸引，还是人格上的感召，更有一种亲情在里面。从他们给我上课到现在几十年了，我和这些老师们还是保持着当年那样的师生之谊，经常联系。这是非常难得的事情，所以我真的很幸运。我曾经跟我的学生讲，无论你做什么，一个人一辈子必须有好的老师，可以终生追随的老师。你上面有领导、老板，如果这些人当中有人同时又可以是你的老师，非常好的导师，那对你来说就非常珍贵了，可以让你终身受益。

我的那些老师他们本身人品非常好，另外那个时代很单纯，大家多少都有些理想主义。所以就没有那些乱七八糟的事情和想法，在这个意义上，我很幸运，求学过程一直有非常好的老师，吉大的老师们都非常好。到北京之后，叶先生也非常好。我是喜欢黏老师的，看到好老师就被他们吸引，经常去跟他们请教、讨论，甚至吃饭、喝酒、聊天。我在孙正聿老师家没少吃师母做的饭。孙老师搬过几次家，我都能数出来，都知道，都去过。最早的时候是分的房子，非常不容易，非常拥挤，他家里两个孩子。他在中学前住的时候，我去的最多。他的孩子一个屋，他自己一个屋，是卧室，也是书房和工作间。他在那屋跟我们聊，孩子在外屋。那个时候虽然拥挤但是特别融洽，很有意思。他经常和孙利天老师在那边聊。我记得孙正聿老师的床就是一个席梦思床垫，就放在地上，孙利天老师去了就到那个床上一盘腿，点根烟，他们俩就在那里聊哲学。我经常就在边上听着，听他们聊，很有意思。

还有李景林、王天成、吴跃平、刘连朋等老师，对我们学生真是好。在李景林老师家里，我没少蹭吃蹭喝，还经常在他们家做饭做菜，然后叫上一帮同学去喝酒、聊天。那个时候师生关系非常好，感觉大家除了学术没别的事儿，很闲，有时间来喝酒、聊天。现在大家都忙得要死，人人都忙。那个时候很穷，但是穷的开心。所以在长春11年，有这些老师关照，我在吉大是非常愉快的，现在特别想念他们，想念那些年的美好时光。

学术探索

刘：我看到您的书架里都是外文的书，这是您专门做翻译的还是学术研究的参考书？

宋：是我做研究要读的文献，主要是英美国家研究柏拉图的，差不多这一百年的研究成果，主要的书和文章，我基本都读了。所以对他们的研究路数、基本观点比较了解。

刘：您是从事古希腊哲学研究的，还请您为我们讲述一下您从事古希腊哲学研究的缘起和学术历程。

宋：我主要研究古希腊哲学。我在吉大受到的训练和我后来到中国社科院哲学研究所跟着叶秀山先生学习的时候受到的训练是非常相似的。我们吉大强调德国古典哲学，叶先生本人也是强调德国古典哲学。我们专业号称西方古代哲学专业，但实际上，第一年他就让我们读康德，必须读康德读一年，这是基础和入门，那一年我不仅读了《纯粹理性批判》，还把《实践理性批判》自己译了一遍；第二年才开始学习古希腊哲学、开始学

书名

逻各斯的技术

作者

宋继杰

出版社

清华大学出版社

出版时间

2013 年 8 月

习柏拉图的著作。那个时候国内的古希腊哲学研究、柏拉图研究相当薄弱，没有现在这么热，很少有人称得上是专业性的研究。2001 年去参加外哲史年会时发现，说起古希腊哲学好像谁都懂、谁都能滔滔不绝地讲，但都是哲学史教科书上的内容，不够专业。现在强调专业性不仅必要而且可能，因为大量训练有素的海归极大地提升了国内古希腊哲学研究的水准。21 世纪初这个领域的研究水平是比较低的，当时觉得值得看的中文著作就是陈康先生的和叶秀山先生的书和论文。对国外的研究我们一开始不是很了解，包括叶先生给我开的书单大概都是 20 世纪上半叶西方的研究成果，20 世纪后半叶的东西他有了解，但是他当时的兴趣已经完全转到海德格尔和法国哲学了。英美分析哲学影响下的古希腊哲学，其路数和以前的研究是完全不一样的。要进入那个研究领域也是非常困难的，你得有语言分析哲学的基础，才能读懂他的论文和书，否则读都读不懂，遑论参考甚至辩驳。我 1999 年做博士论文的时候国内几乎没有人接触过分析进路的柏拉图研究，你看汪子嵩先生他们那个多卷本的《希腊哲学史》参考资料宏富，但主要是 20 世纪上半叶的。没有人从这个路数去研究。我那个时候也不了解，但我对语言哲学一直有偏好，觉得这是个研究古希腊哲学的绝好路子，所以就广泛阅读。在北京天时地利人和，国家图书馆和哲学所图书馆的外文书、期刊收藏，基本上可以满足我的阅读需求。两次出国也收集了很多材料，逐渐了解英美古希腊哲学学界每一代人之间的传承、延续和变化。迄今快 20 年了，我一直在摸索英美分析进路的柏拉图研究。现在基本上把他们的几条脉络、几个传统摸得比较清楚。

办公室墙上为叶秀山先生生前所赠书法

当然这只是专业性的研究。当初做完博士论文的时候，记得叶先生叮嘱说，你哲学上还要补，还得了解现象学的东西。所以毕业之后刚到清华工作的几年就开始读胡塞尔、海德格尔的东西。尽管也写了点关于海德格尔的文章，但我自己很清楚，这不是做专业的研究，只是为了希腊哲学研究做背景。就像康德是我们的基础和入门，能够用海德格尔做一个背景也是非常好的。同样看柏拉图，不同背景下，他所呈现的面貌是不一样的，而且都很有意思，哲学解释就是提出各种可能性，无关对错，而且我特别喜欢那种走极端的解释，我不会接受它，但是很享受那种刺激，好玩！我相信"道通为一"，比如美国最伟大的柏拉图专家佛拉斯托斯（Vlastos），他一篇论文就把原来柏拉图研究传统整个颠覆掉了，开辟了新的分析道路。他在那篇 1955 年发表关于《巴门尼德篇》第三人论证的论文中，通过对"自谓述"的揭示，表明柏拉图做的理念和感性事物之间的区分实际上只有认识论上的区分，没有存在论意义上的区分，以此批判柏拉图的形而上学。再看海德格尔，他说柏拉图（传统哲学）没有区分存在和存

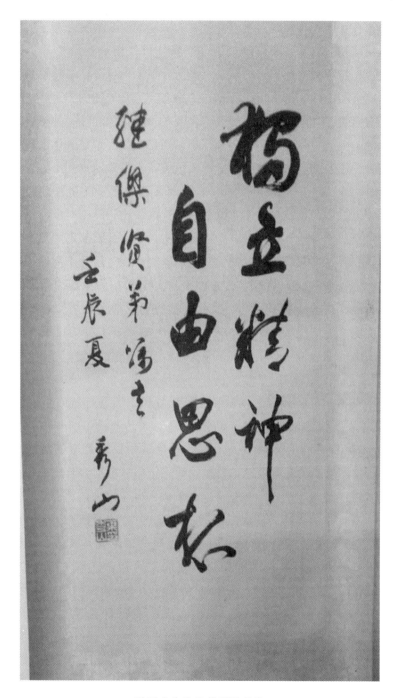

独立精神
自由思想

建傑贤弟写之

壬辰夏 秀山

叶秀山先生生前所赠书法

在者，把存在当作存在者，所以导致存在的遗忘。"存在的遗忘"这个说法和佛拉斯托斯（Vlastos）通过语言逻辑分析得出来的结论其实是相通的。他说柏拉图只有认识论的区分，没有存在论的区分，海德格尔直接就说他没有存在论的区分，所以有存在的遗忘。这是殊途同归，我当时就觉得非常有意思。我这几年一直还是以海德格尔为背景，是一个很长久的、比较远的、大的背景，时不时会想一想，回忆回忆；但是具体的研究还是效仿英美分析的路数，更清楚，更令人信服。这是学习过程中两个路数对我的影响。我博士论文做柏拉图宇宙论《蒂迈欧篇》的研究，这是我的主要着眼点，因为柏拉图的宇宙论是目的论的宇宙论，当时就考虑这个问题，这个目的论在前苏格拉底哲学中是没有的，为什么到那里就突然出现了目的论？善这个问题怎么就凸显出来了？当时就考虑这个问题，考查之后发现，techne（技艺、技术），这个概念对于柏拉图来说太重要了。应该说 techne（技艺、技术）对他整个哲学的形成都至关重要。所以我这十几年实际上是围绕 techne（技艺、技术）观念来考察柏拉图哲学的生成。其实在他那里希腊哲学实现了从 physis 到 techne 的转折，physis 就是 nature（自然），techne 是技艺、技术，这是两个完全不同的生成模式，我们说万事万物生成，或者是动植物生长、生殖，那是自然的生成（physis），或者像器物这样的人工产品被制造而成，就是 techne（技艺、技术）。这是两种不同的生成模式，而后者就是柏拉图哲学的境域（horizon），柏拉图哲学的基本概念，是以这样一个制造活动为参照系的，包括理念论等这些最基本的思想都是从这套模式中产生出来的。而且，在他的几乎所有对话中，你都会发现所谓的技艺类比，比如说德性和技艺的类比。美德就像一门技艺、知识一样，知识对他来说就是技艺，或者说他的知识概念就是一种技艺性的知识，技能型的知识，赖尔区分 "knowing that" 与 "knowing how"，柏拉图的 knowledge 就是 "knowing how"，强调 "knowing how"，所以说知识即美德，美德即技艺。在这个意义上，在个体灵魂的层次上，有一个美德技艺的类比。还有城邦政治和技艺的类比，理想城邦要由具有政治技艺的哲学家来统治、改造城邦。最后在宇宙层次上，宇宙也是被制造的产物，不是自然演化出来的。总之，我相信柏拉图的思想是有一个模式（mode）的，我想系统呈现这个模式，并且希望它具有解释力；目前为止，还比较乐观；学术这个东西，路子对了，会越走越顺。

哈佛访学

今后几年主要有两个课题，一个是柏拉图的宇宙论，就是《蒂迈欧篇》的研究和翻译，这是从博士论文就开始的，但一直在准备，现在想法基本成熟了，去年以此申请到国家社科基金重点项目，希望三五年内把它完成，对叶先生、对自己都有个交代。另一个是继续希腊语言哲学的研究，包括柏拉图后期语言哲学、亚里士多德和希腊晚期的语言哲学，很难，但很重要，希望退休之前能够完成。我自知资质平庸，所以对于哲学没有太大的理论抱负，哲学对于我一方面是职业，另一方面是兴趣，比较有意思、有趣。仅此而已。

学术建议

刘：希望老师能给正在学习哲学的学生，和以后要从事学术研究的晚辈、后生们一点学习、研究上的建议。

宋：首先是兴趣。读书也好，思考也好，首先是你有兴趣做这个事

哈佛访学

儿。其次，现在一般都会强调读经典，思考一些基本问题。我倒不强调这个，我认为有的书读得有用，有的读得没用，我自己这两年强烈地感受到，这个世界变化太快，新技术的发展对这个世界呈现的那种可能性，是十年、二十年前刚开始学习哲学的时候所想象不到的。所以我觉得首先对哲学本身有一个基本的了解，这是一方面；另一方面更多地去了解这个新的世界。有条件出国的就尽量早点出国，出国去接受一些新东西。像我们这都是老的读书、做学问的方法。以后会有一些新的做学问的方法，新的问题。所以我现在不愿意给别人一些建议什么的，因为我觉得这些建议可能都是没有意义的，谁都不知道未来是什么样的，未来本身就是个哲学问题。我们现在做研究大多数关注的是历史（过去）和现实（现在），但实质上最重要的是未来，但是未来到底是怎样的？这个需要去了解。不仅是哲学，更多的是其他领域的最新成果。现在我们做哲学研究局限太大了，我们懂的东西太少。我们的哲学系各方面原来是受德国哲学的影响太深，注重哲学史；现在似乎应该多接受些英美哲学的范式，掌握逻辑的、分析的方法、技巧，"面对实事本身"，面对现实、面对未来、面对新世界、新技术、新问题。

牛津访学，徒步英伦

寄语吉大

刘：您是从吉大走出来的，在吉大生活了 11 年，听您讲曾经的故事，能感受到您对吉大有很深的感情，正值七十周年校庆，希望您赠给吉大一个寄语，或者说是赠给我们吉大学子一个寄语。

宋："可能性高于现实性。"

可纯性之于现

亲性

宋建杰

　　吉林大学哲学系自 1958 年建系以来，培养了一批又一批"爱智求真敢问真"的学者，他们走向全国各地，为开创和繁荣我国的哲学社会科学事业筚路蓝缕、笔耕不辍。今适逢吉林大学七十华诞，本平台特开设《吉大七十·哲林人物》栏目，刊登一系列吉大哲学优秀系友专访。忆往昔峥嵘岁月，叙今朝母校情深，展未来踌躇满志……

走向生命层次的哲学思考

——访王天成教授

　　王天成，1955 年 6 月生，1977 年考入吉林大学哲学系，毕业后留校任教至今。现任吉林大学哲学社会学院教授、博士生导师，吉林大学哲学

基础理论研究中心研究员，中华全国外国哲学史学理事。王天成教授的主要学术研究方向为西方哲学史、德国古典哲学、形而上学、辩证法、认识论等哲学基础理论。

其经典著作有《创造思维理论》《创造思维心理机能的哲学阐解》《直觉与逻辑》《德里达》《诺齐克》；代表论文有《生命意义的觉解与辩证法的任务》（《吉林大学社会科学学报》，2005 年）、《黑格尔形而上学维度的革新》（《吉林大学社会科学学报》，2007 年）、《黑格尔知性理论概观》（《吉林大学社会科学学报》，2010 年）、《形而上学重建的基本途径》（《社会科学辑刊》，2013 年）、《生命的辩证性与辩证法》（《社会科学战线》，2017 年）。

采访时间：2017 年 8 月 29 日
采访地点：王天成老师家中
采 访 人：刘也（以下简称"刘"）
　　　　　　蔡垚（以下简称"蔡"）
被采访人：王天成（以下简称"王"）

结缘吉大

刘：老师，您好，很荣幸代表"反思与奠基"网站和《哲学基础理论研究》编辑部对您进行访谈。能否请您谈谈您青年时代求学经历，什么时候开始对哲学感兴趣的？又是因何种机缘进入吉林大学学习哲学的？

王：我中学毕业之后，一边劳动，一边看点书，主要还是文学方面、语法方面的书，那个时候对文学有点兴趣，哲学一点不明白。后来当中学老师也是教语文，对文学、语言这些东西感点兴趣，但文学没天赋，语言更喜欢一点，看了一些相关的书。后来考试我就报了我们老家河北一个大学的中文系，那个时候基本不按志愿来，按分数来，高分可以调剂，就调到这来了——吉大哲学系。哲学系可能大家都不太知道，所以报的可能不多，把我调到吉大哲学系来了，但是我当时对哲学不太感兴趣，还是对文学语言、古代诗歌感点兴趣。不过进入哲学系之后，受到包括邹老师、高老师等一些好老师的熏陶，开始思考一些问题。最初主要思考古希腊问题，古希腊对话看着挺舒服，特别是柏拉图的东西，所以本科时主要还是对柏拉图的对话看了不少。另外看了德国古典哲学中的一些东西，但是德国古典哲学很艰深，听邹老师的课有启发，课下就忘了，基本上是这个状态，没什么太多的体验。对古希腊这一部分还有点体验，我的毕业论文写的是柏拉图后期理念论，涉及柏拉图对话，特别是《巴门尼德篇》，也很思辨，对这里面的推理还有了一点兴趣，这算是一个收获。但是还是更看重对话成分。那个时候自认为深入思考的一些问题，感觉到还有一点哲学体验的，其实都是一些零碎的灵感类的东西，没有真正进到哲学的门里边。后来考研究生，那时大学毕业都可以分配个工作，工作也行，继续学习也行，但是我感觉我还是比较适合教书，所以就继续往上考，比较喜欢听邹化政老师讲课，所以考上了邹老师的研究生。刚上研究生时哲学还是不行，因为那时候高老师和邹老师都讲外国哲学，他们关注的内容很深刻，我受到影响就考到了外国哲学，但功底还是不行。一共三年，前两年基本上还是迷迷糊糊，我这人就是有一点迷迷糊糊，大学迷迷糊糊，研究生前两年基本上还是没太进哲学的门，但是比较用功，总喜欢看点东西，主要看德国古典哲学，还有一些是抓住什么就看什么。真正进哲学门还是研究生三年级的时候，大概是这么个状况。

书名

创造思维心理机能的哲学阐解

作者

张弓长　张连良　王天成

出版社

吉林人民出版社

出版时间

1993 年 10 月

　　至于哲学兴趣，我对于思考点问题比较感兴趣，所以我的兴趣都和问题相关。但其中也有倾向性，我对传统意义上的哲学问题比较感兴趣。传统哲学中关于认识论、辩证法、形而上学，都曾经搞过一些研究。特别是形而上学问题，比如关于人生的意义等，我对这些更感兴趣。对一些后来发展出来的部门哲学不愿意太涉猎，因为我认为做哲学研究主要有两个方面，一个是对人生有没有理解，这是一个主旨，主要内容就是这个；另一个是掌握两门工具——逻辑和心理。我指的是传统的逻辑，因为传统西方哲学和传统逻辑是联系在一起的，这是属于广义逻辑，不是我们所说的单纯形式逻辑，包括《范畴篇》。比如亚里士多德、中世纪那些逻辑，它们都有对范畴概念的界定和分析，那是很大一部分。然后才有判断、推论，后来的形式逻辑是把它抽象化、形式化了，变得很简单了，就是一些计算了，但实际上传统逻辑不是那样的，那个东西对学外国哲学是很重要的。另一个就是心理，就是你怎么感觉，从感觉到思维是怎么活动的？这个问题好多哲学家，特别是近代哲学家都进行过讨论。亚里士多德也有心理学，包括感觉、想象、理性、思维等。近代就更多了，不明白这个东西是不行的，这是心理学中的理论心理学的一部分。所以后来跟邹老师学思辨逻辑，学哲学的基本内容——形而上学等。后来我也学习了一些心理学的内容，逼着自己多学一些，因为我认为一个是逻辑，一个是心理，这两个弄好了，哲学论证就会比较清楚，不至于糊涂，不至于写出的东西都很泛泛，大概就是这样。至于哲学学科，我这个人不爱谈学科，我写的东西也不知道属于哪个学科，比如说你们提到的《生命的辩证性与辩证法》，发表后将其归入哲学史部分，但实际上我讲的是一个道理，但是是结合西方的历史来讲，这也符合我们哲学基础理论研究中心正聿老师总强调的史论结合，所以我只能说是对传统哲学问题特别是形而上学问题有点兴趣。

师生情谊

刘：能否请您讲讲您在吉林大学哲学系学习期间与您的导师邹化政老师之间的一些印象深刻的事？

王：邹老师就是做学问的，一开始我听邹老师讲课感觉挺过瘾，听他的课很有启发，因为他和我内心想的东西暗暗合拍。我原来想一些问题，但是想不透，毕竟没学问，想的东西都模模糊糊的。再后来考邹老师的研究生，比较喜欢他的东西。一般情况下，邹老师看我们写东西不太看具体的字句、标点符号、表述得漂亮不漂亮，主要看内容。邹老师主要看你的内容，因为上本科的时候我当过他的课代表。后来毕业的时候我写柏拉图的后期理念论也是邹老师指导的。跟邹老师学习主要是多听课，这是其中一个；另一个就是邹老师有些东西总让我看一看，看看需要修改的我就帮他整理一下。整理后再给他看。因为我们那个时候都是手写，邹老师写东西手发颤，所以他有几本书我帮着整理整理，按照他的意愿我也做过适当修改，最后邹老师再看修改得行不行。另一方面邹老师会直接在手稿上加减、修改，会有点儿乱，我就帮他整理，有个别的我觉得不太合适的会帮他改一下。他说："你就改，大胆改。"就这样帮助邹老师修改了几本书，但是最主要的还是对自己有帮助。因为如果只是看的话看完就直接过去了，比如《人类理解论研究》（人民出版社出版），他在一个旧稿上进一步增删、整理的，有些地方要一个字一个字地看，因为写了洛克，那本书我就看得比较认真，从那个地方也学了邹老师的好些东西。后来邹老师说现象学挺好的，就号召我们多学点儿"心理"。比如说詹姆斯的《心理学原理》，格式塔心理学的一些东西，后来还有胡塞尔的一些东西，我看这些东西就觉得很符合我的学术倾向。邹老师他比较注重逻辑，因为他学黑格尔，他实际上是把黑格尔思辨逻辑的精神悟透了，他写东西也像黑格尔，别人那是模仿或者介绍黑格尔，他能用黑格尔思辨的方法来研究问题，所以邹老师很高明。我跟他学习，得益于他的这些东西，但是每个人都是有自己的特点的，我比较注重直觉、体验这方面。因为直觉涉及心理那方面，和逻辑是两个大门类，它们往往是对立的。好多逻辑学家反对用心理学的东西来思考问题，而好多心理学家认为逻辑太抽象了。实际上我内心的学术倾向是倾向于直觉、体验这些神秘主义的东西，但是逻辑恰恰是反神秘主义的，逻辑是要一清二楚。所以那个时候邹老师也说："你得注意逻辑了，你不能光靠直觉和体验，强调直觉、体验是可以的，但是它俩得结合起来。"当然邹老师在这方面有经验，确实把逻辑和直觉结合了起来。像胡塞尔也把直观和逻辑结合起来思考问题，邹老师也经常提醒，所以这个印象比较深刻。别走入直觉主义，走入直觉主义把逻辑放弃了就会很麻烦，所以我也就进一步通过这些来思考黑格尔，我有两三篇文章指出黑格尔的思辨逻辑里面包含着直觉、体会的这个因素。

　　另一个印象比较深刻的，那就是邹老师他们那一代的用功程度。我和

师生相聚

他们比比较懒，我不是太用功，但他们是很用功的。可以说一代不如一代，我们这一代总体上就不如他们那一代用功。他们那一代有救国救民的传统知识分子的"天下兴亡，匹夫有责"的家国情怀和担当。我们这一代也有学术理想，但是不如他们高，我们就是想把问题搞透，至于问题搞透后能不能解放全人类等，我们就不如他们站得高，他们之所以站得高，还是因为他们境界高，这一点是值得学习的。邹老师实际上是很受苦的，原来他从中国人大研究生毕业在这里工作挺好的，五几年时被打成右派，一直受苦，他能够支撑下来，是因为他有抱负、有理想。对他们来说，受苦也好，不受苦也好，退休不退休，这些都没什么关系，退休他一样写、继续写，他最后的著作就是退休之后写出来的。这个印象很深刻，因为这个是我们很难达到的。我就是想钻研一点儿问题就够了，至于这个问题有多大意义，首先肯定对宇宙、人生有点儿意义，但是我没有上升到很高的程度。还有一个印象比较深刻，那就是那个时候即 20 世纪八九十年代大家对思辨哲学有点儿感兴趣，但是随着社会进一步发展，逐步地，大家对思辨哲学也不是特别感兴趣了。邹老师的东西还是很深刻的，里面包含着很多重要的道理，但是现在由于大家不太感兴趣这方面的东西了，关注的都是一些泡沫化、浅层次的东西，这样的话其里面更深刻的东西不容易被挖掘出来了。这一点实际上对于我们做学问的还可以，但是对于学生来说就不行了。学生学习，就要打好基础，如果总学些泡沫的东西，将来只能放出来泡沫，你没有更深的理论基础。所以对于学生来说，我认为邹老师的东西，一些思辨哲学的东西，一些更深地关涉形而上学、宇宙人生这些大道理的东西应该多接触，多学习。你将来可以不搞这个东西，但是你作为学生这个训练是应该有的。所以，做学问可以跟风，但是你做学生不能跟风；做学生如果跟起风来，你是学不到什么东西的，因为你是在打基础。所以在这个方面我感觉到不如原来基础好，因为有些学生上来就弄些浅层次的，那些更深层次的支撑他的那些道理他都不懂，就很麻烦，因为你忘了你的角色，忘了你是在学习。就像学习欧几里得几何学，这个东西你不能作研究的对象了，已经很老了，但是作为数学训练，你是需要学的，就是这个道理。

学术探索

蔡：您的主要研究方向是德国古典哲学、形而上学以及认识论等，这也是平时大家学习上比较难以把握的知识，您从事这方面研究多年，您觉得做好这一部分的学习和研究的关键是什么？

书名

直觉与逻辑

作者

王天成

出版社

长春出版社

出版时间

2000 年 5 月

王：关于德国古典哲学，我其实对黑格尔理解的更深一些。对于康德、费希特、谢林，也看了一些相关的东西，体会相对来讲没有像对黑格尔的体会那样深。其实也不能说术有专攻，就主要谈谈关于黑格尔的一些学习体会吧。其实我的研究主要是这样的，我主要不是去试图诠释他们，而是学习他们把一些问题论证清楚的一些方法性的东西，然后自己研究问题，我是这个类型的。我不太想诠释一些东西，能力和耐心也不够。所以我是根据思考的问题来看一些相关的材料，抓住一些最重要的问题，大到人生的重要问题，小到理论发展史上的一些问题，特别是没解决的问题，接着往下思考。这是一个方面，但是光抓住这个大问题还不够，还需要将这个问题深入自觉意识，把这个意识表现出来，论证出来，这时候就涉及心理学和逻辑学了。心理学、逻辑学这些东西你都具备了之后，才有可能一层一层地把一个问题分析出来。所以关键就是你要掌握住问题，同时还要懂得一些思辨的方法和体验的方法。只有体验还不够，还要有体验的方法，这样你的体验才能更深刻；相应地，只具有逻辑形式也不行，你还是要有相关的方法。

课堂照

刘：您在关注西方思辨哲学的同时也一直比较关注中国哲学，您的论文中也提到过中西哲学思维方式存在着差异，中国哲学侧重于直觉体悟，西方哲学侧重于逻辑，二者在对立中又存在着内在联系，那么在您看来中西哲学能否达到真正的融合？

王：对于这个问题，实际上我们都是中国人，中国人有自己的生存的问题，西方人有它们的生存的问题，但是对于这个问题，二者表达方式上是有差异的。虽然表达方式不一样，但实际上对于问题的实质的看法还是有一致之处的。比如我在好几篇文章里都说生命的有限性与无限性，这个问题中西方的看法是一致的。人的生命就是在自觉的层面上去追寻，追寻那个无限的东西，这个无限的东西作为一个追寻的对象，比如说宗教，最终都要化为宗教，所以中西方都有它追寻的一个对象，我们叫宗教信仰，信仰对象也是都有一致性的。中国有信仰，西方也有信仰，不同种族这个都是一致的，但是至于你怎样表达这个信仰，这个信仰的对象变成什么东西了，这个就会有一定的不一致了，这就是因为它生存的方式有差别，就造成不同的思维方式，不同的思维方式就使得你信仰的对象各有特色，比如西方信仰的对象最后变成了一个超验的对象，真正地超脱出去了，中国也有超脱出去的，但在主流上还是超越和内在相统一的，就不像西方那样完全是一个超验的对象。在信仰方面是一致的，但是两者的表达方式就有区别了。要从这个地方去寻找中西文化的根，分析研究中西文化怎么结合、它们之间有什么分别、以及怎么样相互融通。只有把这个问题先搞明白，才有可能去解释它们的融通。当然作为学者我们往往都是用一套自己的理论，把一种现象给解释清楚，让人们能够清楚明白，在这一方面有一个更进一步的认识，这样的话，对于中西融通文化发展都有好处。但对于具体的融通，它需要人们在生活中进行中西融通，不是学者教它们怎么融通它们就怎么融通。所以，这个只能说是对中西文化差异、中西哲学的内在联系做出的一些思考。对于中西文化的融通，实际上还是需要我们在生活实践中去发掘和践行的，这是社会历史、文化发展中自然而然的一个自然历史过程，不是学者解释和设计的过程，历史不能由学者设计出来。

蔡：您在《生命的辩证性与辩证法》当中提出要深入生命的层次来思考辩证法，才能理解辩证法的必要性、合法领地以及它的积极作用，生命辩证法构成了一般辩证法的内容上的根源，那您能谈谈您对生命辩证法的理解以及这篇文章的写作契机吗？

书名

德里达

作者

[英]克里斯蒂娜·豪威尔斯

译者

王天成

出版社

黑龙江人民出版社

出版时间

2002 年

王：这个文章相关的一些内容我曾经在关于高清海学术中心的讲座上讲过一次，我主要是从辩证法的角度来思考问题的。这篇文章实际上涉及到，辩证法在传统上是工具，它是谈话或者对话这个意义上的工具，古希腊人对它还是很看中的，因为他们的生活中就需要对话、辩论，辩证法最初是这样的。这就是说，辩证法最初是一种工具，它自身不是目的。随着社会的发展和改变，这个工具也相应地随之改变，工具是随着目的变的，随着你要做的事情的内容而改变的。因此传统的智者派辩证法在一般情况下，往往是做工具对待，所以它的合法性就没有保证，辩证法作为工具的这种合法性是相对的，你可以用它，也可以不用它。实际上要真正理解辩证法的必要性、合法性，只有在精神、观念，特别是生命的层次上才有辩证法的合法性、必要性，我叫它为"合法领地"，也就是说，不用它就解决不了问题。意识、精神领域有一个特点，它和物的领域不一样，精神这个领域本身就是包含着否定性的，有的时候大家简称"一分为二"。精神作为一个东西，自身就是双重的，它能否定自己，在否定中来建立自己，实际上这就只能用辩证法来解决。由于精神存在这样的问题，也就有了所谓的观念层面的辩证法，实际上观念层面的辩证法，黑格尔思辨哲学就是个高峰。因为黑格尔就认为精神和物不一样，物是单层的、僵死的，精神是双重的、活动的。不仅黑格尔，整个心理学的一些先驱，如布伦塔诺等，也都承认物理现象和心理现象的区别在于前者是单层的，后者是双层的。比如布伦塔诺就提出意向性这个概念，后来被胡塞尔进一步继承和发展了。意向性讲的就是内在地包含着对象性，主体和对象是异质的，但都在意识的本质之中。胡塞尔称为意向对象是陌生的，即意向的对象对意向性来说是陌生的，既在意识之内，又在意识之外，实际上用黑格尔式的话，就是意识包含"内在否定性"。当然，他没有采用思辨哲学的说法，即意向性对主体来说是陌生的。这个双层的意向性就是整个意识的本质，不是意识产生意向性，而是意向性本质决定意识。所以意向性不是意识产生出来的，只要有意识就有意向对象，意向对象不是意识创造出来的，之所以能意识，就因为有对象。因此心理现象是双层的，它内部，包含张力和内在的否定性。德国古典哲学也是这么认为的，只不过胡塞尔他们不研究黑格尔、费希特这些人。费希特开始意识到，"我"是一个意识主体，"我在"不是单层的，实际上是有结构的，是活动的，"我"只有活动时才"在"，"我"不活动，不思考，不怀疑，就没有一个"我"。所以，自我完全是一种活动，没有活动就没有自我。但是按照那个时候的理解，别的东西就不一样的了，比如石头不活动，但石头还在。当然这是那个时期的看法。如果按现在科学的发展，根据基本粒子学说，没有活动也就没有石头。这时，整个世界都精神化了，都包含着自相矛盾。这实际上也合乎黑格尔的观点。黑格尔认为，精神本身作为活动，它本身就是内在包含否定性的，所以他的体系坚持整个世界的本体就是精神，因为按他的理解只有精神才是活的。

　　如果把心理的东西放进物理的东西里面，把心放到物里面去，实际上就是生命了，生命可以消解心和物的对立，所以辩证法应该上升到更高级的即在生命的意义上来思考。近代人强调主体转向，实际上是意识主体把自己绝对化了。这和中世纪犯了一个同样的错误。中世纪把神绝对化，近代把人绝对化了，人把神的神圣光环摘下戴到了自己的头上，所以近代并没有消除神圣性，它无非就是人把自己变成神了。这就产生许多弊病，西方很多哲学家都在反思这种主体绝对化产生的弊病。例如海德格尔反对人道主义，一个很重要的原因，就是人道主义把人看成神一样的孤立的主体，将主体绝对化。我认为上升到人与自然合一的生命高度，更能够看清楚这些弊病的实质，对克服这些弊病有益处。人的境界从自我神圣性上升

书名

诺齐克

作者

［英］乔纳森·沃尔夫

译者

王天成

出版社

黑龙江人民出版社

出版时间

1999 年

到生命，就不会把自然仅仅看作人的环境，为自己利益而损害自然。从理论上说，生命本身也是一个动态结构，因为它包含着张力，包含着内在的矛盾性。在意识领域，辩证法解释意识本性。生命也是这样，但是生命的层次更高，一旦上升到生命层面，就不会认为辩证法是你造出来的把握对象的某种工具，而是生命展现的方法。

学术建议

刘：感谢老师百忙之中接受我们的采访，最后还请您给在学术研究道路上努力探索的青年学子提供一点读书和写作方面的建议。

王：我认为古代的学者写的东西更实在一些。他们往往不是为名为利而写作，所以读一读古代的东西我认为很值得。比如中国的先秦、西方的古希腊，都应该好好地读一读。书是人写的，至于写的是什么，是和时代有关系的。但是写出来的风格、内容的特色，和个人的修养有关系。有的可能感到有正气，有的书可能感到有邪气，书也不是一样的。有正气的书越读越有益于身心的发展，有邪气的书有可能不益于身心发展。但是关于这样的书，也不是不能读，但需要有判断力。另外，读书要注意思考它的思路是什么，它究竟是怎么论证问题的，不能只知道它的观点而不知道它

"学术心得大家谈" 讲座照

如何论证的。于学术而言，你必须知道它是怎么思考一个问题的，为什么思考，把这一点弄清楚了就是真明白了。所以要想达到真明白，你就需要有个自己的思想框架，没有思想框架，至少脑中有个像书架一样的东西，即使按照 A、B、C、D……这样排列也可以，也比没有强。这样你读书就比较容易记住。具体点说，心里有个框架，你读书的时候就能够把观点安排有序，需要的时候也就能把它调出来，这就是记住了。要是心里没有这样的框架，那么读完书之后就会记不住，调不出来。就像没有一个书架，书乱摆放，急需的书就不容易找出来。记住的多了也就能对不同的观点进行比较研究，还可以进一步形成自己新的框架。比如涉及认识论，从感觉开始，你必须有个基本的认识，感觉是什么，绝大多数人的想法是一致的，只有极个别的哲学家不完全一致。接着，感觉里面有视觉、听觉、触觉等，脑子里要有这样的框架。视觉、触觉大家是如何界定的、排序的。例如亚里士多德的排序，视觉最高，触觉最低。你看了亚里士多德的、马赫以及相关心理学家的关于感觉的研究之后，如果你自己有个框架，你就知道大家究竟是怎么说的，我是怎么想的。然后再说知觉，它比感觉更上一层，是一般化的感觉，包含表象等，这些东西在你脑子里有个框架，那么你读完书就能记住。这些邹老师都说过。邹老师看书快，如果是小书的话，邹老师一晚上就看完了，看完就记住了。因此邹老师说，脑子里应该有自己的想法，然后看完才能记住，没有想法的话，就像看天书一样记不住。但是，要形成自己的理论框架很不容易，所以较好的办法是你最好先向一个人学习，跟一个大家学。比如先向康德学习，你就有个框架了，然后你可以再超越他的框架，这是一个比较好的方法。因为要独立形成自己的框架很困难，甚至需要十年二十年的时间。另外，关于读书切忌读书谁也不信，读之前就持拒斥态度，你谁也不相信是不行的。只要是认真搞学问的学者都有他独特的方面，也有他薄弱的方面，尽量学习他的优点，学习的时候不要总先挑毛病，如果学习的时候先挑毛病就不容易学进去。另外，学的时候可以记笔记，有想法的时候就可以写文章了。因为你有想法，又看了其他的材料，就可以联系起来开始写文章。这类文章是评述型的，比较容易写，能把你的想法贯通到对他的评论、叙述中去。尽量多写早写文章，从本科的时候就应该开始写文章，一边读一边写，写和读相互促进。因为写的时候要求你的思想比较缜密、活跃，要求你的论证合乎逻辑。但是如果只思考的话，思想容易跳跃，而这些跳跃可能满足喜悦的情感，但不能满足论证的要求。把写作和思考统一起来，更为有益于学术的进展。

后 记

2016年适逢吉林大学七十华诞，吉林大学哲学基础理论研究中心官方公众号"反思与奠基"微信平台特开设《吉大七十·哲林人物》栏目，对分布于全国各地的28位吉大哲学优秀系友进行了人物专访，并通过"反思与奠基"微信平台和哲学基础理论研究中心网站进行了全面而翔实的报道。

本次访谈得到了各位师友的鼎力支持。受访者言辞恳切，不厌其烦地细细回答问题；采访者朝乾夕惕，不辞劳顿地编辑整理稿件。在此，特别感谢孙正聿、邴正、韩庆祥、孙利天、贺来、陆杰荣、张蓬、李景林、刘福森、张盾、姚大志、邹诗鹏、郭湛、杨魁森、王振林、樊志辉、高全喜、王南湜、邹广文、马天俊、曹志平、孟宪忠、高文新、柯小刚、徐长福、胡海波、宋继杰、王天成等28位吉大哲学系友对采访工作的大力配合，也由衷感谢实际地参与到采访工作以及后期编校中来的郭夏、刘净、李坤钰、董键铭、黄竞欧、刘茜、耿佳仪、程汉、刘也、蔡垚、刘晓晨、赵蒙、田冠浩、王雪、牛俐智、刘兴盛、张茜、袁立国、高雪、毛华威、石尚、王倩、于涵、方瑞、张楠等多名师生倾力协作。

本次访谈集中展现了改革开放以来我国哲学社会科学事业艰辛而灿烂的发展道路，显现了老一辈学者们深厚的人文涵养、学术风骨和家国关怀，这必将砥砺着后辈们以更大的理论自信和学术勇气投身中国哲学社会科学建设的事业当中去。系列访谈陆续推出之后，在社会各界引起了巨大的反响，搜狐文化网、吉林大学官网等多家媒体平台对其进行了转载报道。同时，该系列访谈荣获教育部思政司第二届"高校网络宣传思想教育优秀作品推选展示"工作案例类三等奖。

2018 年恰临吉林大学哲学系建系 60 周年,汇编本书,追昔抚今,源远流长。

王庆丰

二零一八年四月十二日,写于吉林大学匡亚明楼